精品课程新形态教材

21 世纪应用型人才培养系列教材

新时代创新型人才培养精品教材

KUAJING
DIANSHANG
JICHU

跨境电商基础

主编 夏 榕 明廷栋 饶国华

U0913747

山东大学出版社
SHANDONG UNIVERSITY PRESS
·济南·

图书在版编目（CIP）数据

跨境电商基础/夏榕，明廷栋，饶国华主编．—济南：山东大学出版社，2019.8（2024.6 重印）
ISBN 978-7-5607-6416-0

Ⅰ．①跨… Ⅱ．①夏… ②明… ③饶… Ⅲ．①电子商务—基本知识 Ⅳ．①F713.36

中国版本图书馆 CIP 数据核字（2019）第 200686 号

责任编辑：王　翎
封面设计：尤　岛
美术编辑：张　荔

出版发行：山东大学出版社
　　社　址　山东省济南市山大南路 20 号
　　邮　编　250100
　　电　话　市场部（0531）88363008
经　　销：新华书店
印　　刷：北京俊林印刷有限公司
规　　格：787 毫米×1092 毫米　1/16
　　13.75 印张　　315 千字
版　　次：2019 年 8 月第 1 版
印　　次：2024 年 6 月第 3 次印刷
定　　价：39.00 元

前 言

随着互联网技术的日益深化，我国跨境电子商务的发展势头迅猛，速卖通、敦煌网等跨境零售电商交易平台涌现，跨境电子商务已成为我国经济发展和外贸增长的新动能，为促进产业转型升级、大众创业万众创新发挥了积极作用。高校应全面贯彻和落实党的二十大精神，坚持立德树人，以培养经管类专业高级应用型人才为目标，服务于地方经济社会高质量发展。

为满足跨境电子商务人才需求，培养行业人才，本书以国际贸易和电子商务为理论基础，介绍了外贸第三方电子商务平台的操作，本书内容主要由授课教师根据实践经验编写，同时也吸取了合作开发企业的意见和建议。本书突破以知识体系为线索的编写模式，以一线员工工作过程为线索，以岗位职责为依据，按照“项目导向”的模式，将理论和实践深度融合，使学生熟练掌握从事跨境电子商务工作所需要的职业技能与素养。

在本书编写过程中，编者借鉴了国内大量的出版物和网上资料，在此，谨向各位原作者表示由衷的感谢和敬意。由于水平所限，书中难免存在不足之处，请读者批评指正。此外，编者还为广大一线教师提供了服务于本教材的教学资源库，有需要者可致电13811187534或发邮件至1176142336@ qq. com。

编 者

目　　录

项目一　跨境电商概述

第一节　跨境电商迎来“黄金十年”

一、中国跨境电商概况

回顾我国跨境电商的发展：2013 年，中国跨境电商交易规模已达 2.9 万亿元，并呈现逐年快速增长态势。2015 年，中国跨境电商交易规模突破 5 万亿元。到了 2017 年，电商交易规模增长至 7.6 万亿元，同比增长 20.63%。再到 2019 年，中国跨境电商交易规模达到 10.5 万亿元，同比增长 19.05%。2022 年中国跨境电商交易规模超过 15. 7 万亿元，较 2021 年的 14. 2 万亿元同比增长 10. 56%。

从结构来看，我国跨境电商进出口总额中出口占比大于进口。2017 年，跨境电商的出口额占跨境电商进出口总额的 78. 2%。随着我国消费升级的推进，跨境电商中进口所占的比例由 2008 年的 4%提升至 2017 年的 21. 1%，2022 年达到 37. 32%，“买全球，卖全球”成为跨境电商新常态。

根据网经社的有关数据资料和艾媒咨询发布的《2021 全球及中国跨境电商运营数据及典型企业分析研究报告》、《2020-2021 中国进口跨境电商行业研究报告》，从其中整理出如下关键数据说明了中国跨境电子商务的飞速发展：

（1）跨境电商交易规模：2018 年，中国进出口跨境电商（含零售及 B2B）整体交易规模达到 9 万亿元。而 2020 年，中国进出口跨境电商整体交易规模已经达到 12.5 万亿元。至 2022 年，中国进出口跨境电商整体交易规模预测将会达到 15.7 万亿元（见图 1-1）。iiMedia Research 分析师认为，虽然受到疫情影响，但在国外新型市场崛起，国内政策加持以及电商平台的自我建设下，将不断推动着中国跨境电商交易规模向好发展。

（2）海淘用户规模：2019 年中国海淘用户规模达到 1. 54 亿人，同比增长率为 52. 5%。2020 年中国海淘用户规模为 1. 58 亿人，因受疫情影响，2020 年海淘市场增长有所放缓（见图 1-2）。iiMedia Research 分析师认为，随着中国经济的复苏、相关政策的完善以及中国市场的逐步开放，居民对进口品的消费需求随之释放，中国海淘用户将保持持续性增长。

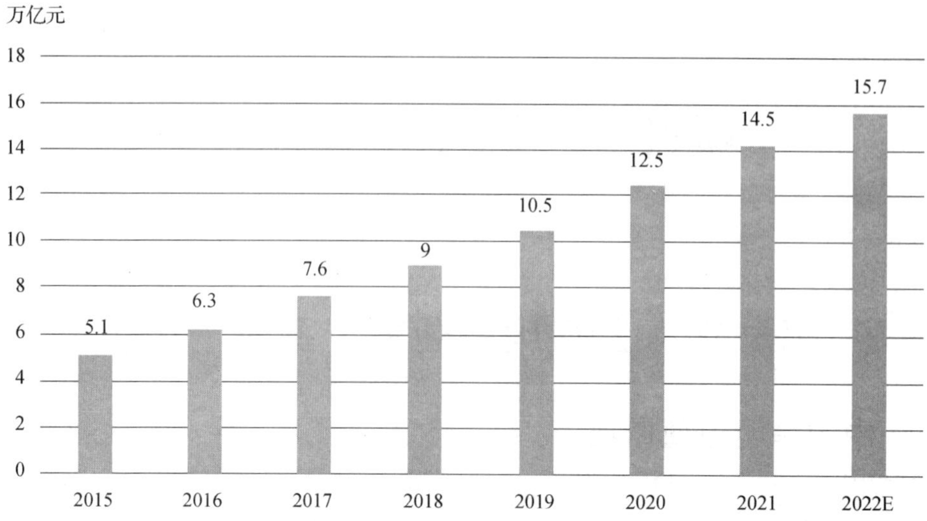

图 1-1　2015-2022 年中国跨境电商交易规模

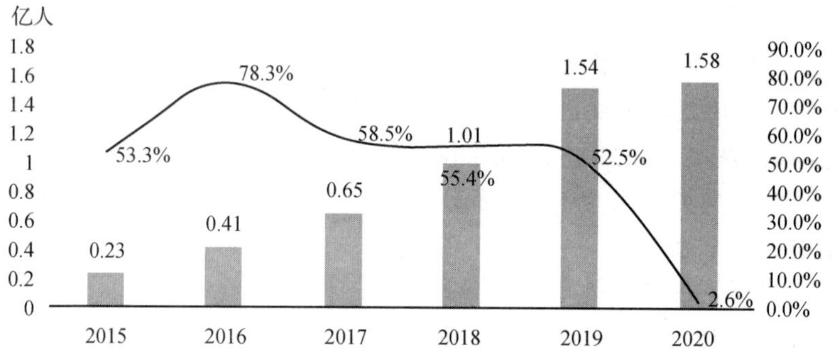

图 1-2　2015-2020 年中国海淘用户规模

（3）用户年龄分布：从 2021 年受访的中国消费群体看，2 6-30 岁的用户群体占据主体，占比达 34. 2%，其次是 31-40 岁群体，占比达 31. 2%。分析师认为，相比国内电商用户，购买进口品的跨境电商用户更追求品质生活，其消费能力和资力更强，中青年群体占比更高，成为了拉动跨境电商消费的主力军，如图 1-3 所示。

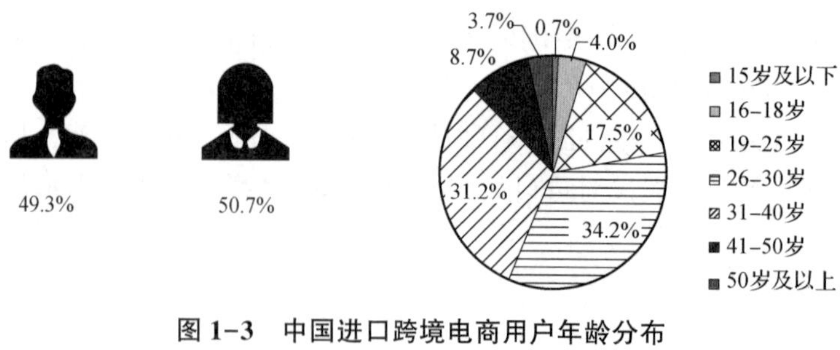

图 1-3　中国进口跨境电商用户年龄分布

（4）用户购物偏好：2021 年中国跨境电商用户更偏好在电商平台上购买服饰鞋包（48. 7%）、其次是美妆个护（45. 9%）及食品饮品（43. 4%）类商品。购买这三者的用户占比达到四成以上。iiMedia Research 分析师认为，服饰礼包和美妆个护都属于品牌营销力度大的品牌溢价型产品，说明中国进口跨境电商用户对品牌有更高追求，如图 1-4 所示。

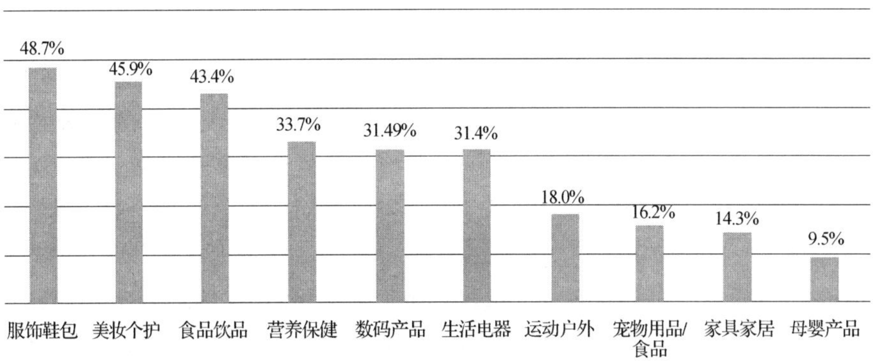

图 1-4　2021 年中国进口跨境电商用户主要购买产品

数据来源：艾媒数据中心

二、中国跨境电商发展历程

从 1999 年年底开始到现在，就发展的主要模式来看，中国的电子商务经历了三个发展阶段，如图 1-5 所示。

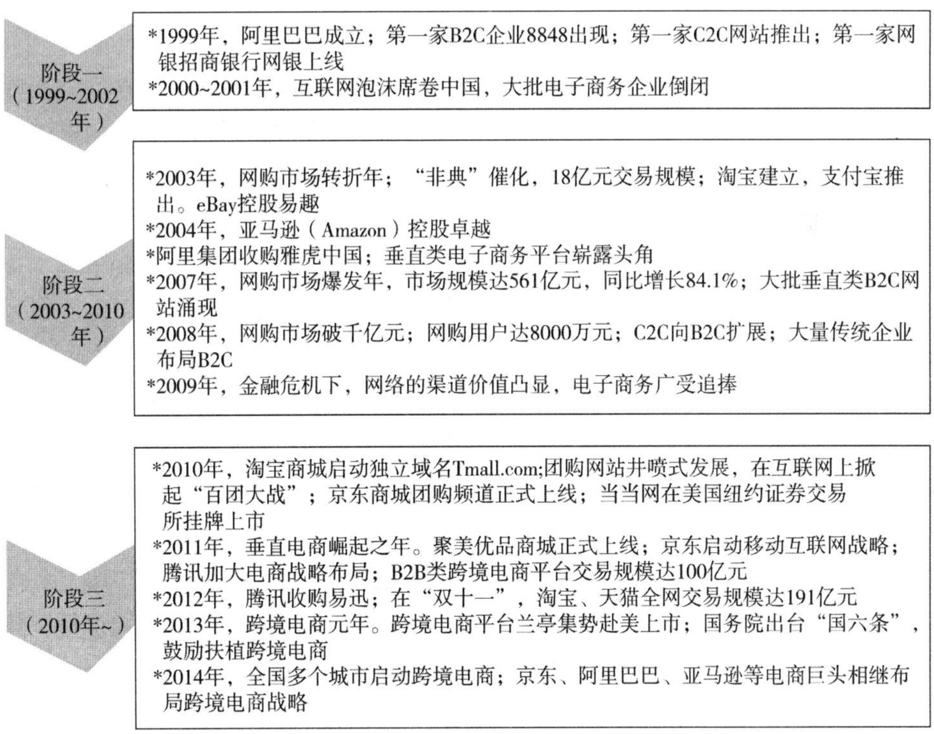

图 1-5　中国电子商务发展的三个阶段

阶段一：从1999年年底开始，以阿里巴巴为主导的B2B模式。

阶段二：从2003年开始，以阿里巴巴和eBay（易贝）为主角，腾讯拍拍、曾经的百度有啊等均参与争夺的C2C（个人对个人）模式。

阶段三：从2010年开始，阿里巴巴、京东以及各类垂直类电商正面对决的B2C（商家对个人）模式。

虽然这三个发展阶段呈现出了明显的此消彼长的关系，但其阶段的划分并非是绝对的，而且在整个发展的过程当中，也出现了一些衍生路径。在阶段二和阶段三之间，eBay退出中国C2C市场之后，国内从事出口贸易的一些厂商依托eBay的全球买家平台资源，做起了直面全球买家的跨境B2C生意。

至于这条“本没有”的路径是如何被越走越宽的，我们不妨从源头开始回顾一下。

2006年，在国外电商市场受欢迎的eBay在中国却频频遇冷，表现出了明显的水土不服。但遭遇重创的eBay并未完全退出中国市场，一方面，它将旗下的中国C2C电商平台易趣交给了TOM网打理；另一方面，eBay也发现，由于具有全球最优质卖家资源的优势，很多中国的出口贸易厂商都会在eBay上寻找交易伙伴。所以，eBay与国内的卖家渐渐地发展出了跨境电商的新业务。

2012年，eBay在中国的出口类跨境电商领域已经形成了明确的业务线，其进口类跨境电商平台“海淘”也急剧升温。人民币的不断升值为“海淘”等进口类跨境电商平台的发展奠定了坚实的基础；而且，进口类跨境电商平台也为国外曾经饱受经济动荡影响的出口企业，开辟了一条能够规避宏观经济大环境影响的新渠道。

2008年的“三鹿奶粉事件”，使整个中国的乳制品行业陷入危机，也在一定程度上促进了中国跨境电商的发展。以奶粉为“导火索”，国内消费者购买海外商品的愿望越来越强烈，小到服装鞋帽，大到数码家电，以及国内外存在一定差价的手表、化妆品，都成为了消费者通过网络“海淘”的目标。

不过，与庞大的需求不相吻合的是，国内的跨境电商平台发展貌似有些不温不火。主要从事出口业务的平台中，尚且有阿里巴巴国际站、兰亭集势、敦煌网等较为知名的平台；而从事跨境进口业务的电商平台并不多。

以前，国内消费者缺乏正规的跨境网上购物渠道，主要通过“海淘”或“代购”的方式购买进口类商品。但这两种方式往往过程极为繁琐、物流成本高、花费时间长，而且售后服务难以得到保障，也给海关、检验检疫等部门的监管带来难度。所有这些都急需正规化、值得信赖的进口类跨境电商平台。

2013年10月7日，国内第一家跨境贸易电子交易平台——“跨境通”在上海自由贸易试验区完成功能测试。2013年年底，“跨境通”通过海关总署的验收正式运行。其定位为一个开放的电子商务平台，通过吸引卖家加盟、电子报关报检、海关征收个人行邮税、快递公司派送等类似淘宝的方式运营。

2014年2月19日，电商巨头阿里巴巴宣布“天猫国际”正式上线，为国内消费者直供海外原装进口商品。

2014 年 4 月，顺丰速运旗下海购平台“海购丰运”（SFBuy）正式上线。用户只要在“海购丰运”进行注册，便能够使用 SFBuy 提供的海外收货地址和专有储物箱号在 eBay、亚马逊等电商网站购物。

另外，国内的物流公司也凭借自身优势瞄准了跨境电商这个潜力巨大的新兴领域。

2014 年 4 月 9 日，圆通速递与 CJ 大韩通运签署战略合作协议。至此，圆通已开通了包括中国香港、中国台湾、中国澳门、东南亚、中亚、欧美及大洋洲等多个地区的进出口快递业务，以让用户实现全球购物的便利化、快捷化。

2014 年 4 月 15 日，申通快递在美国网站开放注册后，又完成了对美国海淘论坛“海淘群”（haitaogroup. com）的收购，以延伸自己的跨境电商业务链。

无论是 C2C 模式还是 B2C 模式，货源和物流是电子商务的两大基础。所以，电商平台和物流公司做跨境电商具有各自的优势。

第二节　中国跨境电商发展现状

2013 年是中国的“跨境电商元年”。这一年，中国的跨境电商迎来了前所未有的大好机遇，并保持了强劲的发展势头。据统计，2013 年中国的跨境电商平台企业已经超过 5000 家，境内通过各类平台开展跨境电子商务业务的外贸企业超过 20 万家，全国跨境电子商务交易额达到 3. 1 万亿元。

下面，我们就从几个方面对 2013 年中国跨境电商领域的事件进行梳理，以了解国内跨境电商的发展现状。

一、政府方面

（一）国务院出台政策支持跨境电商发展

早期，由于跨境电商没有被纳入国家外贸统计体系，也不受国家外贸机构监督，所以处于一个灰色的地带，发展受到诸多因素的制约。

2013 年 8 月，由国务院办公厅转发的《关于实施支持跨境电子商务零售出口有关政策的意见》中，明确了 7 条支持措施，包括确定电子商务出口经营主体、建立电子商务出口新型海关监管模式、建立电子商务出口检验模式、支持电子商务出口企业正常收结汇、鼓励银行和支付机构为跨境电子商务提供支付服务、实施适应电子商务出口的税收政策、建立电子商务出口信用体系等。

2013 年 10 月 1 日，由中国商务部、国家发改委、海关总署等 9 部门共同出台的《关于实施支持跨境电子商务零售出口有关政策的意见》也开始在全国部分地区实施，此举更是有力地促进了中国跨境电子商务的发展。

（二）“政府+平台”模式成为地方跨境电商发展的主流模式

从 2013 年开始，为了促进地区经济发展，帮助传统企业转型升级，带动跨境电商产业链的形成，各地政府纷纷出台相应政策支持区域内跨境电商的发展。其中，义乌、东莞、宁波和哈尔滨等地方政府与跨境电商平台敦煌网签订了战略合作协议，依托区域资源建立跨境电商运营中心。

二、外贸电商发展方面

（一）外贸电商集中转型，品牌化成“出海”的最短路径

虽然中国的跨境电商刚刚开始起步，但外贸电商却已经经过了 10 多年的发展。时至今日，我们不难发现中国的外贸电商发展模式弊端众多，专业产品无法展现自己的优势和服务，也让更多的同行企业在线同质化竞争加剧。

随着跨境电商的发展，这种大而泛的结构体系在竞争中已经越来越不具有优势。于是，以敦煌网等为代表的跨境电商平台开始立足于国内品牌的打造，针对国内品牌实现在线交易推广，为品牌客户提供增值营销解决方案。

（二）上海自贸区成为指定外贸跨境电商试点区域

随着国内跨境电商的快速发展，现有的一些管理体制、法规等已经难以满足发展的要求。为了应对当前跨境电商贸易发展的新形势，上海自贸区启动了全国首个跨境贸易电子商务试点平台——“跨境通”，为国内消费者提供一条阳光、便利、快捷的跨境网购新渠道。

“跨境通”平台的定位为中高端商品，主要经营品类包括服装、婴幼儿用品、3C 电子产品、化妆品等 6 大类，目前已有 CK、Coach、Burberry 等多个境外品牌入驻这个平台。由于每件商品都经过了海关备案，所以不仅不会买到假货，而且每件产品的关税和物流费用也都一目了然。

（三）敦煌网、速卖通等外贸电商集中精力进军俄罗斯等新兴市场

2013 年 12 月 23 日，哈尔滨市政府与敦煌网签署协议，声明共同建设“哈尔滨对俄电子商务运营中心”，带动哈尔滨对俄跨境电子商务产业链发展，加大对俄出口贸易，并为全球俄语系的买家带来丰富的产品。

到 2014 年 8 月，速卖通一共推出 160 多期针对俄罗斯市场的团购活动。此外，针对巴西的团购也在不断地进行当中。

（四）兰亭集势在美国成功上市

成立于 2001 年的兰亭集势，是目前国内排名第一的外贸销售网站，涵盖了服装、电子产品、玩具、饰品、家居用品、体育用品等 14 大类的 6 万多种商品。网站用户来自 200 多个国家，日均国外客户访问量超过 100 万，访问页面超过 200 万个。兰亭集团的网站与大事记分别如图 1-6、图 1-7 所示。

2013 年 6 月 6 日，兰亭集势在美国纽交所挂牌上市，成为 2013 年第一家在美上市的中国公司，也使得外贸电商得到了足够的关注和重视。

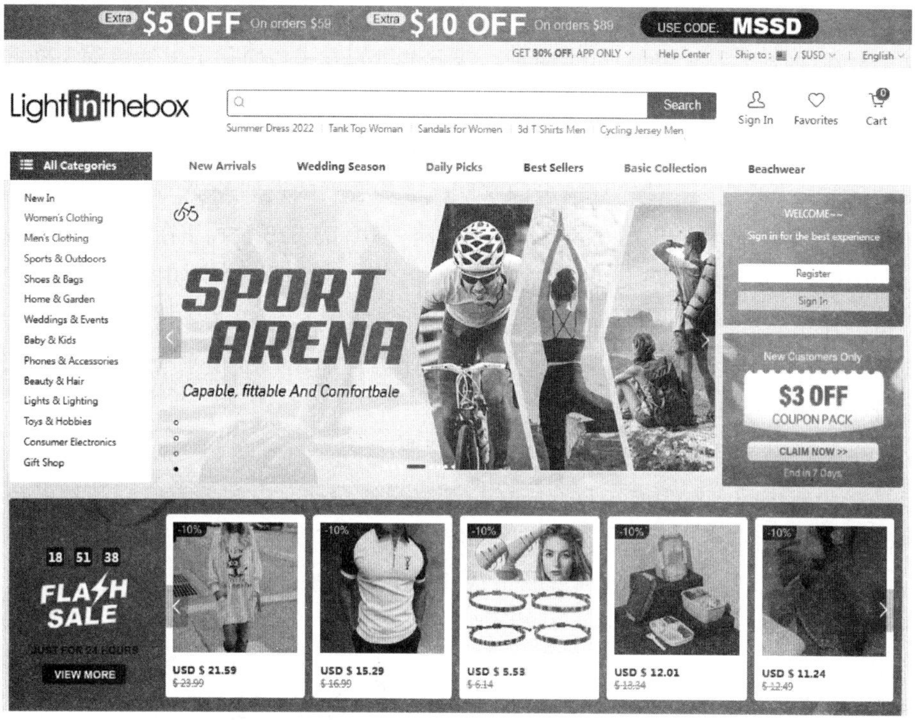

图 1-6　兰亭集势官网主页

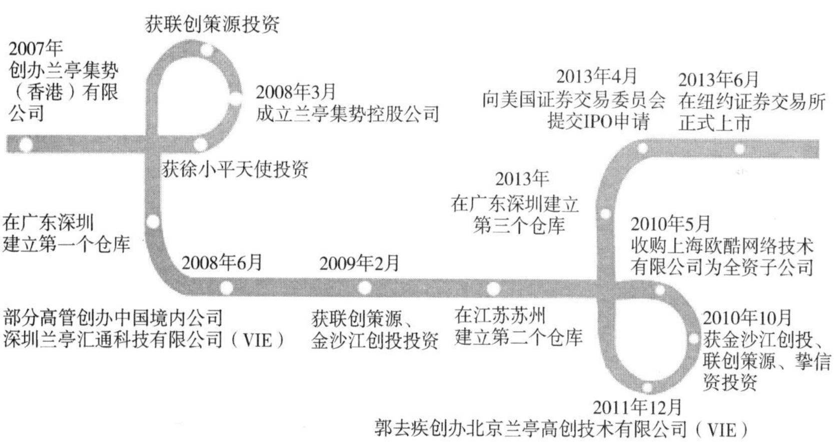

图 1-7　兰亭集势大事记

注：VIE（Variable Interest Enstities），即可变利益实体，也称为“协议控制”。

三、平台技术和服务方面

（一）跨境电商物流服务不断出新

无论境内还是跨境，物流都是电商的一大命脉。通过建立全球化的仓储管理、独立化的运输配送以及配套的供应链管理，国内跨境电商平台正在不断地创新物流服务。

由于以往的物流存在周期长、妥投率低等局限，2013 年上半年，敦煌网推出了“在线发货”这一全新的物流服务，通过线上申请、线下发货的方式，简化了发货流程，降低了物流成本，缩短了周期，全程可跟踪货物信息，为外贸商家提供了更为便捷的快递服务。

（二）跨境电商移动化，移动端交易成主流

移动互联时代的到来，使得跨境电商移动化成为必然的发展趋势。相关调查显示：接近 70%的 B2B 公司认为应尽早开发 B2B 移动电商战略，31%的 B2B 公司正在开发移动端应用。

从 2010 年开始，敦煌网上线第一个移动 APP 和 WAP 平台。2013 年上半年，敦煌网移动平台的流量达到了全网的 1/3，交易量是 2012 年上半年的 2.3 倍，WAP 平台的交易量是 2012 年上半年的 6 倍。2013 年上半年移动平台注册用户在全平台的复购率与 2012 年相比提升了 23%，交易量提升了 3 倍。

（三）亚马逊、新蛋网开放中国小卖家注册

亚马逊和新蛋网，作为两个总部同样位于美国，而且在中国拥有广泛消费者市场的电子商务网站，都适时地推出了针对中国市场的跨境电商服务。由于“中国制造”物美价廉，具有广阔的市场，所以，亚马逊的全球开店服务和新蛋网的开放平台，都在吸引中国数百万的中小企业商家进行注册。

第三节　中国跨境电商发展环境

一、政策环境

（一）跨境电商成“一带一路”重要落脚点，打开“供给侧改革”新通道

在 2016 年的两会中，“供给侧改革”和“一带一路”成为关键词。跨境电商是互联网时代的产物，是“互联网+外贸”的具体体现。跨境电商新供给创造外贸新需求，提高发展的质量和效益，对接“一带一路”，助力“中国制造”向外拓展，并将搭建一条“网上丝绸之路”，成为建设“丝绸之路经济带”新起点的重要支撑。

分析：跨境电商已经成“一带一路”重要的落脚点，成为连接“一带一路”的纽带，以渠道和供给的增加引领贸易和投资的发展，促进国家间的生产分工协作，实现“一带一路”国家的资源共享、产品共享，并成为打开供给侧结构性改革的新通道。

（二）多项优惠政策落地，扫清跨境电商发展障碍

自 2013 年以来，政府密集出台支持发展跨境电商的政策，主要涉及跨境电商出口退税、清关检疫、跨境支付等多项环节，政策具备很强的实操性，积极促进跨境电商行业规范及完善。2021 年 1 月 1 日，《区域全面经济伙伴关系协定》（RCEP）正式生效。RCEP 减免关税的措施有望降低我国跨境电商企业出口商品在进口国的税费成本，进而为海外市场的用户带来更加优惠的价格，提高出口商品的市场竞争力，为跨境电商企业带来利好。

分析：政策的制定及实施是跨境电商快速发展的基础，对推动行业发展、保护商家和消费者权益，推动全行业快速、健康发展起着重要作用（见图 1-8）。

先试点 后推广

2012年12月	设立跨境电商服务试点（上海、重庆、杭州、宁波、郑州、广州等）
2013~2014年	增加跨境电商试点城市（深圳、苏州、青岛、长沙、平谭、银川、牡丹江、哈尔滨、烟台、西安、长春等）
2015年3月	设立中国（杭州）跨境电子商务综合试验区
2016年3月	推广增加跨境电子商务综合试验区至12个

初步发展阶段

2014年1月	海关总署增列海关监管方式代码“9610”，全称“跨境贸易电子商务”，简称“电子商务”，适用于境内个人或电子商务交易平台实现交易
2014年8月	实行三单对接，以“清单核放、汇总单放”方式办理电商进口货物报关手续
2014年8月	海关总署增列海关监管方式代码“1210”，全称“保税跨境贸易电子商务”，简称“保税电商”

提升效率 完善监督

2015年1月	国家外汇管理局在全国范围内开展支付机构跨境外汇支付业务试点
2015年4月	国务院常务会议确定，对国内消费者需求大的部分国外日用消费品，于2015年6月底前开展降低进口关税试点，逐步扩大降税商品范围
2015年5月	各地海关保持365×24小时的作业时间，提升通关效率
2015年9月	海关总署出台的58号公告规定，进口保税业务只能在保税备货试点城市进行
2016年3月	开始施行无纸化通关
2016年4月	施行新跨境电子商务零售进口税收政策，免税时代终结
2016年5月	自2016年5月11日起，对跨境电商零售进口有关监管要求给予一年的过渡期，即继续按照试点模式进行监督
2016年5月	商务部新闻发言人关于延长跨境电商零售进口监管过渡期的谈话称，经有关部门同意，监管过渡期进一步延长至2017年年底

提升效率 完善监督

2017年1月	增加跨境电子商务综合试验区（天津市、上海市、重庆市、合肥市、郑州市、广州市、成都市、大连市、宁波市、青岛市、深圳市、苏州市等）。
2018年11月	国务院常务会议决定，从2019年1月1日起，延续实施跨境电商零售进口现行监管政策，按个人自用进境物品监管。
2019年7月	国务院常务会议，要求落实对跨境电商零售出口的“无票免税”政策，出台更加便利企业的所得税核定征收办法。
2019年12月	财政部等十三个部门联合发布公告，自2020年1月1日起，调整扩大跨境电商零售进口商品清单，增加了冷冻水产品、酒类电器等92个税目商品。
2020年1月	商务部等六部委联合印发通知，进一步扩大跨境电商零售进口试点范围，扩大至海南全岛和其他86个城市（地区），覆盖31个省、自治区、直辖市。
2021年7月	国务院办公厅提出，要在全国适用跨境电商B2B直接出口、跨境电商出口海外仓监管模式，便利跨境电商进出口退换货管理，优化跨境电商零售进口商品清单，扩大跨境电商综试区试点范围。

图 1–8　中国跨境电商相关政策

二、行业环境

（一）国内传统企业纷纷布局出口跨境电商

近年来，国内传统企业纷纷布局出口跨境电商市场。2016 年 3 月，卓尔集团宣布收购兰亭集势 30%股权，布局跨境电商业务。2015 年，跨境通（原百圆裤业）斥巨资收购环球易购、前海帕拓逊、广州百伦、通拓科技出口跨境电商公司股权，持续加强板块布局。

分析：在国内经济不景气的现状下，相较于传统外贸模式，出口跨境电商将国产优势商品直接对接国外消费者，缩短了贸易中间环节，减少了商品流转成本。

（二）新兴国家崛起，跨境电商市场发展潜力巨大

全球贸易正逐渐向线上发展的趋势明显，特别是像俄罗斯等新兴国家电商市场的快速发展，广阔的市场发展空间给外贸企业带来了更多的市场机遇。

分析：政策的刺激以及传统贸易发展的不景气，给跨境电商市场带来了巨大的潜在机会。

三、资本环境

近年来跨境电商发展势头迅猛，各路资本蜂拥而至，行业如火如荼。热潮引发各路资本竞相追逐，如生意宝投资万事通，跨境通投资通拓科技、前海帕拓逊等。2015 年，中国出口跨境电商企业融资金额超 10 亿元。2021 年中国跨境电商共发生 77 起融资，同比增长 133. 33%；融资总金额 207 亿元，同比增长 191. 96%。2022 年跨境电商融资事件有 43 起，融资金额将达 62 亿元（见图 1-9）。

序号	融资方	所属行业	所在地	融资时间	融资轮次	融资金额	投资方
1	领猫 SCM	电商服务商	上海市	2022 年 1 月 11 日	A+轮	3000 万美元	B Capital 云启资本 纪源资本等
2	POOK 理康	电商服务商	上海市	2022 年 9 月 2 日	B 轮	2 亿人民币	捷成资本 君武资本 雅戈尔
3	天异购	电商服务商	上海市	2022 年 3 月 14 日	A 轮	数亿人民币	顺为资本 元禾控股 红杉种子基金
4	星云有客	电商服务商	浙江省 杭州市	2022 年 3 月 1 日	A 轮	亿级人民币	高瓴创投 IDG 资本 联想创投
5	迈微网络	电商服务商	浙江省 衢州市	2022 年 2 月 16 日	A+轮	亿级人民币	昭铭睿远
6	憨猴科技	电商服务商	北京市	2022 年 9 月 8 日	A+轮	5000 万人民币	未适露
7	鲸品惠	电商服务商	广东省 深圳市	2022 年 9 月 5 日	A 轮	5000 万人民币	ACC 凯盈资本 厦门河商创投等
8	星云有客	电商服务商	浙江省 杭州市	2022 年 1 月 17 日	Pre-A 轮	4000 万人民币	杭州云曦 联想创投 初心资本
9	观妙科技	电商服务商	浙江省 杭州市	2022 年 10 月 31 日	天使轮	数千万人民币	元理资本 蓝湖资本及深洞资本
10	享开店	电商服务商	上海市	2022 年 10 月 17 日	Pre-A 轮	数千万人民币	海纳亚洲 顺为资本

图 1-9　2022 年中国跨境电商投融资事件及金额

数据来源：网经社、中商产业研究院

随着更多企业的纷纷入局，跨境电商平台的竞争将从单一的商品竞争逐渐向供应链与整体服务转移，竞争方式将逐步升级（见表 1-1）。另据悉，在 2021 年跨境电商 77 起融资事件中，融资额排名前十的情况如表 1-2 所示。

表 1-1　2015~2016 年中国出口跨境电商主要融资事件

融资方	时间	轮次	融资金额	投资方
帕拓逊科技	2015. 12. 15	收购	3 亿元	跨境通
AVKEY	2015. 11. 16.	新三板挂牌上市	/	/
BESTEK	2015. 9. 12	新三板挂牌上市	/	/
广新达	2015. 5. 22	A 轮	3000 万元	海航集团
通拓科技	2015. 5. 4	增资	9000 万元	跨境通
万事通	2015. 12. 14	战略投资	/	生意宝
马帮 ERP	2016. 2. 5	Pre-A 轮	数千万元	黑马基金、梅花创投资
有棵树集团	2016. 4. 6	新三板挂牌上市	/	/

表 1-2　2021 年中国跨境电商融资额 TOP10

融资方	所在地	融资时间	融资轮次	融资金额
行云集团	深圳	2021 年 4 月 19 日	C2 轮	6 亿美元
patpat	深圳	2021 年 7 月 19 日	D 轮	5. 1 亿美元
KK 集团	深圳	2021 年 7 月 6 日	战略投资	3 亿美元
空中云汇	深圳	2021 年 9 月 20 日	E 轮	2 亿美元
patpat	深圳	2021 年 8 月 17 日	D2 轮	1. 6 亿美元
Qupital 桥彼道	香港	2021 年 11 月 9 日	B 轮	1. 5 亿美元
Cider	北京	2021 年 9 月 2 日	B 轮	1. 3 亿美元
空中云汇	深圳	2021 年 11 月 18 日	E1 轮	1 亿美元
全量全速	北京	2021 年 6 月 17 日	A 轮	1 亿美元
空中云汇	深圳	2021 年 3 月 24 日	D++轮	1 亿美元

分析：资本对跨境电商的看好与行业的良好走势有关，整个行业处于蓬勃发展的阶段。未来跨境电商平台竞争将不仅限于商品品类，更多的是拼供应链与整体服务能力。对于出口跨境电商而言，更多的商品品类、海外仓、良好的售后服务都将是竞争要素。

四、用户环境

（一）新兴市场国家不断崛起，带来更大的用户规模

近年来，新兴市场包括俄罗斯、巴西、以色列、阿根廷等国家和地区的电子商务发展迅猛，给中国卖家带来了更大用户规模，目标人群不断壮大。新兴市场国家电商的发展，人们对电商观念的改变以及当地商品供应的不足等给企业带来了机遇。

分析：新兴市场国家有着更为广阔的人群及购买力，对出口跨境电商企业来说存在较大的市场机遇，重点在于通过何种方式影响到目标客户。

（二）欧美等发达国家用户消费升级，由低价向品质延伸

欧美等发达国家的消费者正逐渐呈现出对商品的需求从最初的低价向品质延伸，这是用户消费的升级。同时，中国卖家也逐步通过品牌化的打造输出更多有品牌附加值、高质量的商品。

分析：任何国家的消费者都有消费升级的阶段，中国出口跨境电商从低价开始，逐步向品牌化延伸，除竞争加剧外，这也是欧美等发达国家消费升级的结果。

第四节　跨境电商的界定与分类

一、跨境电商概念（Cross Border E-Commerce）

狭义：一般特指跨境的网络零售，是指分属不同关境的交易主体，通过计算机网络达成交易、进行支付结算，并采用快件、小包等方式，通过跨境物流将商品送达消费者手中的商业活动。

广义：基本上指外贸电子商务，是指分属不同关境的交易主体，通过电子商务手段将传统外贸中的展示、洽谈及成交等各环节电子化，并通过跨境物流送达商品、完成交易的一种国际商业活动。

在更广泛的意义上，跨境电子商务是指电子商务在国际进出口贸易中的应用，是传统国际贸易流程的网络化、电子化和数字化，包括货物的电子贸易、电子资金划拨、电子货运单证、在线数据传递等多方面的内容。因此，只要涉及电子商务应用的国际贸易，都可以被纳入跨境电子商务的范畴。

二、跨境电商特征

跨境电商融合国际贸易和电子商务两方面的特征，主要表现为：

一是信息流、资金流、物流等多种要素流动必须紧密结合，任何一方面的不足或衔接不够，都会阻碍整体跨境商务活动的完成。

二是流程繁杂，且不完善，国际贸易通常具有非常复杂的流程，牵涉到海关、检验检疫、外汇、税收、货运等多个环节，而电子商务作为新兴交易方式，在通关、支付、税收等领域的法规目前还不太完善。

三是风险触发因素较多，容易受到国际政治经济宏观环境和各国政策的影响。

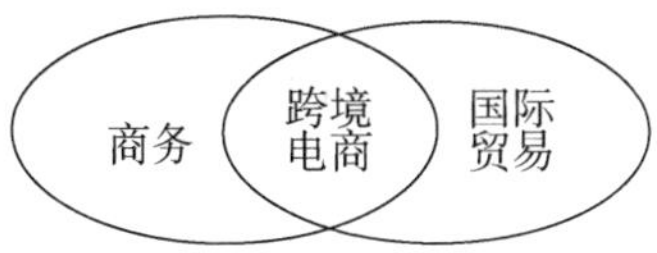

图 1-10　跨境电商与电子商务、国际贸易的关系

跨境电商的特征具体如下：

1. 全球性（Global）

跨境电子商务依附于互联网而发生，具有全球化和非中心化的特性。任何人只要具备一定的技术手段，就可以随时随地将信息接入互联网，互相联系交易。跨境电子商务是一种无边界交易，突破了传统交易具有的地理边界限制。互联网用户无需跨越国界就可以把产品尤其是高附加值产品和服务提交到市场。

2. 无形性（Intangible）

网络的发展使数字化产品和服务的传输盛行，而数字化传输是通过不同类型的媒介，如数据、声音和图像在全球化网络环境中无形传输的。电子商务是数字化传输活动的一种特殊形式，其无形性的特性使得相关部门很难控制和检查销售商的交易活动。数字化产品和服务基于数字传输活动的特性也必然具有无形性。

3. 可追踪性（Traceable）

跨境电子商务在整个交易过程中，议价、下单、物流、支付等信息都会有记录，消费者可以实时追踪自己的商品发货状态和运输状态。比如，对跨境进口商品，我国对跨境电商企业建立了源头可追溯、过程可控制、流向可追踪的闭环检验、检疫监管体系，这样既提高了通关效率，又保障了进口商品的质量。

4. 即时性（Instantaneous）

对于网络而言，传输的速度和地理距离无关。传统交易模式中的信息交流方式有信函、电报、传真等，在信息的发送与接收间存在着长短不同的时间差。而电子商务中的信息交流，无论实际空间距离远近，一方发送信息与另一方接收信息几乎是同时的，就如同生活中面对面交谈。

5. 无纸化（Paperless）

跨境电子商务主要采取无纸化操作的方式，电子计算机通信记录取代了一系列的纸面交易文件，用户主要发送或接收电子信息。由于电子信息以字节的形式存在和传送，这就使整个信息发送和接收过程实现了无纸化。

6. 快速演进（Rapidly evolving）

互联网是个新生事物，网络设施和软件协议的未来发展都以前所未有的速度和无法预知的方式不断演进。基于互联网的电子商务活动也处在瞬息万变的过程中，短短的几十年中电子交易经历了从 EDI 到电子商务零售业的兴起的过程，而数字化产品和服务更是花样出新，不断改变着人类生活。

三、跨境电商与境内电商、传统外贸的比较

跨境电子商务与境内电子商务、传统对外贸易在多个方面存在着联系与区别，三者之间的对比具体如表 1-3 所示。

表 1-3 跨境电商与境内电商、传统外贸的对比

内容	跨境电子商务	境内电子商务	传统对外贸易
交易主体	贸易双方分属于不同的国别或关境	贸易双方为同一境内	贸易双方分属于不同的国别或关境
业务模式	B2B、B2C、C2C 等	B2B、B2C、C2C 等	基于合同的业务模式
产品类目	产品类目丰富多样，更新及时	产品类目丰富多样，更新及时	产品类目较少，更新有延时
物流要求	多借助第三方物流，消费者对物流服务的要求较高	可以分为自营或第三方物流，对物流服务的要求较高	多为空运或集装箱海运，物流因素对交易主体的影响不大
覆盖范围	覆盖全球范围，市场规模大，不受贸易政策限制	覆盖全国，市场较大	受贸易政策限制，交易范围仅面向有贸易协定的国家或地区，市场规模大但受地域限制
价格与利润	价格实惠，成本较低而利润高	价格实惠，成本低而利润高	价格较高，成本高而利润较低
交易环节	简单，中间商少	简单，中间商少	复杂，中间商多

四、跨境电商基本分类

（一）按照市场主体分类

1. 跨境 B2B 电子商务

B2B 即 Business to Business，B2B 跨境电商的卖家一般为大中型企业，提供企业产品与服务等相关信息，最终客户为企业或集团客户。

跨境 B2B 电子商务是指分属不同关境的企业对企业，通过互联网跨境平台进行商品与服务等数据信息的传递而后达成交易及进行支付结算，并通过跨境物流送达商品、完成交易的一种国际商业活动。

2. 跨境 B2C 电子商务

B2C 电子商务指的是企业针对个人开展的电子商务活动的总称，如企业为个人提供在线医疗咨询、在线商品购买等。

跨境 B2C 电子商务是指分属不同关境的企业直接面向消费者个人开展在线销售产品和服务，通过电商平台达成交易、进行支付结算，并通过跨境物流送达商品、完成交易的一种国际商业活动。

3. 跨境 C2C 电子商务

C2C 电子商务是个人与个人之间的电子商务。C2C 即 Customer to Customer，主要通过第三方交易平台实现个人对个人的电子交易活动。

跨境 C2C 电子商务是指分属不同关境的个人卖方对个人买方开展在线销售产品和服务，由个人卖家通过第三方电商平台发布产品和服务售卖、产品信息、价格等内容，个人买方进行筛选，最终通过电商平台达成交易、进行支付结算，并通过跨境物流送达商品、完成交易的一种国际商业活动。

（二）按照服务类型分类

1. 信息服务平台

信息服务平台主要是为境内外会员商户提供网络营销平台，传递供应商或采购商等商家的商品或服务信息，促成双方完成交易。

代表企业：阿里巴巴国际站、环球资源网、中国制造网。

2. 在线交易平台

在线交易平台不仅提供企业、产品、服务等多方面的信息展示，并且可以通过平台线上完成搜索、咨询、对比、下单、支付、物流、评价等全购物链环节。在线交易平台模式正在逐渐成为跨境电商中的主流模式。

代表企业：敦煌网、阿里巴巴速卖通。

3. 外贸综合服务平台

综合服务平台不仅可以为企业提供通关、物流、退税、保险、融资等一系列的服务，帮助企业完成商品进口或者出口的通关和流通环节，还可以通过融资、退税等帮助企业完成资金周转问题。

代表企业：阿里巴巴一达通、世贸通。

（三）按照平台运营方属性分类

1. 第三方平台型跨境电商

第三方开放型平台通过线上搭建商城，并整合物流、支付、运营等服务资源，吸引品牌商、制造商等商家及经销商等卖家入驻，为其提供跨境电商交易服务。平台以收取商家佣金及增值服务佣金作为主要的盈利模式，但并不从事商品的购买与销售。

代表企业：阿里巴巴国际站、环球资源网。

2. 自营型跨境电商

自营型跨境电商通过在线上搭建平台，平台方整合供应商资源，以较低的进价采购商品，然后以较高的售价出售商品，其主要以赚取商品差价作为盈利模式。相比第三方开放型平台，存在着较高的运营风险。

代表企业：京东全球购、网易考拉。

（四）按照进出口货物流向分类

1. 出口型跨境电商

出口型跨境电商是指我国出口企业通过跨境电商平台进行商品展示、完成交易并用线下跨境物流渠道将商品出口至境外市场的贸易活动。目前我国跨境电子商务还是以出口型为主。

代表企业：亚马逊海外购、ebay、兰亭集势。

2. 进口型跨境电商

进口型跨境电商是指将境外的商品通过跨境电子商务平台销售到我国境内市场的贸易活动，平台一般为自营型，即通过海外买手采购商品并将商品运送至国内保税仓，通过平台上商品的展示促成交易，买方一般为国内的终端消费者。

代表企业：天猫国际、洋码头、小红书。

（五）按照市场盈利模式分类

1. 传统跨境大宗交易平台（大宗 B2B）模式

此模式为境内外会员商户提供网络营销平台，传递供应商或采购商等合作伙伴的商品或服务信息，并最终帮助双方完成交易；收取会员费和营销推广费。

2. 综合门户类跨境小额批发零售平台（小宗 B2B 或 C2C）模式

此模式为独立的第三方销售平台，不参与物流、支付等交易环节；收取交易佣金，以及会员费、广告费等增值服务费。

3. 垂直类跨境小额批发零售平台（独立 B2C）模式

此模式为批发零售平台，同时自建 B2C 平台（含物流、支付、客服体系），将产品销往海外；销售收入构成主要的收入来源。

4. 专业第三方服务平台（代运营）模式

此模式不直接或间接参与任何电子商务的买卖过程，而是为行业不同、模式各异的从事小额跨境电子商务的公司提供通用的解决方案，为客户提供后台的支付、物流以及客户服务、涉外法律顾问等模块服务。

5. 外贸综合服务平台模式

此模式为从事跨境电子商务的商家提供外贸一条龙服务，该平台亦称为“外贸综合服务企业”。

【商业案例】“RCEP 为跨境电商发展注入新动能”——广西启迪再登新华社、Facebook

近年来，中国与东盟携手迈向更为紧密的中国——东盟命运共同体，跨境电商进出口规模与日俱增，成为拉动中国与东盟贸易发展的新引擎。广西作为我国唯一与东盟国家陆海相连的省区，是跨境电商进出口业务往来的重要枢纽，2020 年以来，中国（广西）自由贸易试验区跨境电商成绩亮眼。广西商务厅数据显示，2021 年广西跨境电商进出口超百亿元大关，达 101.5 亿元，增长 259%。今年一季度达 35.1 亿元，同比增长 108.4%。

广西启迪创新跨境电子商务有限公司总经理丁国勋认为：“跨境电商在东南亚的发展是不可限量的，因为东南亚的人口也有 6 亿多，经济发展速度都很快，他们日常消费的升级，还有各种需求的日益增长，生活水平也在提高，对跨境电商供应链的需求，尤其我们中国生产力这么发达，供应链水平也很高，我相信，未来东南亚的跨境电子商务的市场还会有 5 倍到 10 倍的增幅。RCEP 的发展对我们跨境电商服务型的企业来说是最大的利好，东盟、日、韩、澳、新的加入，加上我们中国，整个的市场体量接近 20 亿（人口）的市场，关税减免还有各国协议之间的互惠政策让我们进入标的市场的成本在不断降低，这样的话我们的优势越来越突出，尤其我们中国的产品竞争力也会凸显出来，我们的跨境电子商务的成交量也将不断往上攀升”。

Lazada 是阿里巴巴东南亚旗舰电商平台，广西启迪 Lazada 跨境生态创新服务中心由广西启迪创新跨境电子商务有限公司与阿里巴巴共同建设，是国内首家面向东盟电商市场的专业电商孵化服务平台，也是数字广西建设标杆引领重点支撑平台，定位于面向全国提供直播、翻译、客服、海外营销推广等多语种跨境本地化服务。

RCEP 生效后，中国——东盟跨境电商发展势头进一步增强，“多语种跨境直播”新业态为其注入新动能。

马来西亚留学生佩丽雅说：“当我在做跨境直播的时候，我感觉直播就像连接我和远方家人的纽带，我可以和直播间的人分享我在中国的生活，分享我对马来西亚美食的思念，分享中国朋友是怎么招待我的，跨境直播是非常好的机遇，我认为这是我和远方朋友联系的机会。”

此前，新华社在其 Facebook 官方账号上就已发布" How livestreaming helps boost China-ASEAN cross-border e-commerce（直播如何帮助推动中国——东盟跨境电子商务）" 的视频内容，这让广西启迪创新跨境电子商务有限公司运营的广西启迪 Lazada 跨境生态创新服务中心（南宁）通过国际平台享誉海内外。

资料来源：搜狐网广西启迪　2022-06-14　经删减处理

案例思考：

RCEP 为跨境电商企业带来了什么新机遇？跨境电商对我国和世界经济的发展有何影响？

课后习题

一、单选题

1. 以下对广义的跨境电子商务理解正确的是（　　）。

A. 跨境电商涉及到分属不同关境的交易主体

B. 跨境电商的交易主体只能是企业对个人

C. 跨境电商的交易主体只能是企业对企业

D. 跨境电子商务也可以通过线下达成交易

2. 商务部、发展改革委等九部门出台了《关于实施支持跨境电子商务零售出口有关政策的意见》发布的时间是（　　）。

A. 2012 年　　B. 2013 年　　C. 2014 年　　D. 2015 年

3. 被称为跨境电商发展“元年”的是（　　）。

A. 2000　　B. 2008　　C. 2013　　D. 2015

4. 我国于 2012 年 12 月确定的首批跨境电子商务服务试点城市不包括（　　）。

A. 杭州　　B. 重庆　　C. 郑州　　D. 深圳

5. 下列有关海关监管代码“9610”的说法正确的是（　　）。

A. 其全称是跨境贸易电子商务　　B. 只适用于进口
C. 只适用于出口　　D. 只适用于企业出口

6. 中国第一个跨境电子商务综合试验区设立在（　　）。
A. 上海　　B. 杭州　　C. 宁波　　D. 大连

7. 分属不同关境的交易主体，通过电子商务的方式完成进出口贸易中的展示、洽谈和交易环节，并通过跨境物流送达商品、完成交割的一种国际商业活动，被称为（　　）。
A. 电子商务　　B. 农村电商　　C. 跨境电子商务　　D. 国际贸易

8. 以下平台中，属于 B2C 跨境电商平台的是（　　）。
A. 淘宝网　　B. 敦煌网　　C. eBay　　D. 天猫国际

9. 个人与个人之间的电子商务是（　　）。
A. O2O　　B. B2B　　C. B2C　　D. C2C

10. 不属于跨境出口电商 B2B 模式的是（　　）。
A. 敦煌网　　B. 中国制造　　C. 阿里巴巴国际站　　D. DX

二、多选题

1. 下列属于我国参与跨境电子商务法规与政策制定的部门有（　　）。
A. 国务院　　B. 海关总署
C. 国家外汇管理局　　D. 商务部

2. 2012 年，海关总署牵头启动跨境贸易电子商务服务试点工作，上海、重庆、宁波、（　　）5 个城市被确定为首批试点城市。
A. 杭州　　B. 苏州　　C. 郑州　　D. 天津

3. 与国内的电子商务相比，跨境电子商务具有特征有（　　）。
A. 各国用户消费习惯相近　　B. 业务流程复杂
C. 风险触发因素较多　　D. 参与主体众多

4. 以下属于跨境电子商务进口平台的有（　　）。
A. 敦煌网　　B. 阿里速卖通　　C. 考拉海购　　D. 小红书

5. 以下属于跨境电子商务出口平台的有（　　）。
A. 小红书　　B. 敦煌网　　C. 环球资源　　D. 阿里巴巴国际站

三、判断题

1. 跨境电商面向全球市场，市场规模大，增长速度快。（　　）
2. 中国（深圳）跨境电子商务综合试验区是全国首个设立的跨境电商试验区。（　　）
3. 海关监管方式“1210”的全称是保税跨境贸易电子商务。（　　）
4. 当前我国海关监管实现了 365 天 24 小时无休作业。（　　）
5. 我国发展跨境电子商务的方式是先试点后推广。（　　）
6. 跨境电商与传统外贸都需要按照有关规定办理进出口商检手续。（　　）
7. 狭义的跨境电子商务一般特指跨境网络零售，是指分属不同关境的交易主体，借

助计算机网络达成交易、进行支付结算，并采用批量海运的物流方式，将商品送达消费者手中的交易过程。 (　　)

8. 跨境电子商务可以基于交易主体属性进行划分为 B2B 跨境电商、B2C 跨境电商、C2C 跨境电商三类。 (　　)

9. 信息服务平台不仅提供企业、产品、服务等多方面信息展示，并且可以通过平台线上完成搜索、咨询、对比、下单、支付、物流等购物链环节。 (　　)

10. 一般我们指的跨境电商仅指跨境 B2B 业务。 (　　)

四、简答题

1. 简要说明中国跨境电商的发展历程。
2. 分析下中国跨境电子商务的发展环境如何?
3. 从狭义和广义角度看，什么是跨境电子商务?
4. 跨境电商融合国际贸易和电子商务两方面特征的主要表现有哪些?
5. 跨境电子商务按交易主体可分为哪几类? 试结合实际举例说明。

项目二　跨境电商营销

网络推广和宣传已经成为跨境电商企业发展必不可少的一部分，是应对激烈市场竞争的一种必然产物。要成功开展跨境电商业务，必须采取针对网上电商特色的推广和营销方法。跨境电商人员不要只盯着如何销售自己的产品，首先要从国际买家角度进行换位思考。

（1）国际买家如何找到供应商？

（2）国际买家如何挑选供应商？

（3）如何让国际买家信任供应商？

（4）国际买家需要什么样的供应商？

其次，跨境电商要学会利用网络资源，通过搜索在网上找到海量的潜在买家，这是主动寻找客户的过程。对网站进行优化和充分推广，让客户自己找上门，这些主动“上钩”的买家一般具有更加强烈的购买意愿，成交的概率更高。在买卖双方接触后，发送和回复电子邮件的速度和质量能帮助卖家及时了解客户需求，获得买家对公司和产品的信任，促成交易的最后达成，这是跨境电商的关键环节。

第一节　找到目标客户

跨境电商人员的首要任务是“找客户”，而“找客户”的关键是“找”而不是“等”。无论你是服装制造商还是手机配件销售商，你的国外客户都在“线上”。只有先知道客户在哪里，才有机会满足客户需求，才能使自己生存下来。

没有系统的方法和窍门，很难有效地找到客户或者求购信息。方法得当，善于利用网上资源，大部分的客户都可直接或者间接从网上找到。跨境电商找客户的最好办法就是搜索。

一、利用搜索引擎找客户

利用搜索引擎可以方便地查询网上信息。但是当输入关键词后，会出现成千上万个查询结果，让你无所适从。当然，这并不等于搜索引擎没有用，如掌握适当的技巧，很好地驾驭它，搜索引擎几乎是万能的，什么信息都可以找到。

（一）搜索引擎和搜索方式分类

1. 搜索引擎分类

在进行搜索前，首先要了解搜索引擎分类和搜索方法，以便采取最便捷、最有效的搜索方法。

（1）按工作方式，搜索引擎主要可分为三种，分别是全文搜索引擎（国外具有代表性的有 FAST/AllTheWeb、AltaVista、Inktomi、Teoma、WiseNut 等，国内著名的有百度等）、目录索引类搜索引擎（Yahoo、DMOZ、LookSmart、About、搜狐、新浪和网易等）和元搜索引擎。

（2）按搜索范围，搜索引擎可分为全球搜索和中国国内搜索。国内搜索引擎主要有百度、搜狗、搜搜和有道（Youdao）等，其中百度占据八成的搜索市场份额（由于涉及跨境电商，要面对国外市场客户，中国国内搜索引擎不是本书学习的目标）。

（3）全球和本土搜索引擎：全球著名的搜索引擎主要有百度、MSN、Yahoo、King、Lycos 和 Altavista 等，但差不多每个大洲和国家都有自己的本土搜索引擎。跨境电商人员寻找潜在客户时，可以在目标市场地区或国家尝试使用当地的搜索引擎和当地语言进行搜索，搜索结果最直接、效果最佳。

2. 搜索前的准备

（1）明晰预期目标

在着手搜索前，应根据市场开发的基本原则确立搜索的预期目标，利用网络资源分析目标用户，了解用户在各个购买周期关注点的变化和影响因素。目标用户分析从以下几个方面入手：

①目标用户在哪些国家和地区？

②目标用户会有哪些文化习惯？

③目标用户经常浏览哪些网站？

④目标用户用哪些方法寻找需要的产品和服务？

思考上述问题后，目标客户就会变得明确和具体，搜索过程才有针对性。

（2）搜索目标市场定位

利用搜索引擎寻找客户，如同大海捞针，因此搜索前的目标定位就显得尤其重要。确定目标客户的类型和所在区域，熟悉所卖产品的潜在客户类型，设法找到目标市场客户惯用的关键词进行搜索，搜索结果就会更加精准。

（二）跨境电商中关键词的作用

1. 跨境电商中关键词的作用

在搜索引擎中检索信息都是通过输入关键词来实现的。关键词是所有搜索引擎优化的基础，选择合适的、足够的关键词，有助于精准地找到目标客户。

我们经常听到这样的事例：一家公司的网站在搜索引擎上排在了前 20 名，业务量随之猛增到原来的 10 倍。而另一家公司的排名同样也在前 20 名，可业务量前后却一点也没变化。原因很简单，前者选择了正确的关键词，而后者滥用关键词。正确选择关键词对企业网站营销的成败何等重要！

2. 关键词的设置原则

如何才能找到最适合你的关键词呢？要仔细揣摩潜在客户的心理，设想客户在查询与你有关的信息时最可能使用的关键词并记录下来。不必担心列出的关键词会太多，相反你找到的关键词越多，用户覆盖面也越大，也就越有可能从中选出最佳的关键词。为此，选择关键词应遵循如下原则：

（1）选择相关的关键词

借助关键词自动分析软件，可以迅速地从你的或竞争对手的网页中提取适合的关键词，使你的工作效率成倍提高，找到许多以前不曾考虑到的关键词，大幅扩充我们的关键词列表。

（2）选择具体的关键词

挑选关键词时要避免拿含义宽泛的一般性词语作为主打关键词，要根据业务或产品的种类，尽可能地选取具体的词汇。比如一家销售木工机具的厂家，“Carpenter Tools”就不是合适的关键词，“Chain Saws”则可能是明智的选择。

选择前者，搜索结果表明你要和8位数的对手竞争才能获得靠前的排名；选择后者，只有5位数的竞争对手，你有更多机会站在其他竞争者前面。

（3）选用较长的关键词

当查询信息时尽量使用单词原形态；相反，在提交网站时我们最好使用单词的较长形态。如可以用“Tshirts”尽量不要选择“Tshirt”。因为在搜索引擎支持单词多形态或断词查询的情况下，选用“Tshirts”可以保证你的网页在以“Tshirts”和“Tshirt”搜索时，都能获得被检索的机会。

（4）避免停用词/过滤词

一些常用以至没有任何检索价值的单词，比如“an”“the”“and”“of”“web”和“homepage”等，搜索引擎碰到这些词时一般都会过滤掉。为节省空间，应尽量避免使用此类词，尤其在文字数量有严格限制的地方，如标题、短描中应尽量避免出现这些词，把空间留给更多的关键词和其他产品相关指标，进一步优化网站内容。

（5）适当选用主关键词和长尾关键词

长尾关键词就是网站上的非目标关键词，但可以带来搜索流量的相关关键词。长尾关键词派生于美国克里斯·安德森的《长尾理论》。该书认为，网络时代是关注“长尾”和发挥“长尾”效益的时代。热门关键词能给网站带来很高的流量和曝光度，长尾关键词的高转化率则会给网络营销带来意想不到的效果。

阿里巴巴国际站就是长尾理论最大的应用。国际站吸引海量的中小企业，每个店铺发布的产品数量没有限制。产品的主关键词或者热门关键词（红海词）的竞争异常激烈；长尾关键词（蓝海词）虽然单个搜索量很少，但是其本身具有很大的拓展性，所以最后的搜索总量是相当可观的。

长尾关键词的挖掘方法如下：

①产品/品牌+怎么样/多少钱/价格

这是很常见的一类长尾词的组合方法，组合出来的长尾词搜索量一般不低。用户在网上买某商品时，他们肯定会想知道别人对这件商品的评价怎么样，也会想知道这个商品在网上的价格大概是多少，所以就可能会搜索：产品怎么样、产品价格等。所以我们在做长尾词挖掘的时候，采用这样的组合形式是非常符合用户搜索习惯的。

②利用产品参数，挖掘大量长尾词

每类商品都有不同的技术参数，我们可以利用参数进行组合，得出更多的组合词。这些海量组合、正长尾词的搜索量不是非常高，但能够获得精准流量；通过搜索长尾词找上门的客户往往有较高的购买欲，订单转化率比较高；另外，长尾关键词的排名很容易靠前，竞争比较小。

3. 选择合适的关键词

Alibaba. com 网站的各种关键词选择功能：

①关键词联想功能（见图 2-1）

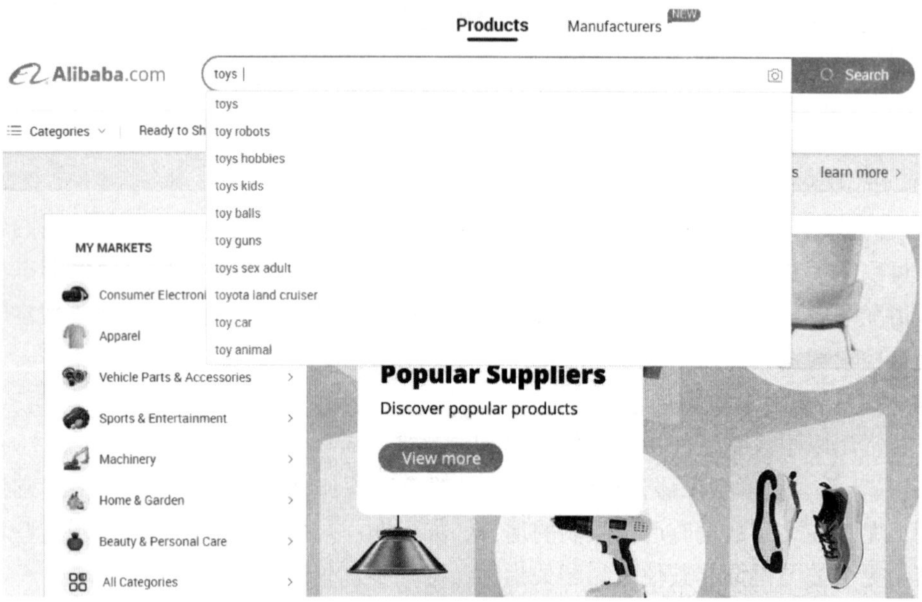

图 2-1　关键词联想功能示例

②商品词典（见图 2-2）

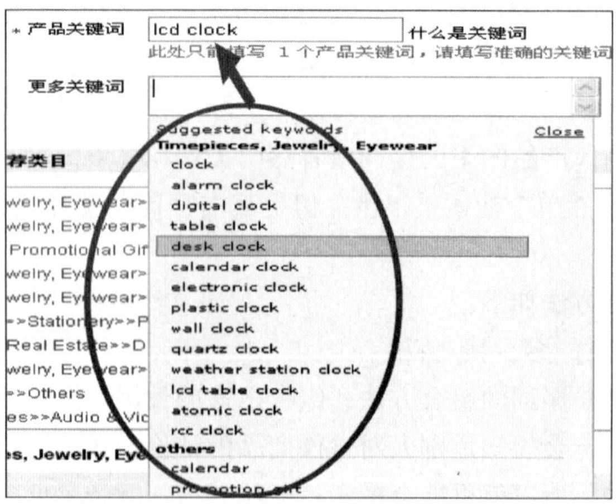

图 2-2　商品词典示例

③关键词对比法（见图 2-3）

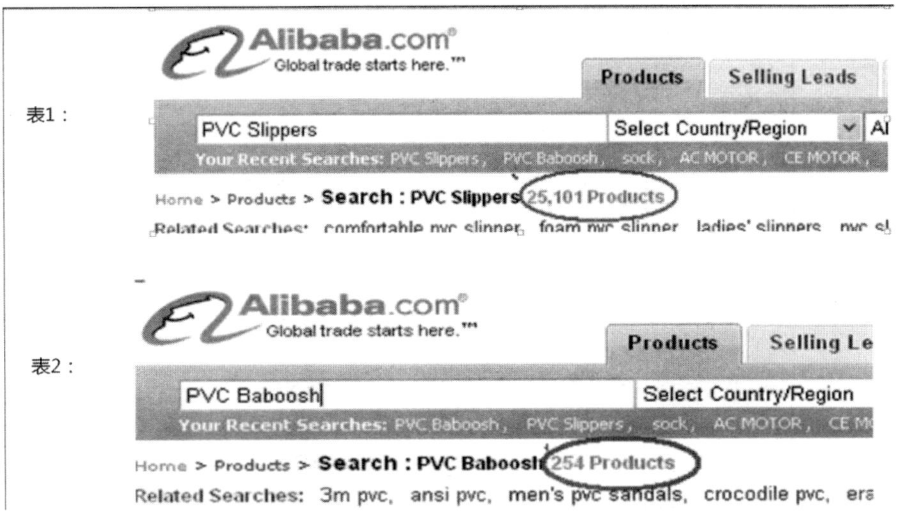

图 2-3　关键词对比法示例

事实上，任何 B2B、B2C 和 C2C 都有类似的联想功能、商品词典和比较功能。卖家可根据所选择开设店铺的平台进行一种或多种关键词的选择。

④福步搜比较排名

阿里巴巴国际站会员可用产品排名在线查询工具福步搜（http://www.fobso.com）用关键词查询阿里巴巴的产品排名情况，模拟海外用户搜索结果（见图 2-4）。

图 2-4　阿里巴巴产品在线查询工具——福步搜

从下列福步搜得到的产品排名结果，可以看出产品关键词的有效性（见图 2-5）。

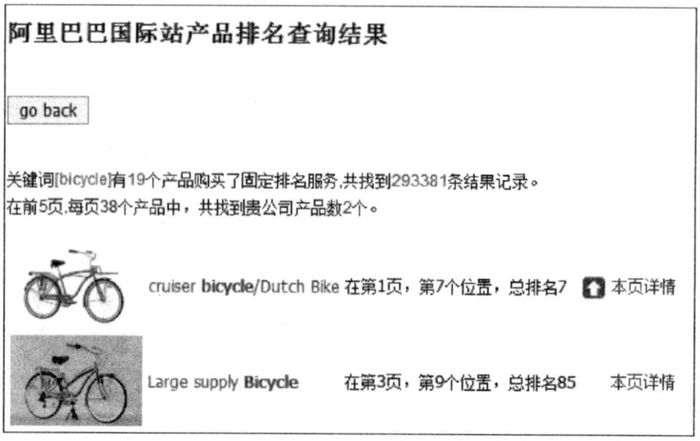

图 2-5　福步搜的搜索结果

4. 长尾关键词搜索工具

长尾词搜索工具（freekeywords. wordtracker. com）替代了自动搜索相关的同义词的功能。它能搜索出许多很奇怪、生僻，但可能会有人使用的词组。

（四）多搜索引擎、多时段搜索

多搜索引擎搜索并用，发现更多商机。各个搜索引擎网站前面三页包含的信息内容和广告内容，可谓鱼目混杂。以“paint”为搜索关键词在不同的搜索引擎搜索，比照搜索结果发现：

（1）用全球搜索引擎 Yahoo 和 King，比照搜索结果，前三页 80%的内容均不同。

（2）用本土搜索引擎如百度、搜狗分别进行搜索，比照搜索结果，前三页 70%的内容均不同。

（3）同一搜索引擎在不同时段的搜索效果也不同。

搜索引擎每天都会更新信息，具体多长时间被收录由搜索网站决定。这些最新收录的信息对你的生意最有帮助，蕴含更多商机。以童鞋［children's（childrens）shoes］为例，比照表 2-1 所列日期和现在 Alibaba 上搜索结果的异同可得出结论。

表 2-1　children's shoes 不同日期的搜索结果

商务平台	结果（2013 年 1 月 5 日）
Alibaba. com	来自 1184 个供应商的 21939 种商品

简而言之，通过不同搜索引擎查找产品和客户信息是跨境电商的核心。同样的关键词，在不同的搜索引擎中搜索就会有不同的结果；即使同一个搜索引擎，只要你愿意多尝试些关键词，也会有意想不到的收获。通过交叉搜索，甄别有潜力的客户，可大大提升随后的曝光量、询盘率和转化率。

二、利用公共电子邮箱系统、公司网站后缀和公司域名找客户

（一）利用公共电子邮箱系统找客户

1. 公共电子邮箱系统介绍

由于电子邮件的使用简易、投递迅速、收费低廉、易于保存、全球畅通无阻，且可以多次传递和转发，因此应用广泛，极大地改变了国际间的商务交往方式。

外贸公司日常工作的最大特点就是全球化，与客户、代理商、总部联系的国家/地区跨越范围大。为节省沟通成本，电子邮件也就成为应用最广泛的沟通工具。其中大部分邮件都涉及订单、报价、采购等非常重要的信息，因此海外企业邮箱在外贸公司中应用广泛而且其作用非常重要。由此，我国的外向型或者外贸公司应该采用海外邮箱作为公司对外联系的主要方式。

（1）各国均有自己的公共电子邮箱系统

每个国家都有自己的公共电子邮箱系统，每个公司几乎都有国家公共邮箱系统下自己的电子邮箱。企业邮箱均收费，有准入限制，因此邮箱是企业和个人身份重要的识别因素之一。要通过公共电子邮箱系统寻找各国客户，首先我们必须了解各国公共电子邮箱系统的设置规则，以便最大限度地利用规则，通过互联网找到潜在客户的企业邮箱。

（2）垃圾邮件和全球公共电子邮箱

中国的公共电子邮箱如@ yahoo. com、@ 163. com 和@ qq. com 几乎没有注册门槛，根据邮箱根本无法看出发信者的来源、身份以及身份的真实性，导致垃圾邮件和骗子邮件泛滥。如果采用带上述后缀的邮箱向国外客户发送邮件或者推广信息，往往会被许多国外客户视为垃圾邮件（junk mails/seams）删除或被列入黑名单（blacklist）遭到拒收。

由于美国经济在世界经济中的地位，其公共电子邮箱系统@ hotmail. com 和@ aol. com 也是跨境电商人员常用的。因此，建议中国外贸人员使用公司邮箱或者注册上述公共电子邮箱作为对外商务联系的方式。

一般 500 强或是名牌企业都会把世界分销商写在自己的网站上，搜索它的批发商（Distributor）或输入经销商（Dealer），就可以坐享其成。

2. 利用公共电子邮箱系统找客户

利用各国公共电子邮箱系统的设置规则，可以通过多种方法找到潜在客户。

（1）产品名+通用邮箱后缀

例如，要寻找球阀（ball valve），可以分别输入 Ball valve@ hotmail. com、Ball valve @ aol. com 和 Ball valve @ yahoo. com 进行搜索。请体验和比照搜索结果。

（2）产品名称+关键词+email 组合搜索方式

这些关键词可以是 importer、buyers、distributors、wholesalers 或 suppliers 中的任意一个，分别搜索可以得到更多结果。

email 也可以用@ 代替，如图 2-6 所示。

图 2-6　用@代替 email 搜索示例

（3）产品+地区公共邮箱后缀或产品+buy+地区邮箱后缀

例如，要寻找英国的球阀客户，输入 ball valve @ cwgsy. net，ball valve @ btinternet. com 和 ball valve@ sltnet. uk 进行搜索。

本方法和其他所有方法可以循环使用。

（二）利用公司网站后缀找客户

1. 公司网站后缀介绍

各个国家的公司名称都有一些常用后缀，每个国家的公司名称后缀都不一样。例如，中国公司习惯的后缀是 Co. 和 Ltd。表 2-2 是其他一些国家的公司网站后缀目录。

表 2-2　部分国家的公司网站后缀目录

公司网站后缀	国家	公司网站后缀	国家
Inc，LLC	美国	SP. Z. O. O	波兰
S. R. L	意大利	TIC	土耳其
S. P. A	西班牙	S. R. O	捷克
APS	丹麦	EIRL	葡萄牙、秘鲁
PLC	英国	GmbH，S. P. A，S. R. L，AG，S. A	德国、奥地利、瑞士、比利时、卢森堡
Ltda	巴西、智利	B. V，N. V	荷兰

正确判识和运用公司网站后缀，对于提高外贸开发技巧以及与客户的准确沟通大有裨益。另外，由于民族迁徙和殖民扩展等历史原因，不少语言与该国家公司后缀不存在绝对的一一对应关系，需要利用公司网站后缀找到某些网站并根据一些交易习惯综合考虑，切忌望文生义。例如，看到网站后缀 GmbH 可能会误认为都是德国公司，公司网站带后缀 SE 的未必就是瑞典公司，这样的错误势必会为随后交易过程的误判埋下伏笔。

2. 利用公司网站后缀找客户

在具体搜索中，公司名称后缀可与 importer、purchase 或 looking for 等采购词组结合，搜索结果会更加准确。例如：bearing GmbH email（德国）、bearing AG email（德国和瑞士）、bearing S. A email（南欧、南美）、bearing S. A. R. L email（法国、西班牙）、bearing

B. Vemail 或 bearing N. V email（荷兰、比利时），以及 bearing S. P. A email 或 bearing S. R. I email（意大利）等。

以上元素可以任意组合，但基本的三项不能落下，否则搜索结果更加不精确。当然，也可以使用两个元素搜索，然后进行手工过滤。举几个例子：

（1）Wanted Bearing @ hotmail. com，采购词+产品词+公共邮箱后缀。

（2）Bearing. inc email，产品词+公司后缀+email。

（3）Inurl：de bearing email，inurl 命令+域名后缀+产品词+email。

其他命令如：①把搜索范围限定在网页标题中——intitle。②把搜索范围限定在特定站点中——site：（注意冒号为英文字符且后面不跟空格）。③把搜索范围限定在 url 链接中——inurl。其他国家的搜索也同样可以做到。例如，site：as 丹麦；site：inc＋中东；site：srl 意大利等。site 还可以替换为 insite、url、inurl、title、filetype（例如，pdf. Carpet industry）。

对于中国出口商来说，若不想要搜索结果中 alibaba 内中国供应商的信息，可以采用“site：de. Carpet gmbh-alibaba. com”过滤掉不想要的信息。

3. 有网址，但无邮件地址的情况下找客户的方法（见图 2-7）

图 2-7　有网址，但无邮件地址的情况下找客户

有公司网址，但没有客户邮件地址的情况下，单击 http：// www. domaintools. com，在“Who is Lookup”里输入不带 www 的客户网址进行搜索，就能出现该域名的详细信息，即公司网站所有者的姓名和联系方式（见图 2-8）。

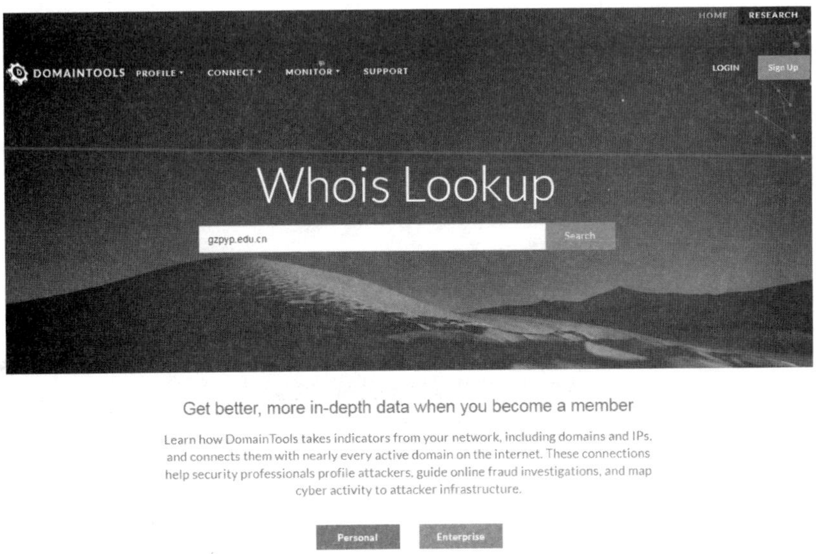

图 2-8　在“Who is Lookup”里输入不带 www 的客户网址

如果你运气好，在“Who is Record”里就能找到联系人和电子邮件等信息，但不是任何网站搜索都能获得上述信息。

WHOis 是查询域名的 IP 以及所有者等信息的传输协议。简单地说，WHOis 就是一个用来查询域名是否已经被注册，以及注册域名的详细信息的数据库（如域名所有人、域名注册商，见图 2-9）。

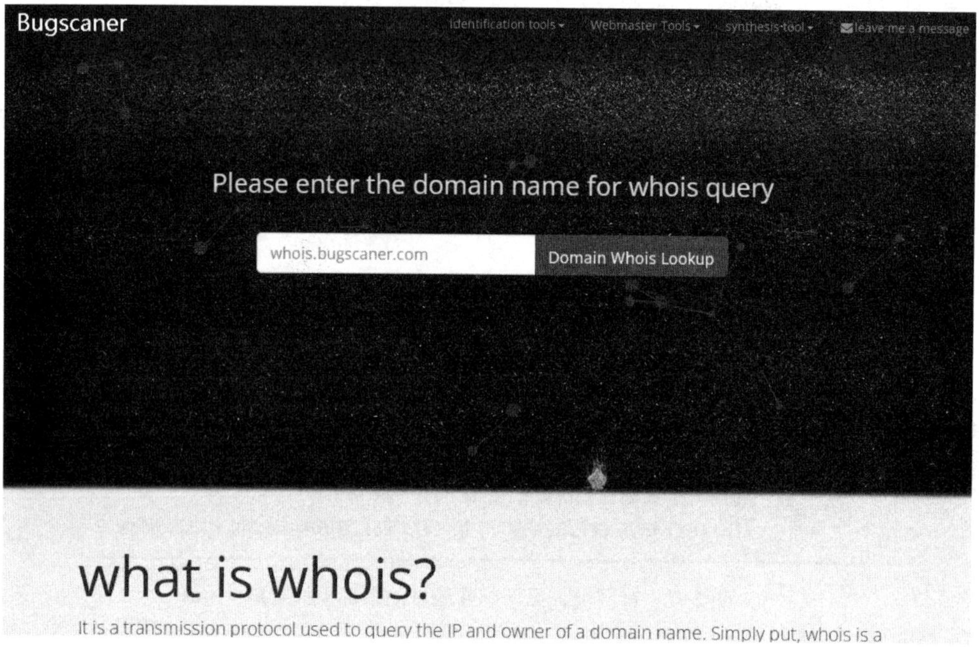

图 2-9　WHOis 查询页面

（三）利用公司域名后缀找客户

1. 公司域名后缀介绍

互联网上的域名就相当于我们现实生活中的门牌号码，具有唯一性。它可以在纷繁芜杂的网络世界里准确无误地把我们指引到需要访问的网站。互联网发展初期没有域名，只有一组类似数字的 IP 地址，如 162. 105. 203. 225。随着时间的推移，接入互联网的电脑越来越多，需要记忆的 IP 地址也越来越多，记忆这些数字串变得不可能，于是域名应运而生。

要想获得全球各国/地区域名后缀，可以通过 Internet Assigned Numbers Authority 即 IANA（http://www. iana. org）上的信息（Index by TLD Code）进行查询（见表 2-3）。

表 2-3　部分国家的公司域名后缀

国家	公司域名后缀	国家	公司域名后缀
澳大利亚（Australia）	au	埃及（Egypt）	eg
比利时（Belgium）	be	西班牙（Spain）	es
保加利亚（Bulgaria）	bg	以色列（Israel）	ii

续表

国家	公司域名后缀	国家	公司域名后缀
巴西（Brazil）	br	牙买加（Jamaica）	jm
加拿大（Canada）	ca	尼日利亚（Nigeria）	ng
瑞士（Switzerland）	ch	荷兰（Netherlands）	nl
德国（Germany）	de	南非（South Africa）	za
丹麦（Denmark）	dk	白俄罗斯（Belarus）	by

2. 利用公司域名后缀找客户

inurl拆开来就是in url，它的作用是限定在url中搜索。URL的全称是Uniform Resource Locator，中文译为“统一资源定位器”，就是地址栏里的内容。

采用域名后缀用inurl命令（注意冒号为英文字符且后面不跟空格），组合importer，purchase或looking for等采购词进行搜索。请进行下列搜索并体验搜索结果。

inurl：fr bearing email（法国）；inurl：us bearing-email（美国）；inurl：it bearing email（意大利）；inurl：au bearing email（澳大利亚）；inurl：br bearing email（巴西）；inurl：ca bearing email（加拿大）和inurl：jp bearing email（日本）等。

三、利用行业网络资源找客户

（一）利用行业会展找客户

出口营销目前最为有效的方式依然是海外行业会展。这类会展一般有专门网站，网站上往往罗列上次会展参展商名单和本次已报名参展商名单，包括参展商的联系方式、产品种类和公司网站等重要的资料。国外的参展商既是卖家也是最大的进口商。

商务部的环球会展网（http：//fair.mofcom.gov.cn）或者全球展会网（http：//www.200269.com）从行业、展览公司以及境内外会展搜索需要的信息。

从环球会展网的EventsEye，按照名称、主题、日期、会展举办地、主办方和关键词等迅速找到你关注的会展信息。公司在外贸达到一定的规模后，需要参加一些会展，实现如下目的：

（1）帮助企业迅速打开市场。

（2）帮助企业迅速了解行业市场的动态。

（3）帮助企业在较短时间内树立在行业内的影响力。如果在某次会展中办得很有特色，会给买家、同行、媒体、科研机构留下一定的印象。

国外相关行业的客户一旦参加了某个会展，就一定会在平台上登记过公司信息或者进行过询价，这样也能找到客户。

（二）利用行业协会/工会网站找客户

专业和行业协会网站在买家、卖家信息的真实性和完整性方面一般比综合商贸网站强，而且分类更加细致。通过行业协会/工会网站，首先能得到该行业的协会会员名单、看到会员列表或相关链接，帮助你找到更详细的企业信息。国外的行业协会的会员信息一般可以公开、免费索取。有的信息可以直接上网查询，只要输入关键词就可以找到。美国的协会信息是全球最开放的，他们会把会员的基本联系信息包括多个联系人、主要业务活动等一并放到网上。表 2-4 列出了部分国外行业协会的网站。

表 2-4　部分国外行业协会网站列表

行业	网站	介绍
玩具（Toys）	www.toydirectory.com	提供玩具商及儿童用品商目录的专业网站，拥有超过 14000 个注册的玩具商，为买卖双方顺利寻找合作伙伴奠定基础
	www.thetoysource.com	专业的环球玩具交易市场，主要为玩具生产商、购买者和中间商提供一个中立的、开放的市场。该网站为买卖双方提供供求信息、行业新闻、全球展会信息、美国玩具生产商目录及行业组织介绍等内容
礼品（Gift）	www.direct2store.com	礼品、家庭用品、玩具、婴儿用品和健康产品等消费品的综合性交易市场
	www.giftaa.com	全球礼品、纪念品、玩具交易市场，提供全球礼品供应商和进口商名录，同时也为供应商提供免费产品展示目录服务
塑料（Plastic）	www.plasticsner.com	全球塑料及其制品电子交易市场

具体查询各个国家的行业信息或行业巨头，可单击 http://internationaltrader.com/或者 http://www.tgrnet.com。查询中常用的行业协会英文表达有 Association、Alliances、Bureau、Council、Institute、Society 和 Guild 等，用“行业名称+Association（或其他关键词）”进行查找。

（三）利用 Alexa 行业品牌链接找客户

1. Alexa 介绍

Alexa（www.alexa.com）是一家专门发布网站世界排名的网站。由于包含综合排名、到访量排名、页面访问量排名等多个评价指标信息的科学和合理评价参考，该网站被视为当前最为权威的网站访问量评价指标体系（见图 2-10）。

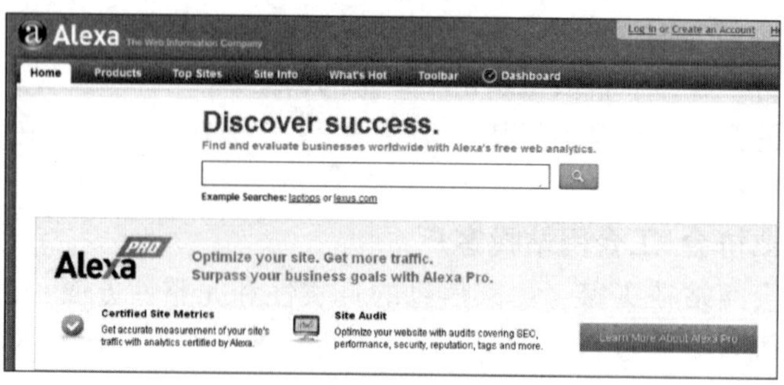

图 2-10　Alexa 查询页面

Alexa 的网站世界排名分为综合排名和分类排名两种。综合排名依据用户链接数（Users Reach）和页面浏览数（Page Views）三个月累积的几何平均值得出。分类排名按照主题和语言分类。因此，我们可以从 Alexa 中检测一些行业网站、贸易网站的流量，据此来判断这些网站的知名度，从而可以投入合理的时间和精力去搜索新客户。

2. 利用 Alexa 行业品牌链接找客户

在 Alexa 的 Traffic Ranking 里输入 skf. com，可以找出 skf. com 的相关链接网站。把这些公司邮箱找出来，可能会有新的商机出现。

另外，也可以通过 Alexa 查询和 Alibaba. com 同类的网站，寻找新的商业机会。

四、利用目标国黄页网和工商企业目录找客户

黄页（Yellow Page）起源于北美洲。1880 年，世界上第一本黄页电话号码簿在美国问世。黄页是国际通用的按企业性质和产品类别编排的工商企业电话号码簿，以刊登企业名称、地址、电话号码为主体内容，相当于一个城市或地区的工商企业的户口本，国际惯例用黄色纸张印制，故称“黄页”。黄页网不是传统黄页的翻版，其内容更广泛，服务功能更多样化，有传统黄页所无法比拟的优势。

了解黄页网的基本知识，善于利用黄页网找到权威的客户信息，对外贸人员来说是开发客户的有效途径。欧洲很多企业都有在黄页上刊登自己公司信息的习惯，不过黄页上一般没有公司的电子邮箱信息，这就需要将在黄页上查到的客户信息、公司名称或者公司网址放到搜索引擎上搜索相关的更加详细的信息，进而找到联系人和电子邮件地址等（见表 2-5）。

表 2-5　黄页网客户信息

<table>
<tr><th>国家</th><th>黄页网址</th><th>国家</th><th>黄页网址</th></tr>
<tr><td>澳大利亚</td><td>http://www. australiabigbooks. com</td><td>阿拉伯</td><td>http://www. arabo. com</td></tr>
<tr><td>巴基斯坦</td><td>http://www. yellowpages. biz. pk</td><td>瑞典</td><td>http://www. eniro. se</td></tr>
<tr><td>印度</td><td>http://indiayellowpages. com</td><td>南非</td><td>http://capechamber. co. za</td></tr>
<tr><td>法国</td><td>http://www. kompass. com
http://PagesJaunes. com</td><td>比利时</td><td>http://www. goldenpages. be</td></tr>
<tr><td>德国</td><td>http://german-business. de
http://teleauskunft. de
http://branchenbuch. com</td><td>西班牙</td><td>http://www. hispavista. com
http://spaindustry. com
http://telefonica. com</td></tr>
<tr><td>美国</td><td colspan="3">http://www. superpages. com，http://BellSouth. com，http://switchboard. com，
http://infospace. com，http://smartpages. com，http://bigyellow. com，
http://yellowbook. com，http://directorysource. com</td></tr>
<tr><td>英国</td><td colspan="3">http://www. yellow. co，http://applegate. co. uk/，http://www. kellysearch. com，
http://businesssearch. uk. net</td></tr>
</table>

五、利用商业/专业论坛找客户

在商业论坛里活跃的很多都是生意人，他们经常能找到自己的客户。一位网商分享了自己在论坛找客户的经验：其实在论坛里接单没什么技巧，在论坛上认识的人多了，或者知道自己的人多了，潜在客户也就多了。很多人都有这样一个认识：第一，一个能够坚持在论坛上活跃的人，不会是一个骗子；第二，一个坚持“泡”论坛的人，一定是有恒心、有毅力的人。

（一）利用国外商业/专业论坛找客户

每个国家都有自己的商业论坛，在论坛中活跃的都是某个行业的专业人士。如果你能够找到目标国的商业论坛，加入其商业论坛或者进出口论坛，与商友搭讪或就某些问题进行讨论，直接与潜在的客户进行沟通，这便是找客户最有效的方法（见表 2-6）。

表 2-6　商业论坛网址

国外商业论坛网址	商标
http://www.exportimportforum.com	EXPORTIMPORT FORUM
http://www.mwtf.org.uk	midlands world trade forum
http://www.chandigarhcity.com	ChandigarhCity.com Your Guide to the City beautiful
http://www.indiabook.com	MegriSoft's IndiaBook.com Indian Portal
http://www.mymessageboard.com	MyMessageBoard.com
http://www.ibf.com	International Business Forum

（二）利用国内外贸论坛结识商友

国内一些专业外贸论坛也是结识商友、互通有无的好去处。国内主要外贸论坛有：福步外贸论坛 FOB Business Forum（http://bbs. fobshanghai）、Zen Cart 论坛、EveryChina 外贸论坛、TOXUE 外贸论坛（http://bbs. toxue. com）、合众外贸论坛（http://bbs. yicer. cn）、精英外贸论坛、跨国外贸论坛（http://bbs. globalimporter. net）、eBay 外贸社区、敦煌网外贸论坛、外贸电子商务论坛和外贸岛等。其中的福步外贸论坛，从前期单纯的论坛逐渐发展成集外贸商友（http://bbs. fobshanghai. com）、库存（http://pifa. fobshanghai. com）、产品展示（http: info. fobshanghai. com）、福步搜（http://c. fobshanghai. com）等于一体围绕外贸的综合平台。

六、利用专业数据库找客户

数据库营销是一个主动营销的过程，它通过对客户信息的管理实行批量化沟通。数据库营销能帮助你保留客户、提高客户的忠诚度，一些从外部购买的数据库则可能是你大量客户的来源。外贸企业接触较多的一般是海关数据库和一些数据库平台等，其中，康帕斯（Kompass）、托马斯（Thomas）等就属于此类数据库平台。

（一）利用海关数据找客户

寻找买家名录是容易的，通过印刷品、光盘和网络都能找到，但有针对性的进口商信息、详细的交易细节、适时的商业机会却是很难找到的。卖方的报价到处都是，而买方的需求却少之又少。

1. 海关数据的作用

海关数据是指境外国家的提单或报关单数据，权威、准确、全面、及时、详尽。在上面能够看到卖家和买家的采购记录，通过对买家和卖家公司名称的查找我们能够知道他们跟哪些供应商和采购商在合作，采购数量是多少，采购频率和周期如何，从而判断出询盘者是不是同行，该客户是大是小，是否有合作的可能性。这一切都能通过海关数据知道。无论依靠网络、参展还是等待卖家上门的进口商，无论进口商规模大小，只要有货物出关，中国海关必然有清清楚楚的记载。

如何利用海关数据包含三个议题：

（1）如何找到海关数据。

（2）海关数据包含哪些信息。

（3）如何有效利用海关数据找到客户。

2. 寻找海关数据

一般来说，海关数据是不开放的。真实的海关数据需购买才能得到，一个国家的海关数据单价大概在 300 元，比起在阿里巴巴和环球资源展会上做推广，价格相对便宜而且有效。目前，市场上主要提供中国、美国、英国、印度、韩国、阿根廷、智利、秘鲁、乌拉圭等国家的海关数据库。利用搜索引擎，可以找到许多专门经营海关数据的网站：

（1）http://www. hgsj. com HGSJ.COM 海关数据网–全球国贸通。

（2）http：//www. waimaobao. org 。

3. 有效利用海关数据找到客户

（1）了解竞争对手的出口情况，包括竞争对手买家的公司名称、电话、联系人、地址、成交价格、成交时间等。

（2）了解现有客户的忠诚度，获悉你的买家和哪些全球的供应商在交易以及详细的信息。

（3）了解你的产品在全球的总需求量，获悉全球需要你的产品的买家和买家需求量。

（4）了解某个向你询盘的全球买家的真实性，来自海关的详细进出口动态数据就是铁证。

（5）了解你的全球买家的采购周期和采购规模。

（6）你的全球客户减少你的订单时，要了解是价格、质量还是其他原因。

（二）利用物流、船公司和快递公司数据找客户

所有跨境贸易最终都必须通过国际性物流、船公司、快递公司等实现货物的运输。从上述几个途径获得相关的国外企业的信息，甚至比海关数据还真实、有效。

（三）利用 Kompass 和 Thomasnet 数据库平台找客户

Kompass 是一个庞大的、详细分类的全球企业黄页数据库，侧重于对欧美地区的企业进行收录。Kompass 目前的用户权限分为付费注册用户以及普通注册用户，普通注册用户可以获得部分企业的信息，一般为付费注册用户检索结果中的 5%～10%，也可以在线给海外企业发送邮件（见图 2-11）。

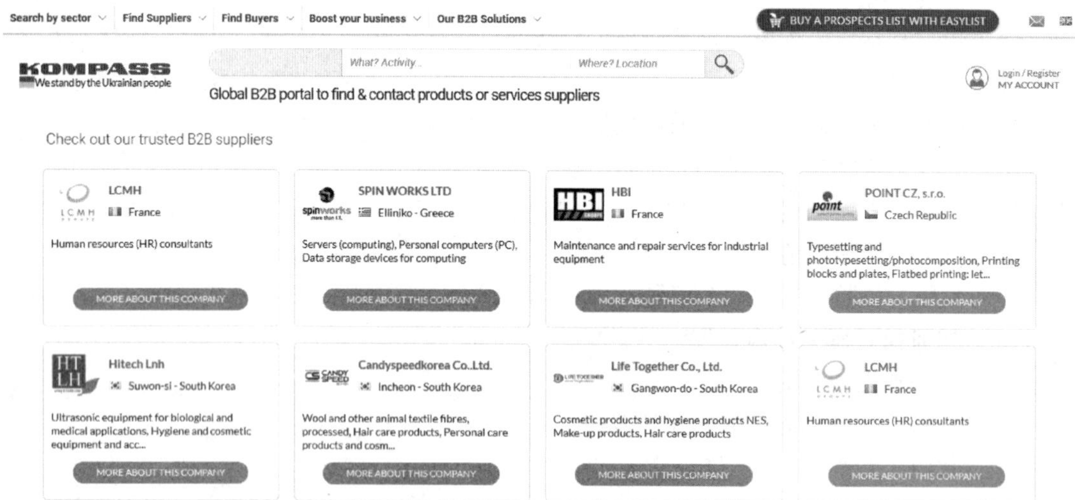

图 2-11　Kompass 英文网站主页

Kompass 有中文站与英文站。外贸企业利用 Kompass 寻找海外买家时，一定要选择英文站，这样能使检索到的企业信息更接近我们的要求。

关键词的选择至关重要，输入的关键词不同，搜索到的结果也不一样。在 Kompass 站内搜索时选择的关键词与平时使用搜索引擎所选择的关键词有所区别。为了保证搜索结果的精确性，应尽量使用规范英式英语。按产品关键词搜索时，要输入产品服务主题词（核心词），不输入修饰词和 BuyerWhole Sale、Manufacturer、Supplier、Factory 等词，如搜灰口铸铁件制造商，输入 Casting Iron，而不用输入 Casting Iron Manufacturer 或 Casting Iron Producer。

Thomasnet 是立足北美、汇聚全球供应商和采购商企业信息及产品信息的 B2B 电子商务平台，为企业提供固定价格的目录广告和行业新闻广告。卖家在如何接近并满足买家需求方面需懂得供应商发布的信息质量和信息的专业性要求，从而更加有效地找到真正客户（见图 2-12）。

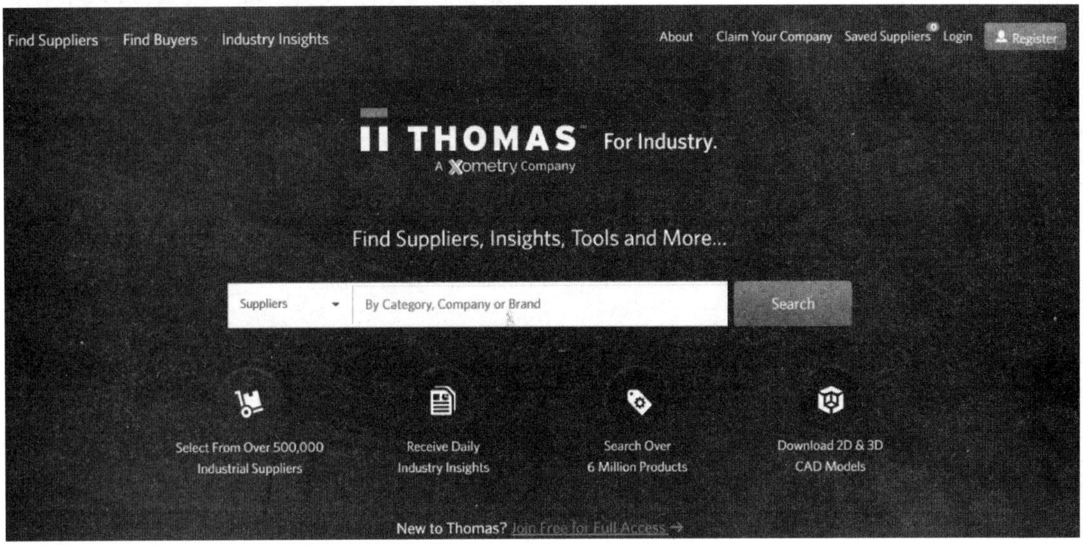

图 2-12 Thomasnet 主页截图

数据库营销的核心就是找到对你有用的信息，加以充分整合、利用，帮助企业实现短期利润、长期效益。

七、利用驻各州、各国商务参赞找客户

任何一本传统的国际贸易教科书都少不了利用使馆和中国驻外商务机构寻求目标国家客户的议题，随着互联网的发展以及国家对外贸经营门槛的降低，此途径的作用越来越小，这些机构也无法应对数量庞大的中小外贸企业。对于一些规模较大的外贸企业，此途径也不失为一种找到某些外贸不发达国家客户的有效方法。

进入中国商务部（http://www.mofcom.gov.cn）网站，单击你的目标国所属区域，然后找到该国，单击后即可进入到中华人民共和国驻该国的经济商务参赞处（见图 2-13）。

图 2-13　中国商务部网站—中国驻泰国经济商务处

八、利用“跳板客户”找客户

每个产品和设备都不是孤立存在的，一定会有该产品的上游或者下游产品，也一定会有该设备的配套设备。

就以 UV 喷涂线厂家的配套设备为例，喷涂线厂家在生产过程中一定会用到空压机（air compressor），在 B2B 平台上注册的空压机厂家不计其数。从网络上或者其他途径找到空压机供应商的业务人员非常容易，通过产品和设备配套，信息或资源共享等双赢方式，业务人员之间合作起来比较容易，合作成功的概率和可持续性也较高。于是，这些“跳板客户”的所有客户均可成为你的目标客户。

利用商业论坛、博客甚至同乡群或者校友群找“跳板客户”是最有效、成本最低的方式。无论用哪种方式找到客户，再查询客户上下游的客户信息，他们都有可能成为你的客户。初入职场者，不妨从校友群开始。

九、利用 MSN 和 Skype 找客户

（一）利用 MSN 找客户

1. 利用搜索引擎找到潜在客户的 MSN 地址

如利用 MSN 邮箱后缀寻找潜在客户的 MSN 地址。

2. 利用竞争对手或者客户的好友找客户

登录 MSN 网页后，可以看到自己的好友，单击查看好友的页面，即能看到好友的好友，可先加竞争对手为好友，再加竞争对手的好友为好友，一般竞争对手的好友大多是客户。通过加客户的好友，还能有机会直接跳过客户找到客户的下家，从而更易促进开发。

（二）利用 Skype 找客户

经常有外贸人员反馈，网站建好了，产品也上传了，可就是没什么人来浏览公司网站和产品，也就是没有客源。在此，介绍用 Skype 找客户的方法。

1. Skype 介绍

Skype 是一款即时通信软件，其具备 IM（Instant Messaging，即时通信）所需的功能，比如视频聊天、多人语音会议、多人聊天、传送文件、文字聊天等功能。它可以高清晰地与其他用户语音对话，也可以拨打国内国际电话，无论固定电话、手机、小灵通均可直接拨打，并且可以实现呼叫转移、短信发送等功能。

2. 利用 Skype 找客户

（1）Skype 注册

在百度中搜索“Skype”，找到 Skype，下载，直接进行注册（见图 2-14）。

图 2-14　Skype 官网主页

（2）利用 Skype 找客户

用 Skype 搜索客户有一个问题，那就是客户可能会阻止我们添加他们为好友，所以在添加好友的时候，沟通技巧尤为关键。

①输入产品+国家

要找 LEIS 产品的德国客户，就输入 LEIS GmbH，可以直接把对方公司包括名片、网址之类的信息找到；对于有网站的 Skype 客户，可以直接发邮件，如果有名字的话，对方的阅读机会就会大很多；另外，也可直接给对方打电话进行开发。

②搜客户账户

通过搜产品了解到客户账户，然后限定一个国家搜索对方账户。这个方法对欧洲国家特别有用（Skype 在欧洲非常流行，在亚洲的客户量少一些）。

③采购商名搜索账户

很多 B2B 网站都有求购信息，但没有公布邮箱地址，一般只有采购商的名字，我们可以利用采购商的名字在 Skype 中寻找，尝试联系上此买家。

④利用 Skype 拨打长途电话

Skype 还有一项对于外贸人员很重要的功能，即利用其拨打长途电话，比起其他途径便宜很多。

总而言之，在网络上找客户的方法不胜枚举，但不同搜索方法的结果千差万别，这就需要你正确分析和过滤。每个跨境电商都会有自己的心得和体会，而且随着网络技术的不断涌现，新的搜索方法也会随之出现，组合搜索效果会更好。

第二节　让客户找上门

本章第一节介绍了跨境电商“主动”找客户的各种方法，这些方法是公司外贸推广的必要手段，但更需要“被动”地等客户找上门来。带着需求和购买欲望找上门的客户才是最有潜力的客户。潜在客户转化为客户的过程如图 2-15 所示。

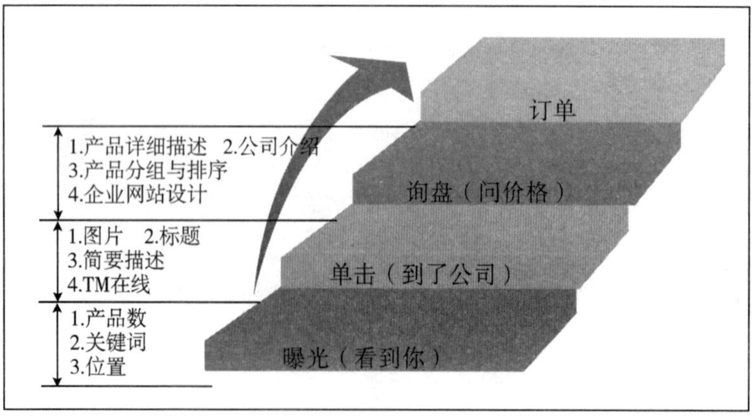

图 2-15　潜在客户转化为客户的过程

跨境电商归根到底是搜索和被搜索的效率问题，要让客户主动地“搜索”你公司，应该采取如下措施：

一、建设引人注目的外贸网站

（一）建设符合国外买家浏览习惯的网站

要建立一个符合国外采购商浏览习惯的行销网站，让国外采购商更容易找到你，就要根据国外采购商的习惯进行优化和推广。

（1）让网站具备营销功能。“客户友好”的主页有利于客户在网站驻足、增加客户体验，有利于客户发送询盘，将购买欲望转化为“行动”。

（2）让网站符合搜索引擎优化（Search Engine Optimization，SEO）要求。利用搜索引擎收录原则和优化技术进行排名，这就需要企业从网站结构、网站内容和网站链接方面建设网站。

（3）让网站符合国外企业的引用习惯。根据最大的目标市场总结它们关注的网站内容和喜欢的设计风格，尽量靠近这些目标国家喜欢的搜索引擎的搜索偏好，用细节开拓市场。

（4）用心设计网站。抓住客户的心理需求，保证产品质量，确保促销手段真实合法，让客户从浏览中获得对企业的良好印象。

良好的外贸网站来源于高超的搜索引擎优化和技巧。以外语和外贸专业为背景的跨境电商人员不必知道如何进行优化，但一定要知道什么样的网站才能让客户更容易找到，这样可以让公司的相关资源配合实现网站的优化。

（二）让网站或店铺应有尽有

一个外贸网站所提供的信息的详尽程度和质量直接影响对网站的搜索以及客户在网站停留的时间。外贸网站要有竞争力，必须提供买家希望获得的全面、准确的公司、产品和服务信息。

1. 外贸网站内容和搜索买家搜索占比

据调查，买家下订单与买家浏览信息的偏好之间有一些规律可循，详见表 2-7。

表 2-7　买家浏览信息的偏好分析

产品信息	举例	占比
商品的详细用途和功能	比你的竞争对手更详细	67%
工作环境信息	如果不写清楚，让一个 Windows 7 用户买了一台评估电脑才能使用的软件，后果如何？	61%
产品附件清单	比如，手机带几块电池？有几张存储卡？	61%
不同的规格、型号和信息	比如同一款笔记本的不同颜色	58%
商品质量认证文件、标准认证	让买家买得放心	51%
商品的制造商信息	对你的商品更加可信	48%

续表

产品信息	举例	占比
商品不同于其他商品的地方	让买家对你的商品产生差异化的兴趣	45%
清晰的、各个角度的大号图片	刺激买家的购买欲望	31%
使用流程说明	贴心考虑	27%

2. 用关键词设置的四项匹配原则完善外贸网店内容

四项匹配原则是指产品名称、关键词、简要描述和详细描述里要有相同的、与产品相关的词组，体现内容的一致性（见图 2-16）。

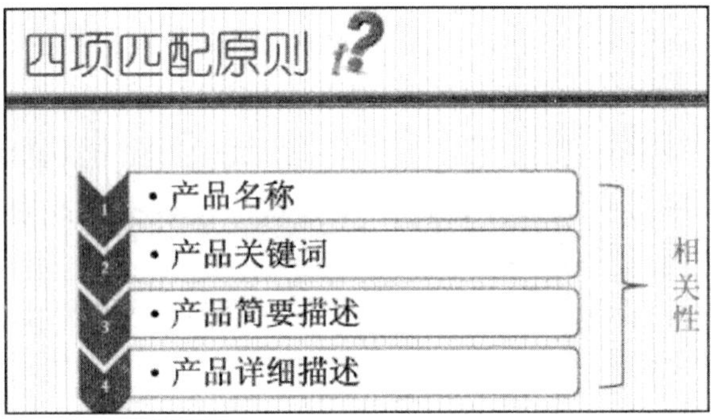

图 2-16 四项匹配原则

以 ball mill 为例，假如买家有 Ball mill、Grinding mill 和 Grinding machine 三种叫法，那就分别以上述名称发布三次（见图 2-17）。

按照图 2-17 中四项匹配原则对同一产品发布三次，公司的店铺或者产品在搜索引擎中排名就会靠前；产品关键词的四项匹配度越高，越容易被买家搜索到。

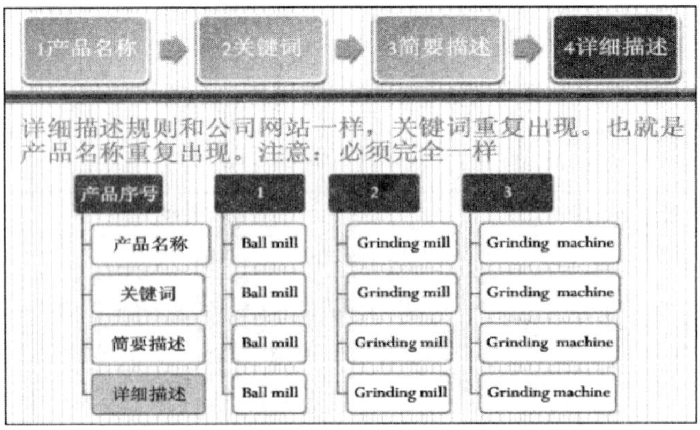

图 2-17 四项匹配原则示例

（三）公司网站和店铺优化

1. 公司网站和店铺优化的范围

公司网络和店铺优化的范围如图 2-18 所示。

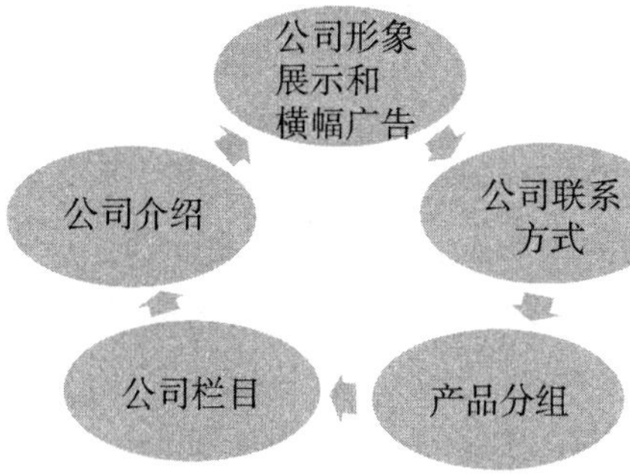

图 2-18　公司网站和店铺优化范围

2. 客户友好网站的建设

以买家身份浏览自建网站或者店铺，换位思考体验网站的客户友好程度。为此，在自建网站或者网店建设中尽量采取如下措施：

（1）取个好名字，让客户记住你

网站就是给客户和潜在的外国客户浏览的。因此，网站一定要是英文网站，按照英语（其他语言网站也一样）的发音和语义习惯给网站取个好听、响亮、个性化的名字，便于客户在众多的网站中记住和识别。

像 Alibaba、MadeinChina、Baidu 等知名网站，中英文名均简洁、独特、明了，且富有文化内涵。中国的中小外贸企业很少关注这一点，往往采用汉语拼音或者很草率的英语名称注册，导致公司难记，甚至产生歧义，易写错，在无形中影响了推广效果。

外语或者外贸专业的毕业生进入公司后，应该把帮助公司取个好名视为自己的一种使命或者责任，具有产品、公司，以及你的邮件地址名称的英文取名技巧的营销意识，为外贸推广做好基础性的工作。

（2）选用国外服务器，提升浏览速度

如果公司网站挂靠在国内服务器上，那么在国外浏览时网速会非常慢，从而错失许多潜在客户。建议多花些费用把公司网站挂靠在国外服务器上，以提高网速和管理员一次性审核概率，获得更多买家的关注。

（3）设计好网页，让客户驻足

网站并不是越花哨越好。找专业公司设计网站布局和功能，尽量不用大图片、过多色彩、背景和 Flash 等，以保证较高的网速；内容之间要进行人性化链接，以便于客户在页面之间切换；设置邮件和报价功能，让客户随时了解信息，为“心动”时立即采取“行动”创造条件。

（4）不时地搞促销，让客户“心动”

尽量开展或者参加平台的各种促销活动，用个别“爆款”产品吸引买家眼球，引入客户流量。这些折扣产品可能不盈利或者微利，但会带动其他产品的销量增加，实现更多利润。

（5）客服常在线，促进客户间“互动”

在众多跨境电商营销手段中，客户采用邮件、传真、电话、在线聊天工具和视频进行沟通所蕴含的客户需求程度不同。在邮件、电话、传真、在线聊天工具和视频工具的选择中，能够用视频工具就不用在线聊天工具，可以在线沟通就不用电话和传真，能用电话和传真就不用电子邮件，以便直接、迅速地响应客户需求。数据证明，通过在线沟通和视频交往的客户，其成交率远远高于邮件交流者。

（6）网页常更新，让客户保持新鲜感

店铺后台的热销产品数据统计表明，多放一些受欢迎的产品，尽量撤下不受欢迎的产品，一般要求一个月更换15%左右的产品，这是提升曝光量和排名的有效手段之一。随时把公司所有产品的最好面貌展示在客户面前，随时将新信息展示给客户，激发买家的购买欲望。

另外，在参加广交会或者其他相关行业展会前一个月左右是网页更新的关键时期。为配合公司的展会推广，供应商应该同步做好页面和公司网站内容的更新，用邮件方式通知潜在客户公司的参展信息，邀请客户前来看展，便于客户提前选择产品，适时作出参展安排。

二、将网络社区打造成有效的国际营销平台

外贸业务员有三个关键营销目标，即获得新客户、促进销量增长和建立忠诚度，从而避免不断地重新开发新客户。跨境电商的目标客户在国外，如果希望公司实现上述三个目标，就要重视国际网络社区和推广技巧。

（一）网络社区概念

网络社区是一个基于互联网的虚拟国度，就是社区网络化、信息化。它包括BBS论坛、贴吧、公告栏、群组讨论、在线聊天、交友、个人空间、无线增值服务等网上交流空间，同一主题的网络社区集中了具有共同兴趣的访问者。

如果公司有提升网站流量的预算，最好的办法就是不花一分钱获得公司想要的流量——在国外网络社区论坛上发布帖子，让客户直接找到你公司的网站，让客户在他们喜欢的搜索引擎中找到你公司的信息。

（二）主流的全球网络社区

主流的全球网络社区有Facebook、Myspace、Twitter、Pinterest、Instagram、VK、Kaboodle、Delicious、StumbleUp、LinkedIn、Reddit、Youtube和Our Community等。在不同国家和地区，各个网络社区的地位和优势不同，外贸人员应该根据公司定位和目标选择对应的社区营销策略。

（三）利用Facebook进行社区营销

如果网络社区是一个基于互联网的虚拟的国度，那么Facebook就是仅次于印度的全球第三大人口大国。社交网站已经逐步成为国外网民的网络门户和流量入口。该社区由哈佛大学生马克·扎克伯格于2002年在旧金山创立，每天全球有超过5.5亿的用户用着多种

语言在 Facebook 上浏览、评价、分享，这彻底改变了互联网时代全球社交的联系方式。

1. Facebook 营销三步骤

第一步，在 Facebook 上建立一个企业主页，发布引人注目的内容。可以建立粉丝群，吸引海外客户，将新客户带往企业的官网。

第二步，凭借先进的广告定位选项，企业可以更有效地向合适的受众推广。比起传统的行销通路，这样可带来更有效的转换。

第三步，发布吸引人的内容并与你的粉丝交流，从而建立良好的关系，促进口碑传播，随时随地接触粉丝。

有人说："认识互联网的未来必须分析 Facebook。" Facebook 的用户基数庞大，如何将他们转化为潜在用户还需要在页面和营销方式上进行创新。外贸人员应该多学习关注度高的 Facebook 页面，学习国外的成功案例，随时留意 Facebook 上的新推广技巧。

2. 国际网络社区推广的条件

目前，供选择的国际网络社区很多，但在具体选择推广平台时需要考虑如下因素：

（1）产品是否适合在社交网络平台上推广。

（2）产品目标群体的基本特性是否与网站用户相符。

（3）目标地区的客户所在区域是否可以登录 Facebook 网站。

（4）外贸企业是否有足够的精力、财力维护这个推广渠道，等等。

三、开发免费账户

除了为数不多的主流国际商务平台，全球各个地区和国家都充斥着成千上万的行业、协会、商会和专业商务平台。无论你选择哪个行业的外贸，世界任何角落都有潜在买家存在，但关键是你要找到他们或者让他们能够找到你。国际商务平台免费账户开发的目标就是让更多的客户找到你。

（一）开发免费账户的原因

据统计，目前全球超过 65%的买家通过互联网寻找供应商，在网络行销中 70%以上的买家借助搜索引擎寻找产品，28%以上的借助 B2B 平台寻找产品。

外贸企业一般会选择 1~2 个商务平台注册成为付费会员，通过平台提供的会员资源开发客户和发送询盘并获得订单。但是，出于成本和多元化营销考虑，公司都会要求外贸业务员定时、定量地注册一定数量平台的免费账户或者其他账户发布公司和产品信息。免费平台或账户虽知名度不高，网络关注度低，但客户集中度高，利用大数法则也可以获得询盘、客户和订单。

有效开发和管理在线免费账户，使得公司和产品在搜索引擎或者 B2B 平台中排名靠前，增加曝光量和点击率，做大询盘基数，为询盘转化为订单创造条件。

（二）开发免费账户

网络的免费资源包括商务平台、免费社区、论坛、博客、MSN、RSS 订阅、维基、网摘等。各种国际商务平台和其他免费网络资源一般有付费和免费两种会员，但主要依靠付费会员和广告两种途径获得生存、盈利和发展。平台提供给免费会员的资源较少或者没有，但利用免费会员注册可以吸引更多的潜在客户，继而发展成为付费会员。

利用平台或者目标国的免费账户定期发布公司、产品和供求信息，或在网络社区发帖推广，潜在客户搜索到感兴趣的信息，就会自己主动回复询盘甚至直接找到你。获得免费资源的方法很多，主要有：

1. 客户和朋友介绍

利用搜索引擎搜索。例如，用关键词“free B2B”“global free B2B”等进行搜索。

2. 寻找国内外知名网络社区和外贸论坛

一些专业论坛聚集着大量的卖家和买家，通过论坛交朋友，分享和交换客户资源，也是获得客户的一个有效方法。

(三) 免费账户的注册和管理

对免费资源进行充分利用能让客户找上门来，但“等”客户也要得法。定期查看和更新免费注册平台，及时查询客户利用免费平台的程序发送而没有直接转到设置的邮箱的邮件，第一时间回复，询盘转化率必然提高。

1. 完善注册资料，提高注册效率

免费网站注册，一般都需要适当篇幅的公司和产品介绍、图片，以及主题和相应的关键词，以提高被买家搜到的概率，降低被屏蔽概率。

2. 抓住客户心态，明确传递公司定位

进入注册页面进行注册，会员性质一般是买家、卖家、买卖家，最好选择卖家。出于成本因素考虑，国外买家在心理上一般倾向于直接和生产商打交道，这样可以保证更大的利润空间。因此在注册填写的信息中要给客户留下工厂或者生产商的印象，至少是有工厂支持的贸易公司，这样客户主动联系你的概率就会提高。

3. 公司专用邮箱和电话注册

①以公司邮箱和电话进行注册。若用外贸业务员私人邮箱和电话注册，该业务员一旦离职，公司资源就会流失。②采用国外的邮箱如 Yahoo 或 Hotmail 注册。国内免费的邮箱 126. com、163. com、QQ. com、sina. com 等的注册门槛过低，反垃圾软件往往会把带上述后缀的邮件视为垃圾邮件而拒收或者屏蔽，公司的推广邮件无法到达国外客户手中，即使收到也容易被视为垃圾邮件而删除。

4. 建立资源档案，定期登录和更新信息

多个跨境电商业务员和众多网站资源，要求对资源进行搜集、整理和汇总，建立资源档案，通过在业务员中分市场、分客户和分任务等，做到所有注册平台都得到分时、分期或定期登录和更新，登录后获得的最新结果适时反馈到资源库档案中。

四、申请付费账户

虽然免费的平台能够为公司提供一定的曝光量、询盘甚至订单，但毕竟客户来源不稳定，无效客户多，询盘转化为订单的概率偏低，不能成为企业生存和发展的主要资源。大多数工厂或者外贸公司都会选择购买一个或者多个国际商务平台的付费账户作为跨境电商推广和营销的重点，只把免费平台资源作为市场开发的辅助手段。

（一）主要的国际商务平台介绍

目前国内主流的国际商务平台如表 2-8 所示。

表 2-8　国内主流的国际商务平台

名称和商标	模式	特　点
Alibaba.com Global trade starts here.™	B2B	世界上排名第一的国际贸易和中国本土贸易网络交易市场，专注于为来自中国和全世界的中小企业买家和卖家提供高效、可信赖的贸易平台
global sources Reliable exporters: find them and meet them	B2B	最贵的中国 B2B，定位高端买家，卖家审核很严格，客户群以大企业为主，大单相对多。主要靠线下展会、杂志、光盘宣传，优势行业是电子类和礼品类
MadeInChina.com Sourcing from China starts here!	B2B	汇集中国企业产品，面向全球采购商，将中国制造的产品介绍给全球采购商；联手国际认证机构 SGS，推出供应商认证，提高企业真实度
GlobalMarket Certified Manufacturers Online	B2B	定位服务中国每个行业中最优秀的 500 家出口型制造商，打造“GMC 制造商联盟”认证，以群体模式参与国际竞争，缩窄服务范围，提升服务效率，做深度营销服务，力求在最短时间内为“中国制造”赢得国际口碑
EC21 Global B2B Marketplace	B2B	韩国外贸协会创建，覆盖面广，买家均匀分布在美国、中国、印度和英国等国家
ecplaza Global More Trade Chances for You	B2B	韩系外贸 B2B 电子商务平台，韩国外经贸下属平台，重点是韩国产品在中国的销售。一对一发送买家询盘，无虚假和群发成分，询盘转化率高
TRADEKEY Your Key To Global Trade	B2B	来自中东、服务全球的外贸 B2B 电子商务平台，利用 Google 的 SEO 技术，买家群体绝大部分来自北美和欧洲国家
iOffer 销售和交换的平台	B2B	以小单为主，基于谈判的交易系统，在线提问、协商、成交并可以在线付款
ECVV.com Challenge Your Trading	B2B	全球首家按服务效果付费的 B2B 外贸网站，只对在供应商自主筛选后的有效询盘收费
ebay	C2C	为个人用户和企业用户提供国际化的网络交易平台，是全球最大、交易最安全、客户最信赖的网上贸易平台

续表

名称和商标	模式	特　点
amazon Try Prime	B2C	亚马逊公司是美国最大的一家网络电子商务公司，是最早开始在网络上经营电子商务的公司之一。起初只有书籍销售业务，现在则扩大到 DVD、音乐光碟、电脑、软件、电视游戏、电子产品、衣服、家具等更加广泛的产品
AliExpress by Alibaba.com	B2C	依托阿里巴巴，成为阿里巴巴新利润增长点，俗称“国际淘宝”，跟进 eBay 和敦煌网模式，定位国外小单和零售，提供信息、产品、物流和支付一体化服务
DHgate.com Fast Trading Marketplace	B2C C2C	国际小额批发兼零售平台，集信息、支付和物流一体化服务于一身。敦煌网号称“第三代 B2B 平台”，定位为“中小商家的快速外贸平台”，除提供交易信息，还通过介入交易环节，获取动态贸易认证，在平台上实现跨境贸易物流和支付流程一体化服务

国际商务平台多如牛毛，各有其目标客户群和市场定位。公司应该根据自身的产品特点、公司规模和产品选择一个或者多个平台进行营销和推广。

（二）国际商务平台付费账户的盈利思路

既然外贸企业无法靠免费的账户生存和发展，每个公司都会选择 1~2 个付费的外贸 B2B 账户进行重点推广，辅之以大量的免费注册。企业应该根据自己的公司规模、目标市场、产品特性和推广预算等选择合适的平台和服务。

鉴于阿里巴巴国际站在中国和海外的影响力以及精准的中小企业客户的定位，本书以阿里巴巴国际站付费平台为例，另辟一节重点介绍 B2B 平台及后台操作，并以阿里巴巴旗下的速卖通为例，介绍小额在线国际贸易的特点和操作。

第三节　将询盘转化为订单

有些公司在网络上到国内外商务平台上大量注册，购买了主流收费平台的会员服务，认真地上传和发布产品信息，客服时刻在线守候，每天来自世界四面八方的询盘不算少，但这些询盘转化为订单的却少得可怜。要扭转“询盘多，订单少”的局面，外贸业务员应该从跨境电商的基本销售理念、销售策略和具体销售技巧三个方面提高公司整体的跨境电商营销水平。

一、跨境电商的基本营销理念

没有理论的实践是盲目的，跨境电商也需要有正确的营销理念进行指导。因此，有必要介绍与跨境电商相关的一些营销理念，让大家在实践中明确自己的方向。在此谨介绍大数法则、销售漏斗、二八法则和长尾理论，以及消费心理学中的 AIDA 法则［购买行为法则，Attention（注意）、Interest（兴趣）、Desire（欲望）、Action（行动）］等相关的网上营销理念。

（一）大数法则

作为国际贸易的新趋势，跨境电商具有开放性、全球性、无交易时限和成本低等特性，企业大量涌入和海量的卖家信息导致跨境电商的竞争逐渐激烈。

大数法则也称“大数定律”（Law of Large Numbers），原本是一个数学与统计学的概念，指数量越多，则其平均值就越趋近期望值。所有的销售均遵循大数法则，成功营销的关键之一是拥有更多的客户。准客户数量越多，成交的机会越多，签单客户肯定越多，业绩也越好。

大数法则与《道德经》中的“合抱之木，生于毫末；九层之台，起于累土；千里之行，始于足下。”吻合。每个外贸业务新人，首先都要努力开发大量的客户，尽管这个阶段往往成交量不大甚至很小，但随着自己的努力和客户资源的积累，成交量会趋于之前努力的相应量，你就离成功不远了。

成功的外贸营销的关键首先是拥有更多的客户，准客户数量多，签单客户肯定多；其次是提高客单价，即单个客户的成交额。

本项目第一、第二部分找客户和让客户找上门的推广技巧是电子商务时代提升公司和产品曝光量的必由之路，是大数法则的具体应用。

（二）销售漏斗原理

1. 销售漏斗原理

销售漏斗也叫“销售管线”，是科学反映机会状态以及销售效率的一个重要的销售管理模型（见图 2-19）。

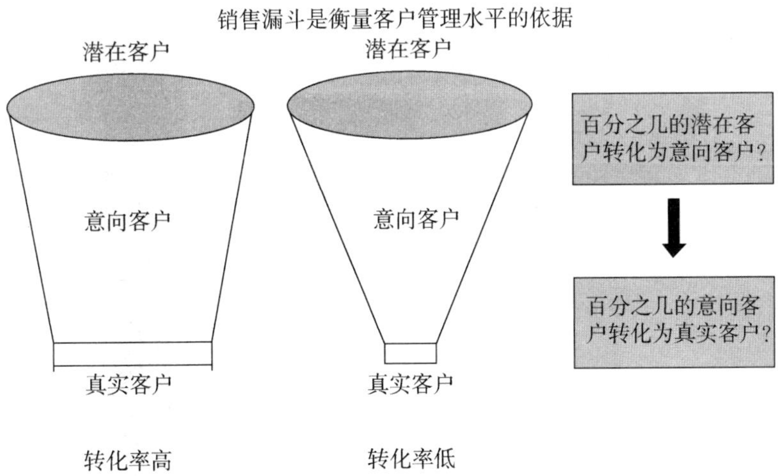

图 2-19　销售漏斗原理模型图

销售漏斗通过直观图示指出公司的客户资源从潜在客户阶段，发展到意向客户阶段、谈判阶段和成交阶段的比例关系，或者说是转换率。销售漏斗顶部是有购买需求的潜在客户，上部是将本企业产品列入候选清单的潜在客户，中部是将本企业产品列入优选清单的潜在用户（如两个品牌中选一个），下部是已经基本确定购买本企业产品，但有些手续还没有落实的潜在客户，漏斗底部就是我们所期望成交的客户。

2. 外贸营销漏斗

跨境电商营销也遵循销售漏斗原理（见图 2-20）。外贸业务员应将重心放在主动或被动地以不同途径和手段吸引潜在客户访问、点击甚至直接询盘，以意向性客户的多寡作为本阶段的目标。

3. 谈判过程的核心在于“跟进”

客人走进你的商店并不等于就会购物！足够大的曝光量和足够高的曝光率是订单的物质基础，通过邮件、视频、电话、寄样甚至邀请看厂等销售和谈判技巧留住客户，最后实现签单和付款（见图 2-21）。

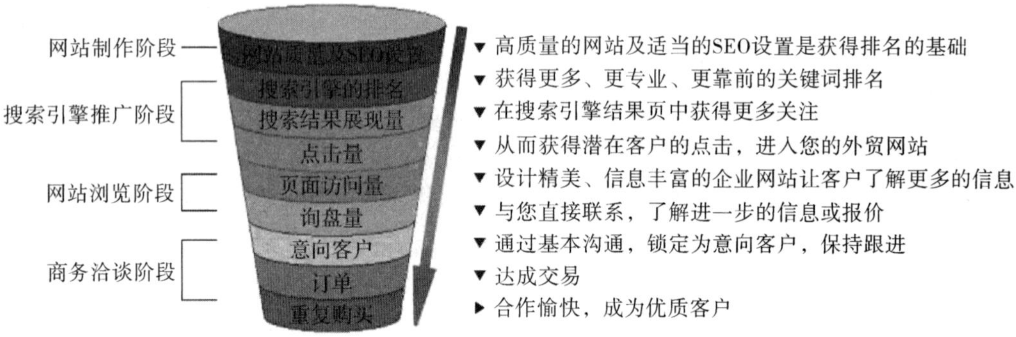

图 2-20　跨境电商销售漏斗示意图

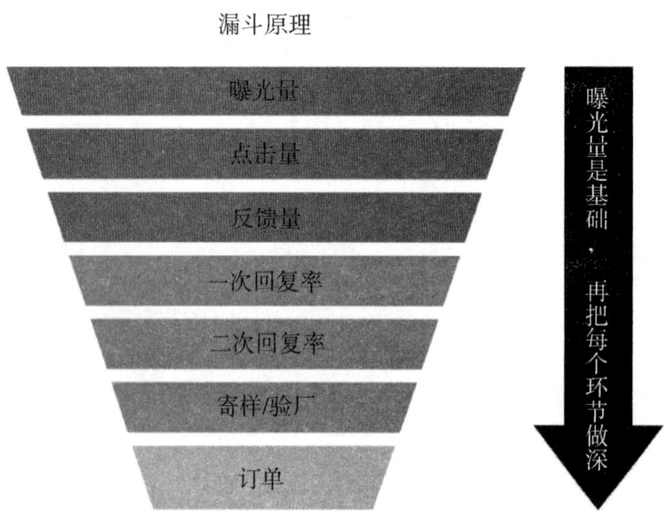

图 2-21　谈判过程漏斗示意图

事实上，潜在的客户总是要在你三番五次的接触后才会真正下单。下面是来自英国销售协会的权威调查结果：

2% of sales are made on the 1st contact;

3% of sales are made on the 2nd contact;

5% of sales are made on the 3rd contact;

10% of sales are made on the 2th contact;

80% of sales are made on the 5th-12th contact。

其他途径的调查（http://www.sellingly.com）也得到了类似的结果（见图 2-22）。

Stop losing deals by forgetting to follow-up.

80% of all sales happen between the 5th and 12th contact, but most sales reps only follow-up twice.

图 2-22 Sellingly 的调查结果

遗憾的是，现实中的大多数外贸业务员在联系两次潜在客户无果后就会放弃。这意味着他们“主动”舍弃了 95%的潜在订单！

（三）二八法则与长尾理论

1. 二八法则

意大利经济学家维尔弗雷多·帕累托（Vilfredo Pareto）通过对国人财富和收益进行研究，发现大部分财富流向小部分人，而这一部分人口占总人口的比例与其占全国财富的总额具有不平衡的数量关系，即 20%的人口占有 80%的财富。这个普适性的理论在现实商业世界中也得到了印证：20%的企业垄断着 80%的行业收入，20%的客户带来 80%的公司财富，20%的产品贡献 80%的收益。据此，很多公司制定了针对大客户的关键客户管理（Key Account Management），使公司更多的资源集中在这 20%的关键客户上，并取得了非常完美的结果。

对于企业来说，20%的员工带来 80%的公司业绩贡献。你要做的就是努力使自己成为公司 20%的员工。对于外贸业务员来说，利用各种技巧识别出 20%的高潜力客户，将自己 80%的时间花在这 20%的客户身上，业绩势必会显著提高。

2. 长尾理论

长尾理论（The Long Tail）是美国人克里斯·安德森在网络时代提出的商业模式和市场营销行为的创新理论。长尾理论认为，只要存储和流通的渠道足够大，需求不旺或销量不佳的产品共同占据的市场份额就可以和那些数量不多的热卖品所占据的市场份额相匹配甚至更大。长尾理论模型示意图如图 2-23 所示。

长尾市场也称为“利基市场”，英文名为“Niche Market”，而“Niche”为“细分市场”的意思。长尾理论说明，无论公司再小，只要确定自己的市场细分，企业集中力量于某个特定的目标市场，或严格针对一个细分市场，或重点经营一个产品和服务，也能够创造出产品和服务优势，并获得利润。

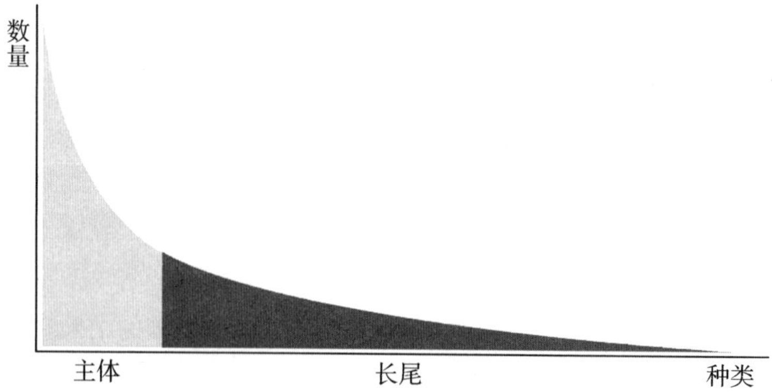

图 2-23 主体和长尾对总量之间的关系

长尾产品具有热度低、种类多、总额高、消费者忠诚度高和销售预期难的特点。

（1）热度低：长尾产品的询问度和点击度不高，甚至无人问津，但在特定的人群中依然占有市场。

（2）种类多：处于主体部分的曲线，种类只占很少一部分，而长尾部分的产品可以用"海量"来描述。

（3）总额高：虽然单件长尾产品购买量不高，热度不足，但因种类丰富，所有长尾产品所创造的总收益（长尾部分面积）并不小。对于小微企业或者 B2C 和 C2C 店来说，具有深刻意义。

（4）消费者忠诚度高：对于 B2C 和 C2C 店来说，消费者会主动搜索产品，如优质的产品和服务能使消费者获得满意度，客户忠诚度就会很高。

（5）销售预期难：由于长尾产品种类繁多，所以企业对于长尾产品的促销力度大多没有热销产品的促销力度大。而消费者对于长尾产品的需求又是很难估计和预测的，所以长尾产品的销量是难以预期的。

3. 二八法则与长尾理论的比较

长尾理论在新商业环境下颠覆了传统的二八法则。那么，长尾理论与二八法则孰优孰劣？

微软奉行的是传统企业的经营方式：以用户为现金流来源，并将其发挥到极致，即一家独大、建立标准，直到自然垄断；也有的大型企业选择了完全不同的战略：以中小企业为现金流来源，建立一个由众多合作网站共同维系的广告体系。这是二八原则和长尾理论的长时间、拉锯式的交锋。

长尾理论像是弱者法则，而二八法则则像是强者法则，但是它们并不矛盾。一家公司的品牌再强大，也存在最薄弱的环节，这就是长尾的机会。长尾理论给互联网从业者指明了方向，为长尾市场提供温床。以互联网为工具成功开发传统行业"长尾"的企业在不断的模式创新或者简单的要素组合中，都有可能走出一条新路！

（四）AIDA 营销法则

AIDA 营销法则是国际营销专家海英兹·姆·戈德曼总结的推销模式，具体含义是一个成功的推销员必须把顾客的注意力吸引或转移到产品上，使顾客对推销员所推销的产品产生兴趣，这样，顾客的欲望也随之产生，而后再促使其采取购买行为，达成交易。

AIDA是描述因市场营销和广告宣传诱发客户的一系列行动的首字母。这四个字母表示的含义分别是：A—Attention，即引起注意；I—Interest，即诱发兴趣；D—Desire，即刺激欲望；A—Action，即促成购买（见图2-24）。

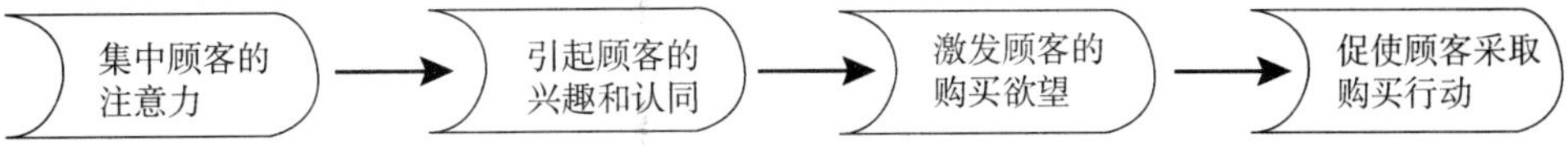

图2-24　消费心理学中的AIDA原理

该促销方法根据消费心理学中消费者心理的转化过程，制定渐进式成交模式，设计引导环节，抓住并牵引客户注意力，由浅入深地导入自己的产品，最终促成消费者的购买行为。这个模式也适用于跨境电商的营销过程。

二、跨境电商营销策略

（一）换位思考策略

外贸业务员对大数法则和销售漏斗原理的应用，应体现在随时能够站在客户角度进行换位思考（You-attitude）。很多外贸业务人员在与客户交往过程中，由于缺乏对采购商心理的认识程度，没有进行换位思考，该做的事没做，不该做的事却忙得忘乎所以，该说的话没说清楚，不该说的话却说了一大堆。

许多销售人员总是困惑，顾客为什么会离开我们。因为他们得不到想要的，这又往往同价格没有太大的关系。45%的顾客离开是因为“很差的服务”，20%的离开是因为没有人去关心他们（以上65%的顾客离开是因为你做得不好！而不是价格），15%的离开是因为他们发现了更便宜的价格，15%的离开是因为他们发现了更好的产品，5%的离开是其他原因。

在电子商务的背景下，买家不只联系一个卖家，而是同时联系几十个卖家，然后向其中十几个同类产品的卖家发送询盘，要求提供最好的报价和服务。其思路如下：一般客户会选10个卖家发出同样的询盘，得到10个报价，从中选择5个报价进行回复，再从5个中选3个保持进一步的沟通，到最后下单的时候，选择3个中的1个。外贸业务员应努力使自己保持在3个候选卖家中，最后成为下订单时客户的选择对象。当你站在买家角度了解了客户采购的需求、动机和采购决策过程后，获得买家的订单就不再是高不可攀的事情了。

（二）外贸业务员作息时间安排

由于国际区域的差异，不同国家形成了不同的作息时间。作为公司的一名外贸业务员，一般情况下要遵守公司的作息时间。在遵守国内朝九晚五的例行作息时间的前提下，与管理层达成共识，采取灵活的对策，以目标国时差为标准，兼顾与工厂生产和质检等部门的沟通，适当调整作息时间，实现“以客户需求为中心”的在线工作（见图 2-25）。

一般来说，若能配合对方的时间，和客户的接触时间自然就会多点，沟通也可以加深，对于业务自然是好事。外贸新手如对国外的作息时间和中国时间的换算没有把握，不妨将网站放在电脑桌面上，随时查询和验证自己的判断。

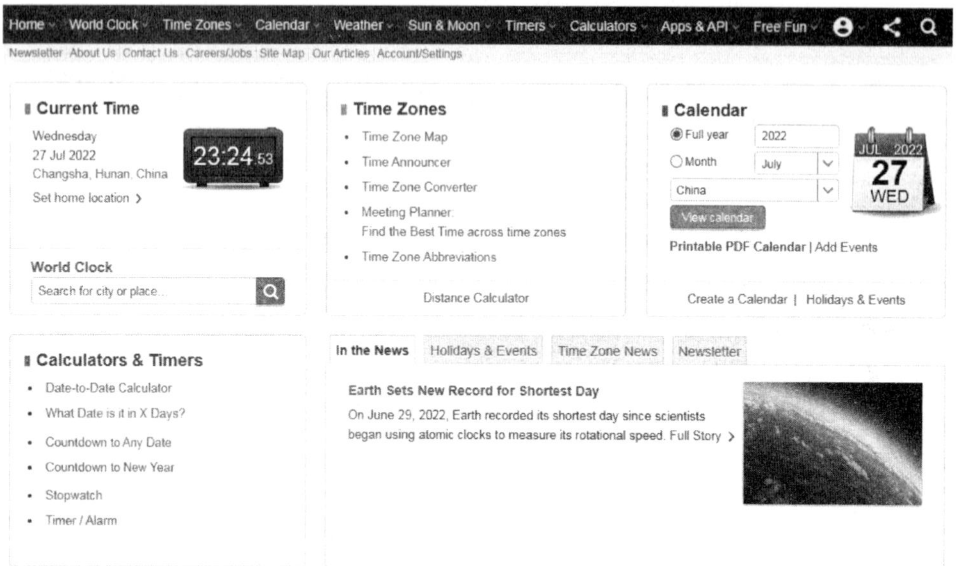

图 2-25　TimeandDate 官网主页

（三）节假日营销策略

1. 国内外的假日经济

每逢节日，商家们一定会使出浑身解数来吸引顾客眼球，提高销售额。国内最典型的例子当属淘宝带来的“双十一”（Singles' Day），国际上最有名的是“黑色星期五”（Black Friday）。

这里所说的黑色星期五与那个不吉利的宗教迷信数字毫无关系，而是指 11 月份第四个星期五——感恩节（Thanksgiving）的第二天（这一天非美国法定假日，不过很多机构放假）。这天各大商场竞相打折，赔本买卖。这一天所卖的东西实在便宜（破门价），而且限时限量，一些想省钱的美国人会起早摸黑地排长龙等着“血拼”，商店也在凌晨 2~3 点开门纳客。

2. 利用国内外节假日进行外贸营销

从事跨国网络营销的店主们也应该学会利用节日来开展有针对性的外贸销售。从事跨国贸易的一大优势就是买家遍布世界各地，不同的国家又拥有不同的风俗和节日，这无疑是一个巨大的潜在商机。

对于一个专业的外贸卖家来说，如何从不同国家的不同节日中把握商机便成为一大重要课题。利用好本国和客户国的节假日，适当地给予一个问候，发送几句温暖的祝福，寄上一张凸显个性的贺年卡，不断地让客户记住你，拉近与客户的心理距离，也是跨境电商营销的一种好方法。

通常情况下，每个公司都会以节假日为工作任务节点，提前对自己的采购业务进行适当的计划并作出初步的安排。跨境电商人员如能够借助客户的假日心理在节前和节后及时出现，与对方达成交易意向的可能性就会明显提高。

3. 节假日外贸营销策略

（1）改变网店店铺设计，增添节日气氛

在节日期间，卖家可以根据不同的节日对网店进行不同的设计从而在视觉上激发买家的购买欲。以美国为例，最为重要的是新年、情人节、复活节、独立日、万圣节、感恩节和圣诞节等。情人节可以选择粉红的基调凸显浪漫的氛围，万圣节则可以把网店装修得搞怪一些，甚至还可以在页面上设置一点恶作剧的环节以增强节日的氛围。

（2）在产品介绍中加入节日关键字

由于国外过节都有赠送小礼物的习惯，因此每逢过节前后都会形成一个购置礼品的小高峰。网络销售相比传统店铺销售更具价格优势，因此越来越多的海外买家开始通过网络购物来采购节日礼品。在节日期间，外贸卖家可以适当地在产品介绍中增加相关的节日名称等关键字，使原本与该节日并没有很大关联的产品也搭上“送礼顺风车”。

（3）适当购买相关产品的推荐位，吸引流量

为了分享节日销售的大蛋糕，应在网络营销平台上购买几个相关产品的推荐位或者在产品搜索上具备排名优势。一旦能够成功吸引流量，加上具备节日特色的网店设计和节日商品，就能吸引住买家的眼球。要想在竞争中占据优势，节日前期必然要有一定的广告投入，否则“舍不得孩子套不住狼”。

（4）制定促销方案，吸引买家购买

为了迎合节日气氛，外贸卖家可以通过适当降价、赠送贺卡或小礼品、免费提供产品包装等来进行产品促销，看似利润减少，实则增加了买家的好感。外国节日众多，如果能给海外买家留下一个好的印象无疑就是多留住了一个回头客，外贸网店一旦聚集了人气和不错的口碑就能在众多卖家中脱颖而出。

（5）把握节日高峰，完善支付和售后服务

欧洲与美国和中国等世界其他地区最大的区别就在于购物高峰一般出现在节日前夕，到了节日很多实体商店都会关门。外贸卖家可以抓住这个机会，以方便买家临时添置需求的商品。在自己的外贸网店上设立一个节日周，这样就能使一些粗心的买家弥补错过时间点的遗憾，选择到应景又满意的产品。

（四）邮件发送时机选择

发送邮件的时机选择包含日期选择和时间选择。

1. 发送邮件的日期选择

开发客户最便捷的方法莫过于拿到客户的电子邮件地址，然后给他们发推广信。一般来说，星期一至星期四的下午至晚上是发广告信的黄金时段（周六和周日最好不要进行邮件跟进，特别是主动的业务开发邮件），这期间客户国是正常工作日，他会马上看到邮件，

从而大大增加广告信被阅读和回复的概率。

2. 发送邮件的时间选择

由于欧美公司员工均有上班召开短会、制订当天工作计划的习惯，因此通常会在上班后半小时左右处理当日的邮件。大多数人都有从上到下浏览，挑拣出最重要或最感兴趣的邮件优先阅读和处理的习惯。作为营销者，设法使客户在第一时间阅读到你的邮件，你的推广就成功一半了。根据一般的邮件阅读行为和两地时差，让你的邮件出现在客户邮箱邮件列表的上端，被第一时间打开进行阅读的概率最高。

（五）买家购买欲望甄别和分类管理

在跨境电商业务中，由于询盘的成本很低，询盘量比传统贸易高得多，但垃圾询盘或者无效询盘也不少。鉴于此，业务员可以从客户的联系方式、查询内容和买家资料三个方面综合分析，有效甄别客户购买动机的强烈程度，进而采取有所取舍的客户跟进策略。

1. 从买家主动联系的方式判断客户购买欲望

客户与你联系的方式有多种，但我们可以从客户主动联系你的方式初步分析客户购买需求和意愿的强烈程度，从而制定恰当的沟通和谈判策略（见表 2-9）。

表 2-9　客户购买需求和意愿强烈程度

买家查询方式	发生时间	所需费用	买家迫切程度	等级
电话	数秒	极高	高	A
视频	数秒	极高	高	A
传真	数分钟	高	高	B
信件	2~21 天	低	低	C
E-Mail 邮件	数秒	极低	一般（具体分析）	C

反过来说，在与买方用电子邮件沟通到一定阶段，应该适时地采用高等级的联系方式提升买家信心，促成订单的尽快达成。针对这一点，业务员应大胆利用每个平台所提供的在线即时聊天工具或者视频聊天工具，给予买家充分的便利，同时也要抓住各种机会与买家直接沟通，提升订单的转化率。

2. 从客户询盘内容判断客户真实意愿

客户查询你的内容不外乎公司情况和产品情况。公司情况一般包括公司名称、地址、联系人、品名、电话、传真、E-Mail、创始年份、总资产和年销售额等；产品情况主要包括规格、型号、原料、成分、最小订单量价格、包装、样本、样品和国际认证等。

一般来说，沟通的内容会从概况逐渐深入和具体，从而判断客户的成交意愿。反过来，如果某个客户一开始就给你一个诱人的大订单，只要报价而不问其他具体条件，业务员就得当心他的用意了。

3. 根据资料对买家进行分类管理

在收到客户询价后，业务员要借助网络以及各种资源和手段，了解客户的实力、资信和交易历史记录，判别该公司可能购买的产品和交易规模等。

生产、销售和营销部门中的一个或多个部门要将上述联系方式、询问内容和买家背景资料几个要素综合考虑，判断客户的级别和询盘质量。客户分类与活跃度图如图 2-26 所示。

在此基础上，将客户分为热门客户、有价值客户、有潜在价值客户和垃圾客户四类，以采取不同的推广策略。

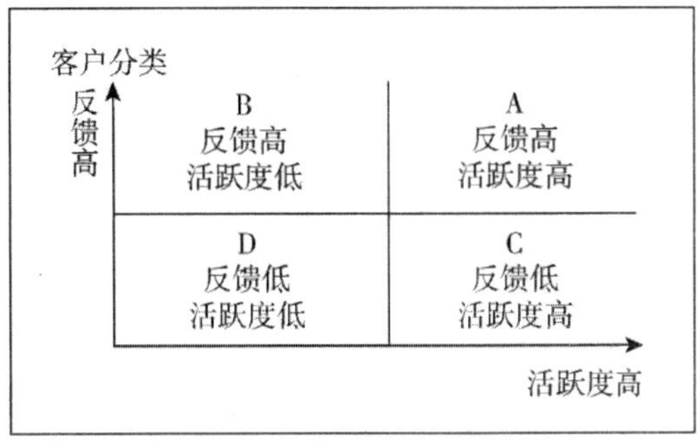

图 2-26　客户分类与活跃度图

对于积极回复邮件、回复收条的客户重点跟进，提高客户分类级别。业务员可以直接发送一些接近的款式报价，或直接打电话询问。一旦有机会，就要主动联系（比如节假日问候、新产品介绍、业务喜讯、展会通知等），或者找一些对方关心的话题（如与英国人聊某场足球比赛，与美国人聊某场橄榄球比赛，或者对方钟爱的球员表现），努力做到“趣味相投”。

跟进信偶尔会给外贸业务员带来惊喜，但是，应该用平常心来对待日常工作中的每一封邮件，不断的积累是成功的基石。如何让客户记得你的产品？如何让客户完成交易？这些都凝聚在每一封邮件中，多点耐心和坚持，离成功就更近一步。

一般用 Foxmail 或者 Outlook 等邮件管理系统收发邮件，这样可以给广告信设置收条；店铺后台的站内信系统也具有类似功能。很多客户都会很友善地把收条发还给你，这样做的目的在于知道你的广告信被客户看到的概率有多高，以及初步判断是不是目标客户。

三、电子邮件营销技巧

电子邮件目前是外贸中最基本的联系方式。没有电子邮件，外贸寸步难行。因此，我们要高度重视邮件的营销策略和技巧。

（一）公司电子邮箱的意义和作用

公司建立网站后，通常就会同时拥有网站下的电子信箱；如果公司购买了诸如阿里巴巴国际站或者其他平台的收费服务，就可以得到带公司信箱后缀的电子信箱。这两种信箱会给客户留下一种正规、有实力的印象，是跨境电商人员的首选。同时，申请一个稳定的 hotmail 等的免费电子信箱，采用以网站邮箱为主、hotmail 等邮箱为辅的电子邮件推广策略。

利用好电子邮件，能发挥出远远超过“联系方式”的简单功效。首先，电子邮件通信成本很低，在市场开发阶段不像传统的电话或传真那样容易引起客户反感。其次，电子邮件容易获得，格式和措辞比较轻松，比公司传真更容易拉近与陌生客户间的距离。再次，电子邮箱本身也能提供信息。假如你收到一封客户邮件，其邮箱为 a@ aa. com，那么，

aa. com 可能是某个提供免费电子信箱服务的网站，但更可能是客户自己的网站。如果是后者，访问 http://www. aa. com，可以直接查看客户的背景信息。反过来，除了 aa. com 这个后缀名之外，国外贸易商很喜欢用 info、buy、sales 等作前缀名。因此，当你看到一个客户的网站是 aa. com，上面并没有提供具体的联系邮件（只有在线留言这种很不可靠的方式）的话，不妨尝试发邮件给 info@ aa. com、buy@ aa. com 等，猜中的概率会较高。此外，电子邮件既然格式不限，适当用一些缩略语或网络常见符号，能活跃气氛，沟通感情。最后，发邮件者有充裕的时间思考营销技巧以及邮件的内容等。

（二）电子邮件营销策略

1. 标题要足够吸引人

邮件进入收件箱后，邮件标题会显示在邮件列表中发件人的后面。有些收件箱的邮件列表里会显示发件人、邮件标题和少量邮件内容（内容开始的部分），有些只显示发件人及邮件标题。因此邮件标题成为邮件营销中最为重要的部分，它可能是目标客户是否打开邮件的唯一因素。一个好的邮件标题是成功的一半。如果你的邮件标题足够吸引人，至少客户会打开邮件；如果你的邮件标题非常糟糕，那么客户甚至不会去看一眼你的邮件内容。

邮件的标题不能吸引客户打开邮件的话，再好的邮件内容也只能直接进入垃圾箱了。基于这个原因，完善邮件标题非常关键。

（1）告知内容而不是销售产品

最好的标题告诉客户邮件的内容是什么，而最差的标题则试图通过邮件销售产品。不要让你的标题读起来像广告。标题中的商业味越重，邮件被打开的可能性就越小。

（2）换位思考，把自己当成顾客，而不是营销者

你的客户只对一件事感兴趣：邮件能为他提供什么？如果你希望他花时间来读你的邮件，那就要想想他为什么要读。然后给他写邮件，就好像你是在向他解释阅读原因一样。这样，你的标题就会更好了。

（3）在标题中使用公司的名称

将公司名称放进发件人行和标题行中能增加打开率。在标题中加入公司名称能使邮件被打开率从 30%增加到 60%，远远超过了不加入名称的标题。

标题和内容决不可毫不相干，二者要相辅相成，邮件内容应该是邮件标题的详细阐述。客户打开邮件，发现标题与内容相去甚远，这将是灾难性的。好标题只能吸引客户打开邮件，而你希望客户阅读内容，因此，你需要诚实地书写邮件内容。如果采用欺骗的方法，客户即便打开了邮件，也无法达到邮件营销的目的。

2. 内容简洁明了，适应国外移动办公趋势

客户每天会收到海量的邮件和回复，要想获得客户对你邮件的重视，必须坚持 KISS 原则（Keep It Short and Simple）：用最简单的语言和最简洁的句子，解答客户最为关心的内容。

另外，移动办公正在逐渐成为趋势，买家可在移动终端上收发邮件，许多平台也适时

地开发软件，支持买家处理订单。因此，间明扼要的邮件更能顺应现代移动办公快节奏、小页面的主要特征。

3. 署名规范，方便客户

无论是用 Outlook、Foxmail 邮件还是用平台内邮件系统收发邮件，一定要提前设计好公司统一、齐全的署名档，即固定的邮件落款，以显示公司的规范性，并给客户信赖感。

大多数的邮件系统均有可个性化的署名设计功能。当你的邮件发送时，会自动附上署名。

除了表示公司运作的规范和统一外，署名档主要从客户视角出发，给客户留下较深印象，发挥公司推广网站的作用。更为重要的是，这种规范符合 AIDA 营销理念，在客户对服务和产品“心动”的瞬间提供“行动”的便利条件。

4. 适当利用邮件优先级，让你的邮件更加显眼

可以适当利用邮件系统提供的优先级服务，使你的邮件处于更加显眼的位置。

（三）回避垃圾邮件，过滤敏感词

外贸开发最担心的就是邮件无法送达，无法送达的最主要原因大多是邮件被对方服务器视为垃圾邮件（spams）而拒收，而一般业务员往往忽略了这个因素对于客户开发和来往邮件送达的严重影响。

1. 垃圾邮件的定义

根据国际电子邮件协会的判定规则，垃圾邮件涉及三种情形：未经收件人允许的、在一定时间内发送频率过快、内容重复度过高；对方未订阅但发件人发送附件；邮件中含有垃圾邮件高频词。

2. 垃圾邮件过滤敏感词

跨境电商中与销售相关的垃圾邮件高频词有 Free、Discount、Opportunity、WinWinner、Cheap、Deal、Debt、Income、Insurance、Loan、Money、Mortgage、Price、Rate、Profit、Save、Merchant、Stock、Act Now、All New、Call Now、Subscribe Now、Million、Dollars、Opportunity、Compare、Check、Cash、Bonus、Credit、Loans、BuyDirect、Get Paid、Order Now、Specializing、Specialized、Offer、Please Read、Don't Delete、Special Promotion、Satisfaction Guaranteed、You've Been Selected 等，不胜枚举。当你的邮件内容里包含了这些词语或者系统分析以后达到屏蔽标准，则对方无法收到你的邮件或者会被判断为垃圾邮件。

3. 如何获得最新的垃圾邮件过滤敏感词

不时地浏览网站 Bloomtools. com 或者查阅附件，可以随时跟进获得最新的垃圾邮件过滤敏感词。

（四）电子邮件营销技巧

1. 第一封推广邮件的撰写

推广邮件是最常用、最重要的邮件。第一封推广信效果的好坏，直接影响着公司的询盘数量和质量，因此，每个业务员都要高度重视推广信的写法。

（1）找对目标是推广邮件的前提

要让推广邮件成功率高，首先要找对有潜力的目标客户。如果没有找对，再出彩的推广邮件也没有效果。因此，在撰写推广邮件之前，必须通过客户公司网站、搜索引擎、海关数据了解公司实力、网络活跃度、上下游客户、B2B 上的询价记录、所属行业目录等，研究其采购习惯、周期、数量和供应商等。

除此之外，利用外贸工具 Whois 也可查询到公司网站域名信息，了解注册时间、注册地点，以及网站的反链接数量等公司情况。

（2）优质的推广邮件是客户回复的保证

公司推广信内容不外乎公司、产品和交易条件信息，但不能也不可能在一封信中塞入全部内容，而应在基本原则指导下采取具体的对策。

推广信应言之有物，凸显公司与产品的优势，提高吸引力。推广信不宜太过详细，其目的是引起客户的注意和兴趣，诱导客户回复邮件，在互动中发现对方的问题和疑问并给予答复和解答。因此，推广信应有收有放，有所保留，起到“欲知情况如何请联系详谈”的效果。例如：

Dear Mr. Jones,

We understand from your information posted on Alibaba. com that you are in the market for textiles. We would like to take this opportunity to introduce our company and products, with the hope that we may work with Bright Ideas Imports in the future.

We, a joint venture specializing in the manufacture and export of textiles, have enclosed our catalog, which introduces our company in detail and covers the main products . We supply at present. You may also visit our web site at http://×××. alibaba. com, which includes our latest product line.

Should any of these items be of interest to you, please let us know. We will be happy to give you a quotation upon receipt of your detailed requirements.

We look forward to receiving your enquiries soon.

阅读上述推广信，找出其中提到的公司和产品信息并分别标示出来。

①公司情况介绍一般涉及的内容：独特卖点，员工情况，质量控制程序，公司新闻，工厂规模，贸易服务，设备，参展情况，代理商及代表处，质量和安全标准，委托加工服务，研究与开发能力，其他主要客户，特殊生产能力，等等。

②产品信息一般涉及的内容：独特卖点，完整的产品规格，清晰的彩色照片，特点、功能及好处，产品应用，颜色、尺寸及材料，款式及选择，等等。

③产品交易信息一般涉及的内容：最低起订量，运输和包装方式，交货方式，付款条件，价格，保险，以及其他具体条件等。

虽然网络上有大量推广信范文，但只能借鉴，切忌抄袭。要根据公司规模、国别甚至季节不同略作调整，体现个性，并在文中述及信息来源和双方公司名称，暗示对方该信息是专门为他而写，不是群发的邮件。

2. 第一封客户来信的推敲和回复

客户来信的目的很多，本书归结为四种：泛泛而问、建立业务关系、咨询特定产品和直接询盘。

（1）泛泛询问的来信

Dear Sir/Madam,

We are interested in purchasing your products and we sincerely hope to establish a long-term business relation with your esteemed company.

Please kindly send me your best catalog. Also, inform me about the Minimum Order Quantity, Delivery time or FOB, and payment terms warranty.

Thank You!

从来信称呼看，这是一封群发邮件；从邮件内容看，客户没有指向具体的产品。

因此，客户泛泛咨询，真实购买意图一般不大。除非其真实/正好需要你现在的产品或你挑选的主打产品，回复时加大关注力度，否则不必花过多工夫。或者，隔月定期发送一次推广信，试探其购买意愿。类似的邮件回复如下：

Dear Sir/Madam,

Thanks for your inquiry at Made-in-China. com.

We are professional supplier for plush toys at competitive price, located in Nanjing city, Jiangsu Province. Here is the attachment with some pictures of our products that may suit your requirements. For more please check our website, and select the products that you're interested in.

We have great interest in developing business with you. Should you have any in quiries or comments, we would be glad to talk in details through MSN: ×××/mails or any way you like.

(附件内容可挑选一些公司主打产品)

（2）建立业务关系的来信

Dear Mr. Jones,

We have received your letter of 9th April showing your interest in our complete product information.

Our product lines mainly include high quality textile products. To give you a general idea of the various kinds of textiles now available for export, we have enclosed a catalogue and a price list. You may also visit our online company introduction at http://×××. alibaba. com, which includes our latest product lines.

We look forward to your specific enquiries and hope to have the opportunity to work together with you in the future.

该信称呼有具体指向，开头明确说明来信目的以及卖家信息来源；邮件中介绍了公司所属行业，并提供了产品目录和价目表；同时，邮件提供了公司在阿里巴巴国际站的网址，进一步增强了来信的真实性和建立业务关系的强烈意愿。

（3）咨询特定产品的来信

从邮件的标题、称呼和内容中对于产品型号、规格等指标的详细和专业询问等信息，我们可以认定此类客户潜力最大，需要给予及时且完整的回复。例如：

Subject：Interest in mobile air conditioning units Pre-air models MT32 and MT26

Dear Sir,

Allow me to introduce myself. My name is Tony Eden and I own and run an air conditioning company, specialising in the sale and rental of mobile air conditioning units.

I would be very interested in receiving information and prices for your MT32 and MT26 models after seeing them on the Alibaba website and your own. Could you please tell me what your smallest and average volume of sales would be?

It is my intention to bolster my rental fleet and also add a larger variety of products to the sale side.

I do hope we can do business and I look forward to hearing from you soon.

Kind Regards,

Tony Eden

Vaporco Air Conditioning

请推敲邮件，找出其中公司和产品的具体信息并用下划线标示出来。

对特定产品咨询的回复，应该按照客户所提出的疑问逐一解答，并在此基础上引导客户作进一步的沟通甚至下订单。例如：

Dear Mr. Jones,

Thank you for your inquiry of March 16. We are pleased to hear that you are interested in our product "toaster".

We have enclosed the photo and detailed information of the product for your reference：

Product：toaster

Specification：×××

Package：1 pcs/box

Price：10 USD/pcs

Payment：L/C

For purchase quantities over 1,000 pcs of individual items we would allow you a discount of 1%. Payment is to be made by irrevocable L. C. at sight.

We look forward to receiving your first order.

（4）直接询盘

I am interested in drop-shipping this product in South Africa and would be most grateful if you could email me pictures of this product to Vicky hillen@ hotmail. com.

I look forward to doing business with you.

这是一封敦煌网平台内的询盘信。该邮件单刀直入，简洁明了，明确提出需要卖家提供的资料并提供邮件地址。这样的买家意愿非常明显，需要及时跟进。

无论买家出于什么动机，你都要完整而迅速地回复买家查询，恪守大数法则。你若回邮件，也许还有一些潜在的生意机会；你若不回邮件，则万万没有机会。

3. 回复询盘后客户无应答的处理

回复询盘后，大多数买家就不再响应，你的邮件犹如石沉大海。没有回复的原因很多，归结起来有三种：客户没有收到邮件；客户对产品不感兴趣，懒得回复；客户将你的公司和产品放入供应商目录，待有需求时再联系。

鉴于有第一次客人主动来信的基础，应该采取循序渐进、有计划的跟进策略。

Day 1：After phone call，send a “nice chatting with you” email

Day 5：White paper download/e-newsletter （leave voicemail to announce）

Day 12：Recent customer success story （related company）+article of interest

Day 25：Report/webinar/seminar offer

Day 30：Case study

Day 60：Email “touching base” note

Day 75：Article of interest+case study

Day 90：Prospect calls you=qualified lead

（来源：The Importance Of Follow-Up，http://www.emailtools.co.uk）

4. 买家没有任何反馈的应对技巧

外贸业务员最常见的困惑就是客户不回信，开发信如石沉大海。这种情况该如何应对呢？

Dear Joe，

Having no news from you for several days，I'd like to know your comments on our quotations/samples dated ×××. Any comments by returns will be highly appreciated. It will be our great pleasure if we could cooperate with you in near future.

Thanks for your kind attention. Looking forward to your prompt response.

Best regards！

首先，我们要排除技术故障，弄清楚客户是否收到了我们的邮件。最简单的方法是，在发送邮件的时候，请求阅读回执。在用 Outlook 和 Foxmail 软件发送邮件的时候，“工具”菜单中都有“请求阅读回执”一项，说明顺利发送，否则就有可能是故障。客户无回复可能是由客户不相信你、市场周期不对、客户出差、已联系其他供应商、你的邮件表达不清楚或者不是产品的目标客户等造成。

另外，我们还可以使用 https://verify-email.org 邮件地址验证软件，轻松验证客户邮箱是否有效。很多时候联系不上客户，或者邮件发了很多也没有回应，其实是客户根本没有收到你的邮件！

对于经过验证、故意不回复邮件的客户，可以采取如下步骤：

（1）首先保持联系，多发几封邮件，细致、负责地跟踪联系向你查询过的客户和处理新来的查询。但不可太频繁，即便最渴望争取到的客户，密度也不要多于每周一封，并注意一定不要重复内容。也可以采用“通报企业动态”“交流行业信息”“介绍新款产品”“通告价格调整”等形式，给客户一种“即使暂时不合作，我方也乐意提供行业资讯给您参考”的态度。多数的国际贸易商都愿意了解更多的行业相关信息，这样做可把多次发邮件引起反感的风险降至最低。

（2）以保持接触为目的的邮件，尽量淡化“催促订单”的感觉，突出“信息交流”的意思，态度要不温不火，不卑不亢。假如客户一直没有动静，则不妨刺激一下以寻找突破口，寻找机会给客户报一个超低的成本价。但是，不要以这个超低价格真的与客户交易，可以在客户回应以后，解释说这是某批订单的超额生产余量因此会如此低价等。低价的目的仅仅是打开僵局，了解客户沉默的真正原因。同时，作为突破僵局的做法，可以直截了当地问客户，一直没有回复是否因为对产品不感兴趣等。

（3）屡次发邮件不理睬的，可以在邮件中加上一句“如我方邮件打扰了您，深表歉意，请回复空白邮件，我们将不再发邮件给您”。如果客户真的回空白邮件拒绝了，说明暂时合作无望，不必白费力气。只要不拒绝，就仍可继续联系。

总之，对付沉默客户的原则如下：一是确保不是技术故障；二是保持无重复内容的联系；三是适当寻找突破口，找出客户沉默的原因。若这些措施都用了，相信再顽固的客户也会被你的执着打动的。

5. 买家要求寄样的回复

外贸样品分为客户询价打样和客户来样两种，客户来样在此不作讨论。对于打样，除了打样材料和人工成本外，空运或者快递寄样还需要不菲的样品运费，有时寄样可能是样品成本的2~3倍。例如：

Dear Gustavo Bachir,

We are glad to offer you 500g of each grade, 3kg total weight for 6 sample silicas in a total sum of USD 155 to be prepaid to our account.

Could you tell me your DHL account No.? We will send you samples by DHL freight collect.

We will send details of your courier like tracking number upon dispatch and trust you shall be able to find out our technical advantages to be worth of the price difference to those of Grace and Ineos.

寄样对于任何公司都是比较棘手的问题：拒绝寄样担心失去潜在客户，寄样又怕竹篮打水一场空。单独打样成本昂贵，有些公司的样品价值不菲或对方要量较大时，更难下决定；即使从现有的成品生产线上挑选样品，长期索取样品但无生意达成，久而久之也会对企业形成一笔不小的开支。因此，对于客户的寄样要求，可以采取如下的递进策略：

第一步，要求对方预付样品费和快递费。提出要对方支付样品费，试探对方的需求诚意，对新客户尤其要坚持寄样收费，有诚意的客户一般都会理解。如果对方爽快答应，说明这是一个需“重点”开发的客户；在对方不愿意的情况下，可承诺在第一份订单货款中扣除样品费。

此策略除了成本考量，更重要的是把一些无诚意做订单而专门以索取样品为业的公司从客户中排除，使企业把精力放在有效的客户身上。

第二步，要求对方承担运费，特别是快件！对于样品成本不高的产品，在谈判无果的情况下可同意免费提供样品，但客户须支付样品运费。要求快递运费到付并不是一件坏事，我方提供样品说明我们做生意的诚意，而要求对方承担样品运费则可看出他是否有做生意的诚意。如果对方真想做生意，一定会答应这个要求；若对方坚持费用全部由我方支付的话，就要考虑对方的诚意和信誉了，或将其纳入放弃的客户群体。

第三步，要求对方提供传真或邮件地址和公司地址，而不仅仅只是一个电话，以便有据可查。

第四步，样品价值不菲或数量较大，且在第一步和第二步谈判未果时，要退一步要求对方付部分样品费以覆盖打样成本。当然，长期客户另当别论。

第五步，寄送样品前要发送样品图像给客户审阅并得到反馈意见，避免客户收到样品后提出拒付或者不采购的理由。

寄样后，电邮快递底单要留给客户，加深客户对公司的印象。定期与其联系，及时确认对方收讫以及对样品质量、外观或结构的不同要求，催促下单。对公司寄样客户，要建立详细的跟踪档案，利用各种沟通工具加强跟进力度。

6. 客户要求直接报价的回复技巧

对于客户要求直接报价的情形，外贸新手常感到非常为难：不报价担心失去客户，报价后客户一般就杳无音信。

本书倾向于回复客户，但不直接、一次性地报价，而是采取分步进行的策略。

（1）避开报价的问题，首先询问对方的用途和试用环境等，以便向客户提出最好的方案。

（2）如对方答复，询问对方需求的数量以及对于产品质量的要求（规格、环保、安全标准等）。

（3）如对方不回复，可以预知对方对产品不感兴趣；在回复中通过对方对于行业、产品知识的认识是否专业，判断对方是真实客户还是骗子。真实客户与骗子的基本区别是：客户通常百般挑剔产品的质量和价格，而骗子通常对于行业、产品不熟悉，一般会给你诱人的大单，过于关注付款。

7. 客户认为报价过高的应对技巧

作为供应商，对方压价是司空见惯的，应该给予合理的答复。例如：

Dear Mr. Jones,

We confirm having received your telex No. LT/531 of May 17, asking us to make a 1% reduction in our price for Men's shirts. Much to our regret, we are unable to comply with your request because we have given you the lowest possible price. We can as sure you that the price quoted reflects the high quality of the products.

We still hope to have the opportunity to work with you and any further enquiry will receive our prompt attention.

首先，没有任何一个客户收到你的报价后会说你的价格是“合理”的。他们一般的理由不外乎如下几种情况：

This price is unrealistic and is 15% higher than the market price;

Due to the weak demand, the market price is tending downward in the last 3 months;

Your price is much higher than those Vietnam-made;

Your quality is inferior to those made in A factory;

This price is unacceptable with regard to the size of the order;

As one of your long-term customers, we are worth of a bit lower prices for that.

另外，作为供应商，认为自己报价“公道”的理由可能是：

This price is high but highly competitive;

The rising costs (labor and materials) forced us into increase of the price;

No profit at this price considering our quality and price;

The rising demand in excess of the supply pushes the market price;

This price is quite reasonable taking quality into consideration;

This price is reasonable taking our relationship into consideration.

市场上的同类产品，很少是因为价格太高而无法销售的，而是由产品定位和营销策略错位造成的。在与客户的沟通中，通过推广、网站和电子邮件等传递出对公司、产品、服务和诚信的自信，“与众不同”的产品自然要有一个匹配的价格。

8. 无法提供买方指定产品的回复技巧

客户的需求千变万化，任何一个公司生产或者供应的产品总是有限的。客户询问卖家没有、相近或不同型号和功能产品的可能性普遍存在。例如：

Dear Mr. Jones,

Thank you for your enquiry of March 12 Cate 9 cable.

We appreciate your efforts in marketing our products and regret very much that we are unable to supply the desired goods due to excessive demand.

We would, however, like to take this opportunity to offer the following material as a close substitute.

Cate 5, USMYM—per meter, FOB Shanghai, including your commission 2%.

Please visit our catalog at http://www. ×××. com. You can find more information on this item. If you find the product acceptable, please email us as soon as possible.

也许你就是客户在中国唯一认识的商家，客户更加倾向于一个信任的商家向他介绍新的商家。为了与客户建立长期信任的伙伴关系，对于没有买家需求产品的情况，可以帮助他寻找和推荐卖家，从而建立信任关系，为今后的交易打下基础；对于第二、第三种情形，详细了解客户需求，向客户推荐公司的其他类似的替代品。只要客户找上门，就不能让他空手而归，这是营销的基本准则。

9. 邀请客户参展或拜访工厂（公司）技巧

跨境电商最大的瓶颈就是客户对于卖家的了解局限于线上，如能够把线上犹豫不决的客户引导到线下接触，增加双方的信任度，达成交易的可能性会明显增大。邀请对方参加在本国或者目标国的展会就是最为有效的方法。例如：

LETTER OF INVITATION

Dear Sir/Madam,

We hereby sincerely invite you and your company representatives to visit our booth at 110th China Import and Export Fair, Phase1, from Oct. 15th to 19th 2011.

We're one of the manufacturers specialized in sanitary ware, concluding one- two piece toilet, wash basin, cabinet basin, pedestal basin, bidet, urinal, counter basin, decorated ceramics and so on. Our new models offer super design and their new features give them distinct advantages over similar products from other Manufacturers.

It would be a great pleasure to meet you at the exhibition. Please visit our website at http://seagullgroup. cn for further details.

We expect to establish long-term business relations with your company in future.

Remarks: Venue: Pazhou International Pavilion, Guangzhou, China

Booth Number: G-K-105, G-K -106

据调查，客户光顾曾经在展前发过邀请函的公司展位远比光顾其他公司展位的概率高，可见展前做好宣传十分重要。即使对方暂时未参加展会，也可从侧面向客户展示公司的实力和专业，加深客户对于公司实力和产品的印象。

另外，在网络上结识的客户因为未知原因成交意愿低、活跃度不高时，发函邀请参展并顺便拜访公司（工厂）既可尽地主之谊，又可传递公司的真实性、供货能力、管理水平和服务理念。若客户如约来参展、拜访公司展台，而且欣然前去公司（工厂），这个客户离签约就不远了。

Dear Mr. Patel,

It gives me great pleasure to invite you to attend the 110th China Import and Export Fair, Phase 2, Oct. 23rd to 28th for textiles, to be held in Pazhou International Pavilion Canton, where you may find us at Booth 123 and a gift as a pleasant surprise.

We would also like you to visit our factory to see how our line of quality products are made and extend our hospitality as the host.

We look forward to seeing you at the venue.

总之，询盘转化为订单是外贸业务员销售理念、策略和销售技巧落实的结果，是业务员坚持和汗水的结晶。真正好的外贸开发首先要保证对方能够收到邮件，将邮件送达正确的人手中；其次，根据对方的公司、行业或者真实需求和需求程度、采购偏好、性格差异等，找到合适的切入点。

10. 利用实时交流工具有效沟通

主流的商务平台都有实时交流工具。利用实时交流工具前来联系的买家购买欲望最强，需要重点关注；充分利用实时交流工具，不但可以吸引更多的客户询盘，而且交流更加直接有效。

第四节　跨境选品

速卖通（www. aliexpress. com）毫无疑问已经成为当下全球范围内最热门的跨境 B2C 网站之一，卖家可以在这里向全世界的买家展示自己的产品。

全世界各个国家都有自己的传统与文化，也有自己的生活和消费习惯，卖家们该如何应对呢？所以，挑选出符合买家需求的产品，是通过速卖通选品最根本的目的。

从宏观的角度来看，速卖通选品分为站内选品与站外选品两大类。站内选品分为行业情报选品、选品专家选品、前台分析选品、商品分析选品、直通车工具选品。站外选品分为搜索引擎分析、参考其他跨境 B2C、咨询类工具网站应用、开发线下供应商。

如果从微观的角度将选品再细分，类别就会更多，性质与作用也就更鲜明了。

一、站内选品

站内选品，顾名思义就是指通过速卖通站内所有可利用的条件及工具去选择市场。类目或产品的选品工作是为店铺运营中的诸如打造爆款、推广营销等动作提供操作的支撑与依据。

首先来看如何进行站内选品。这时我们要用到速卖通平台提供的非常好的工具——数据纵横。在数据纵横中，如果是广义上的选品，可以使用行业情报（见图 2-27）和选品专家（见图 2-28）这两个工具先选择行业，再选择产品。如果是狭义上的选品，就是指从现有的在售产品中选择热销的产品，可以使用的工具为商品分析。总之，数据纵横是一个非常好的工具，卖家一定要通过仔细地分析数据纵横中所提供的数据来选品。

其次，站内选品还包括选择平台上热销的款式。我们可以先从普通搜索页面中搜索我们想要查询的关键词，再找到标题右侧有箭头的产品，单击箭头会看到平台热销产品和平台中销量上升速度较快的产品。

站内选品还包括平台活动中所入选的产品，这些产品一般都是平台根据买家需求所选拔出来的产品。我们在为店铺选品时可以参考这些产品。

在直通车中也有一个选品工具，这个工具也非常好，它可以帮助卖家选择 4 个不同纬度的产品，分别是“热销款”“热搜款”“潜力款”“不限条件”。卖家还可以根据自己的需求选择不同的筛选条件。

（一）行业情报选品

1. 行业情报选品概述

数据纵横中的行业情报是一个能从多个方面，例如访客数占比、成交订单数占比、供

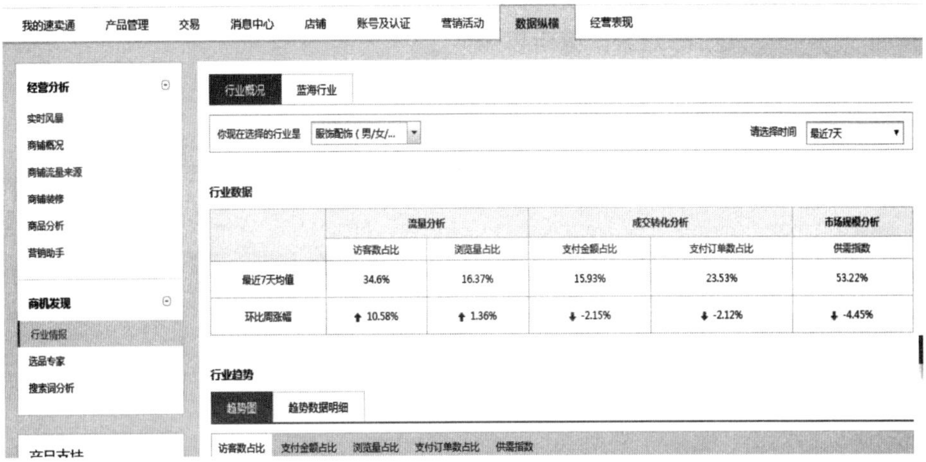

图 2-27 行业概况

需指数等，去展示除一级类目外所有行业类目的数据情报的工具。

因为所有卖家都能用行业情报工具获取这些经系统处理后的行业数据，所以，利用行业情报选品是每一位卖家的必备技能。下面介绍如何把这些数据进行整合与运用，让其成为我们选品的依据。

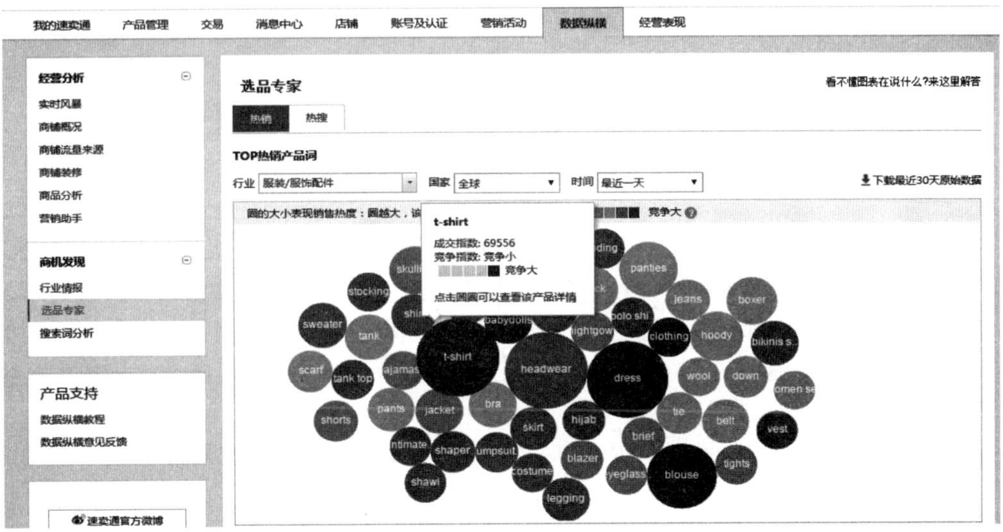

图 2-28 选品专家

2. 用行业情报分析服装行业中的热门二级类目

下面以服装行业下热门的二级类目女装为例，具体介绍如何利用行业情报进行数据分析。

如图 2-29 所示，选择最近 7 天作为数据的时间维度，从图中可以看到最近 7 天的行业数据。下面介绍一下简单的数据分析思路。

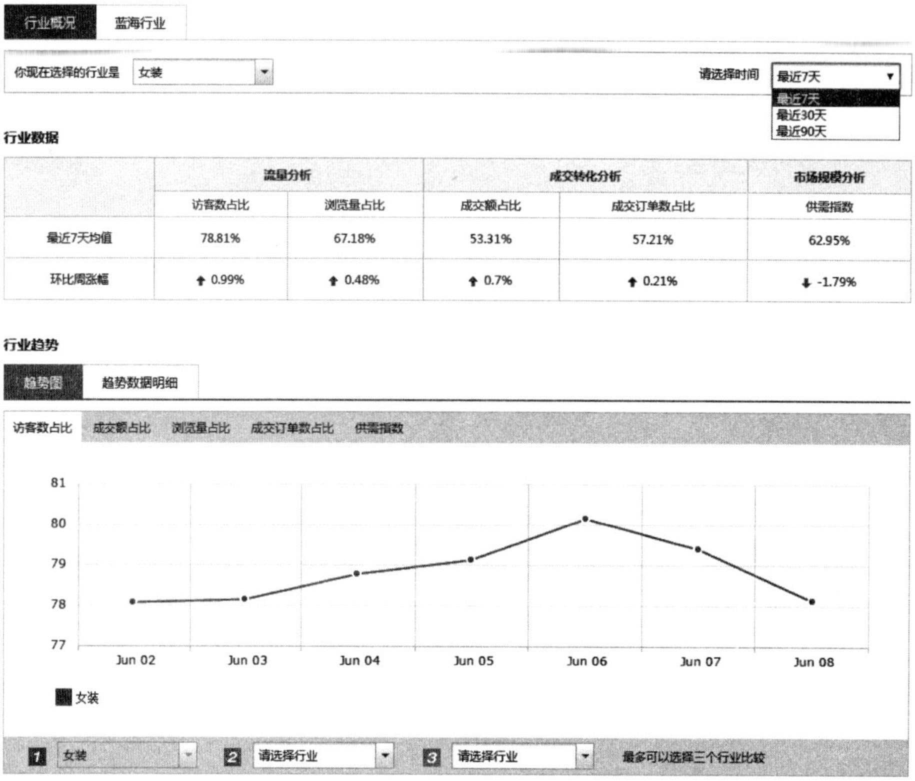

图 2-29　行业情报分析

正相关逆差：例如在图 2-29 中，成交订单数占比与成交额占比呈环比周涨幅关系。当成交订单数占比与成交额占比均为上升趋势时，它们从逻辑上明显呈成正相关关系，即成交订单数上升，自然成交额也会随之上升，但在此需要讨论的是同为上升数据之间的大小差异。订单数占比提升 0.21%，而成交额占比提升 0.7%，成交额提升比例更大，可以理解为商品的客单价提高了。

反相关逆差：例如在图 2-29 中，供需指数与访客数占比呈环比周涨幅关系。供需指数越低，表示行业竞争度越低。访客数占比提升 0.99%，供需指数下降 1.79%，供需指数的下降幅度更大，可以理解为买家发展速度高于卖家，所以即使是看似竞争激烈的女装行业，实际上竞争度也在下降。

这两个简单的概念只为抛砖引玉，希望传达给读者的是思考模式而不只是单个概念。还有表 2-10 中的访问深度水平、客单价水平都是比较简单的概念延伸。其中：

访问深度水平＝浏览量占比÷访客数占比

客单价水平＝成交额占比÷成交订单数占比

表 2-10 流量分析与成交转化分析

项目	流量分析			成交转化分析			
	访客数占比	浏览量占比	访问深度水平	成交额占比	成交订单数占比	客单价占比	供需指数
最近 7 天均值	78. 81%	67. 18%	85. 24%	53. 31%	57. 21%	93. 18%	62. 95%
环比周涨幅	0. 99%	0. 48%		0. 7%	0. 21%		-1. 79%

图 2-30 是最近 7 天的行业数据，要对该行业的国家市场形势进行分析，可以从三大主力国家入手。其中：

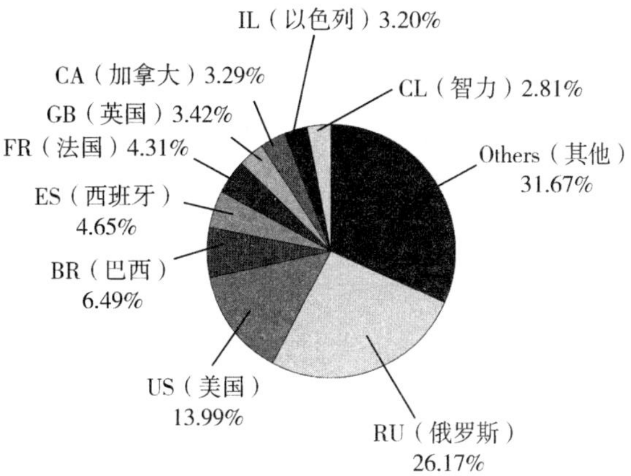

图 2-30 国家市场形势分析

俄罗斯（RU）表现中规中矩，21. 65%的访客完成了 26. 17%的成交额。

美国（US）表现强劲，仅 5. 72%的访客就完成了 13. 99%的成交额。

巴西（BR）表现一般，14. 56%的访客仅完成了 6. 49%的成交额。

所以通过对二级行业的国家市场形势进行分析，可以非常明确地找到消费能力强的国家。值得注意的是英国（GB）和加拿大（CA），前者以 0. 98%的访客完成了 3. 42%的成交额，后者以 1. 43%的访客完成了 3. 29%的成交额。

既然通过数据分析我们已经挖掘到这些消费能力强的国家了，那么下面要做什么呢？

3. 用行业情报分析女装行业中的热门产品

通过对女装类目的整体分析，并且决定要发展此类目后，接下来要做的就是通过行业情报的数据分析次级类目的热门产品，从而得到女装行业的选品方向。热门产品自然是红海。尽管是红海，但依然有切入点。可以选择小类目高利润的产品，小类目不是没人做的类目，而是那种细分出来的小类目，这个市场不大，而且没有得到令人满意的服务，往往产品有一定的需求量，故用数据找到一条安全的红海之路，也是卖家的一个必修技能。

下面以女装行业下的 3 个热门类目为例，以 30 天为时间维度，提取出原始表格，然后进行处理，制成表格，如表 2-11 所示。

表 2-11 流量、成交转化、市场规模分析

连衣裙（dress）	流量分析		成交转化分析		市场规模分析
	访客数占比	浏览量占比	成交额占比	成交订单数占比	供需指数
最近 30 天均值	49. 48%	36. 92%	29. 34%	24. 95%	126. 54%
环比周涨幅	1. 69%	1. 88%	-0. 17%	-1. 38%	-4. 45%
雪纺衫（blouse）	流量分析		成交转化分析		市场规模分析
	访客数占比	浏览量占比	成交额占比	成交订单数占比	供需指数
最近 30 天均值	39. 55%	17. 07%	11. 98%	16. 43%	36. 12%
环比周涨幅	5. 44%	5. 44%	-1. 07%	-1. 62%	-5. 30%
上衣（top）	流量分析		成交转化分析		市场规模分析
	访客数占比	浏览量占比	成交额占比	成交订单数占比	供需指数
最近 30 天均值	11. 55%	10. 66%	8. 90%	12. 99%	181. 72%
环比周涨幅	-11. 49%	-1. 75%	4. 46%	4. 67%	10. 09%

从表 2-11 中的浏览量占比之和可知，仅这 3 个类目已经瓜分了女装行业 64. 65%的浏览量，并且这 3 个类目的成交额占比之和、成交订单数占比之和分别达到了 50. 22%和 54. 37%。可见，这 3 个类目是女装类目下的 3 块大蛋糕。下面我们分别用数据分析这 3 个类目。

连衣裙（dress）：访客数高，浏览量较高，成交额高，订单数较高，客单价高，竞争较大。

雪纺衫（blouse）：访客数高，浏览量一般，成交额一般，订单数一般，客单价偏低，竞争小。

上衣（top）：访客数较低，浏览量较一般，成交额一般，订单数一般，客单价低，竞争巨大。

表 2-11 中购买力水平和市场综合表现的定义如下：

购买力水平=成交额占比÷浏览量占比

市场综合表现=访客数占比×购买力水平×客单价占比÷供需指数

市场综合表现并不是一个标准的量化性指标，它可以概括为单位访客的购买力在此市场供需关系的客单价水平下所能完成的营业额指数。可以将其通俗地理解为卖此类产品的收益指数，指数越高，代表此类目的销量越高，发展速度越快，如表 2-12 所示。

表 2-12　市场综合表现

类目		流量分析		成交转化分析				市场规模分析		
		访客数占比	浏览量占比	访问深度水平	成交额占比	成交订单数占比	客单价占比	购买力水平	供需指数	市场综合表现
最近 30 天均值	连衣裙	49.48%	36.92%	74.62%	29.34%	24.95%	117.60%	79.47%	126.54%	0.37
	雪纺衫	39.55%	17.07%	43.16%	11.98%	16.43%	72.92%	70.18%	36.12%	0.56
	上衣	11.55%	10.66%	92.29%	8.90%	12.99%	68.51%	83.49%	181.72%	0.04
求和			64.65%		50.22%	54.37%				

4. 用行业情报分析蓝海产品

行业情报里的蓝海产品工具界面如图 2-31 所示。蓝海在平台里指的就是竞争还不大，以后买家需求会逐渐增大的、充满未知和机会的行业市场。在蓝海产品工具界面的下半部分——蓝海行业细分里，可以选取任意行业去挖掘其中的蓝海子行业。

图 2-31　蓝海产品分析

不是每个蓝海行业都适合我们，因为每个行业都有其发展的时间点，根据市场的供需指数变化，找到准确的时间点，相信你能成为这个行业里第一个吃螃蟹的人。

（二）选品专家

1. 热销选项

选品专家中的热销选项界面如图 2-32 所示，在其中可以通过行业、国家、时间 3 个维度来筛选数据，并可以导出最近 30 天的原始数据自行处理分析。在界面的主区域则用一个圆来代表一种产品，圆的大小代表销售热度，圆的颜色深浅代表竞争程度。圆越大，产品越热销；颜色越深，产品的竞争程度越低。所以我们要选择颜色最深、圆最大的蓝海产品。

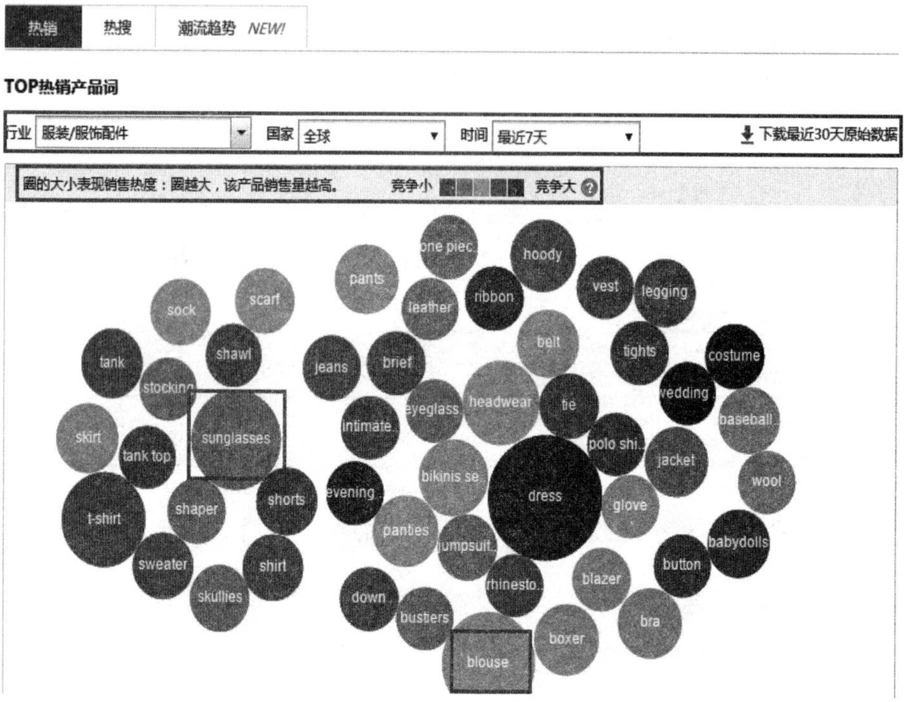

图 2-32 热销选项

单击代表“dress”的圆，进入热销选项的次级页面——销量详细分析页面。此页面有 TOP 关联产品和 TOP 热销属性两个区域，分别如图 2-33、图 2-34 所示。

在 TOP 关联产品中，圆的大小和颜色所代表的意思和热销选项界面相同，圆之间连线的粗细代表了买家的同时关注度，所以其可作为关联产品选品的依据。

在 TOP 热销属性中，圆的大小和颜色所代表的意思和热销选项界面相同，在这里可以展开观察各属性的销售热度，可导出最近 30 天的原始数据作进一步的分析。

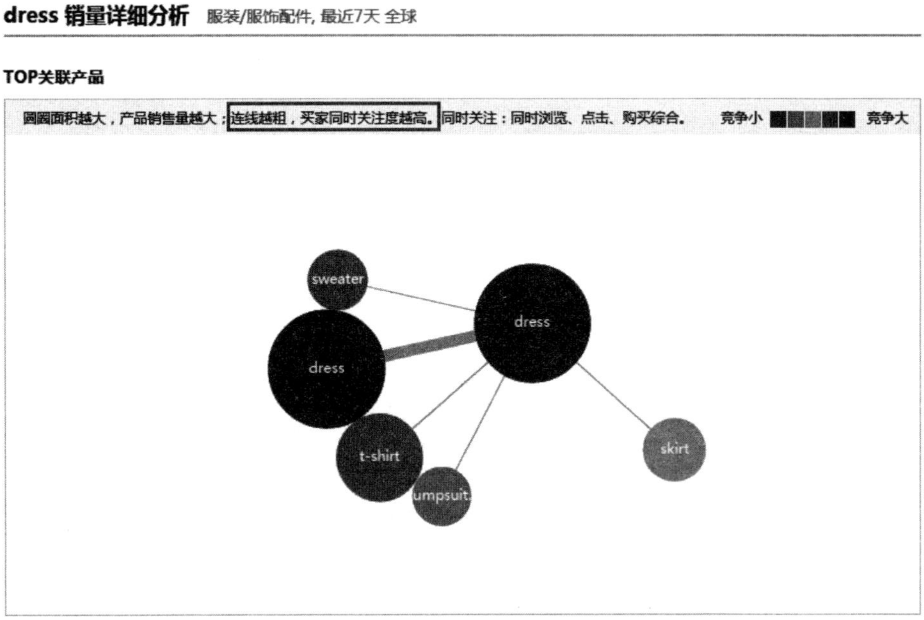

图 2-33 Top 关联产品销售量

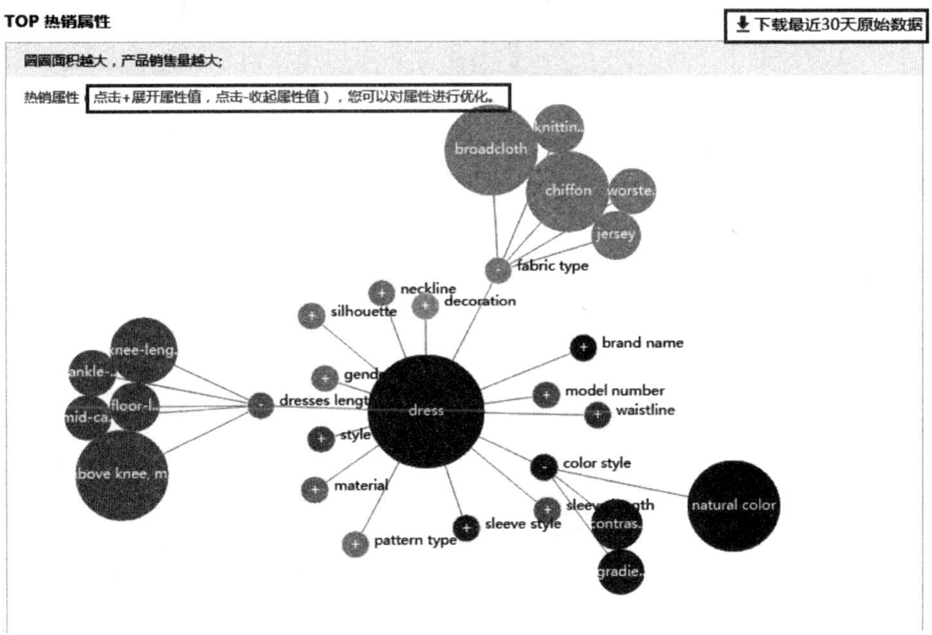

图 2-34 Top 热销属性分析

2. 热搜选项

选品专家中的热搜选项界面如图 2-35 所示，在其中可以通过行业、国家、时间 3 个维度来筛选数据，并可以导出最近 30 天的原始数据自行处理分析。在界面的主区域则用一个圆来代表一种产品，圆的大小代表销售热度。

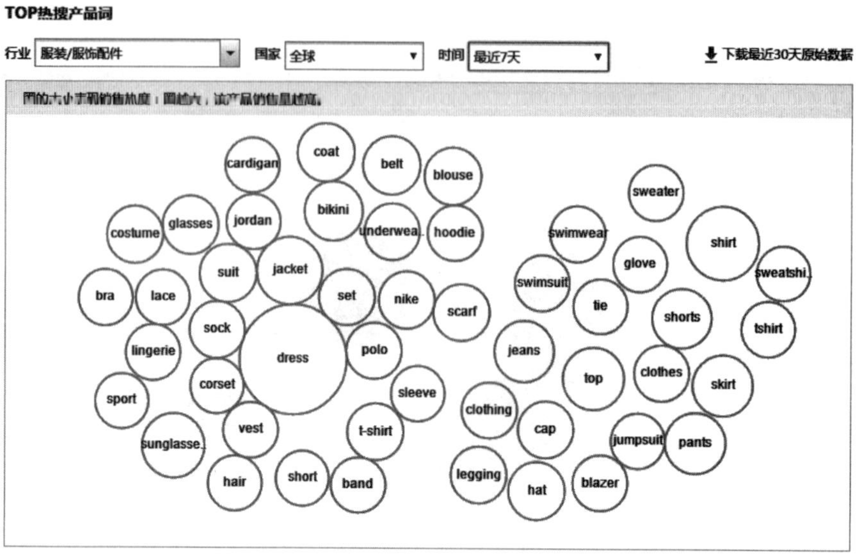

图 2-35　热搜选项

依然单击代表“dress”的圆，进入热搜选项的次级页面——搜索详细分析页面。此页面有 TOP 关联产品和 TOP 热搜属性两个区域，分别如图 2-36 和图 2-37 所示。

在 TOP 关联产品中，圆的大小代表的意思和热搜选项界面相同，圆之间连线的粗细代表了买家的同时搜索度，所以其可作为关联产品选品的依据。

在 TOP 热搜属性中，圆的大小代表的意思和热搜选项界面相同，在这里可以展开观察各属性的搜索度，可导出最近 30 天的原始数据作进一步的分析。

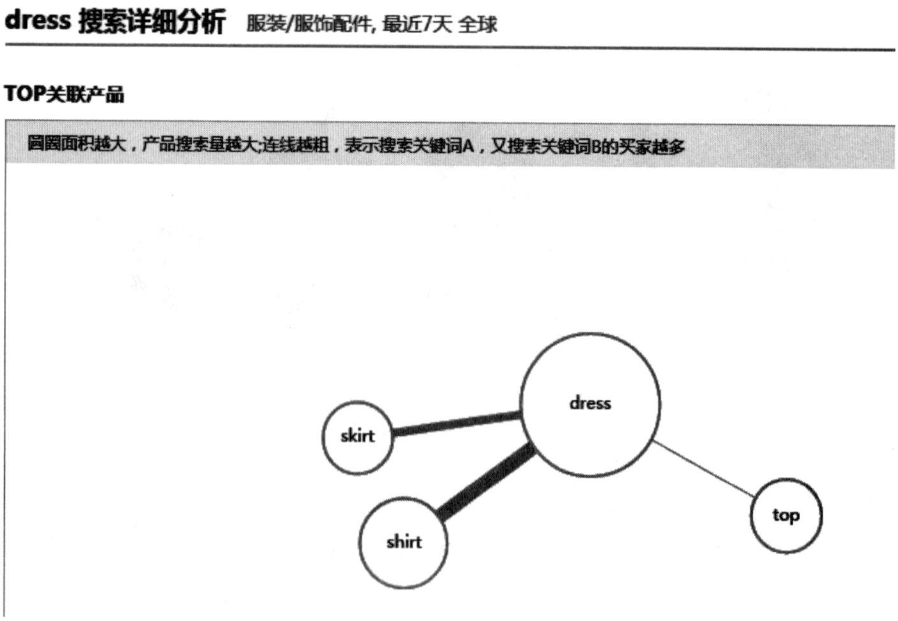

图 2-36　Top 关联产品热搜度

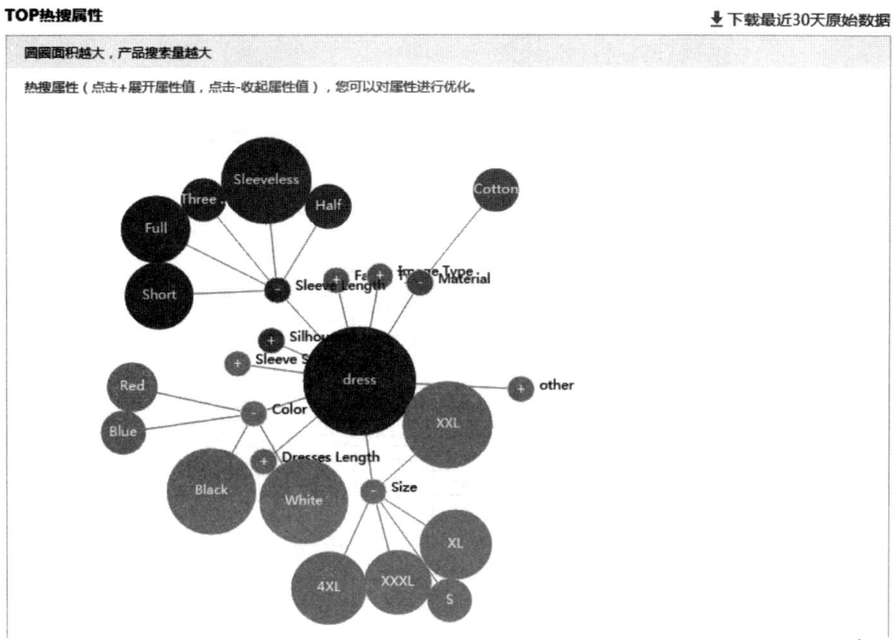

图 2-37　Top 热搜属性分析

（三）热销属性组合之数据透视表的使用

数据透视表是 Excel 里的一个功能，如何将其与热销属性结合使用达到选品的目的呢？首先在图 2-38 所示界面的右上方单击“下载最近 30 天原始数据”按钮，之后得到如图 2-39 所示的“dress”最近 30 天热销属性原始数据。

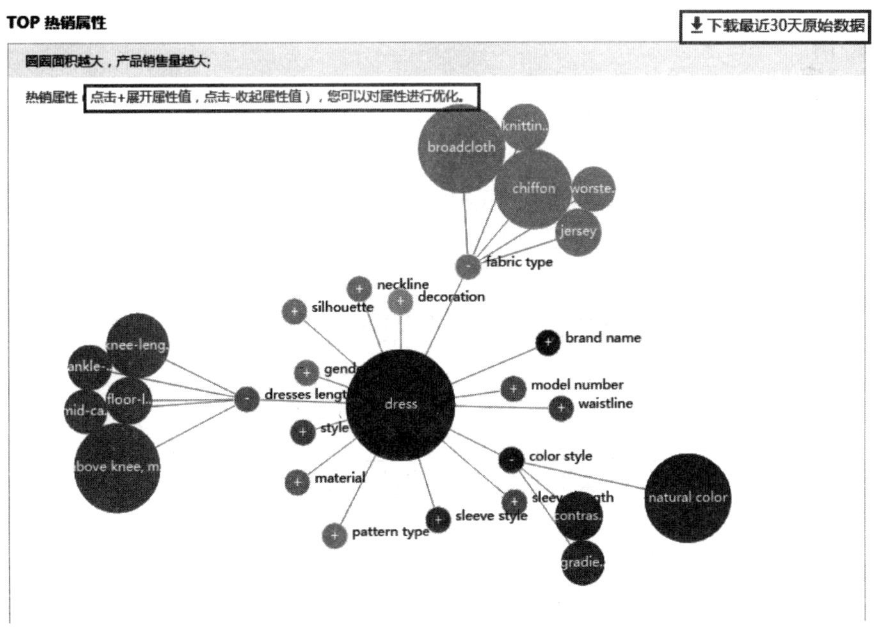

图 2-38　Top 热销属性页面

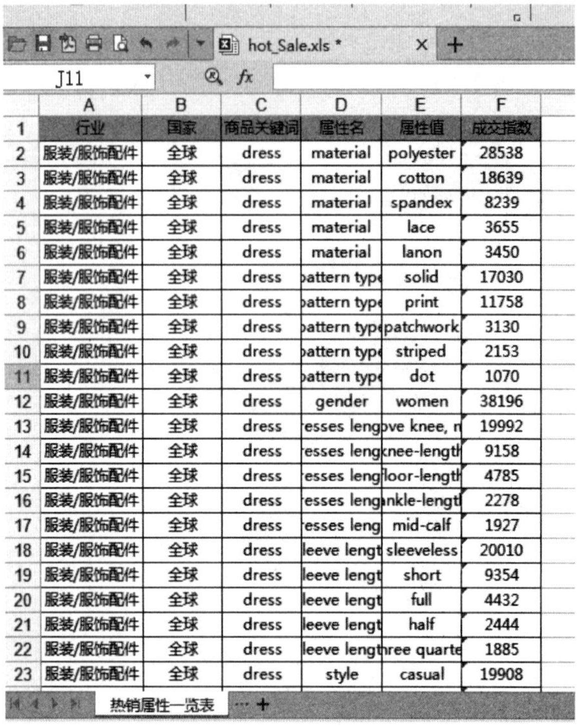

	A	B	C	D	E	F
1	行业	国家	商品关键词	属性名	属性值	成交指数
2	服装/服饰配件	全球	dress	material	polyester	28538
3	服装/服饰配件	全球	dress	material	cotton	18639
4	服装/服饰配件	全球	dress	material	spandex	8239
5	服装/服饰配件	全球	dress	material	lace	3655
6	服装/服饰配件	全球	dress	material	lanon	3450
7	服装/服饰配件	全球	dress	pattern type	solid	17030
8	服装/服饰配件	全球	dress	pattern type	print	11758
9	服装/服饰配件	全球	dress	pattern type	patchwork	3130
10	服装/服饰配件	全球	dress	pattern type	striped	2153
11	服装/服饰配件	全球	dress	pattern type	dot	1070
12	服装/服饰配件	全球	dress	gender	women	38196
13	服装/服饰配件	全球	dress	esses leng	ove knee, n	19992
14	服装/服饰配件	全球	dress	esses leng	knee-length	9158
15	服装/服饰配件	全球	dress	esses leng	loor-length	4785
16	服装/服饰配件	全球	dress	esses leng	nkle-lengtl	2278
17	服装/服饰配件	全球	dress	esses leng	mid-calf	1927
18	服装/服饰配件	全球	dress	leeve lengt	sleeveless	20010
19	服装/服饰配件	全球	dress	leeve lengt	short	9354
20	服装/服饰配件	全球	dress	leeve lengt	full	4432
21	服装/服饰配件	全球	dress	leeve lengt	half	2444
22	服装/服饰配件	全球	dress	leeve length	hree quarte	1885
23	服装/服饰配件	全球	dress	style	casual	19908

图 2-39　Top 热销属性数据

处理数据的步骤很简单，具体如下：全选表格，然后执行“插入”菜单中的“数据透视表”命令，如图 2-40 所示。在弹出的对话框中直接单击“确定”按钮后，工作表的右边出现数据透视表设置栏，如图 2-41 所示，将“属性名”“属性值”“成交指数”3 个数据拖到“行区域”内。

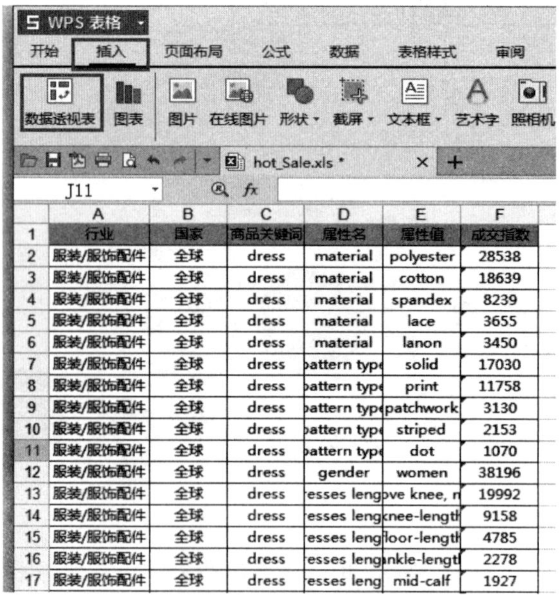

	A	B	C	D	E	F
1	行业	国家	商品关键词	属性名	属性值	成交指数
2	服装/服饰配件	全球	dress	material	polyester	28538
3	服装/服饰配件	全球	dress	material	cotton	18639
4	服装/服饰配件	全球	dress	material	spandex	8239
5	服装/服饰配件	全球	dress	material	lace	3655
6	服装/服饰配件	全球	dress	material	lanon	3450
7	服装/服饰配件	全球	dress	pattern type	solid	17030
8	服装/服饰配件	全球	dress	pattern type	print	11758
9	服装/服饰配件	全球	dress	pattern type	patchwork	3130
10	服装/服饰配件	全球	dress	pattern type	striped	2153
11	服装/服饰配件	全球	dress	pattern type	dot	1070
12	服装/服饰配件	全球	dress	gender	women	38196
13	服装/服饰配件	全球	dress	esses leng	ove knee, n	19992
14	服装/服饰配件	全球	dress	esses leng	knee-length	9158
15	服装/服饰配件	全球	dress	esses leng	loor-length	4785
16	服装/服饰配件	全球	dress	esses leng	nkle-lengtl	2278
17	服装/服饰配件	全球	dress	esses leng	mid-calf	1927

图 2-40　“插入”中的“数据透视表”命令

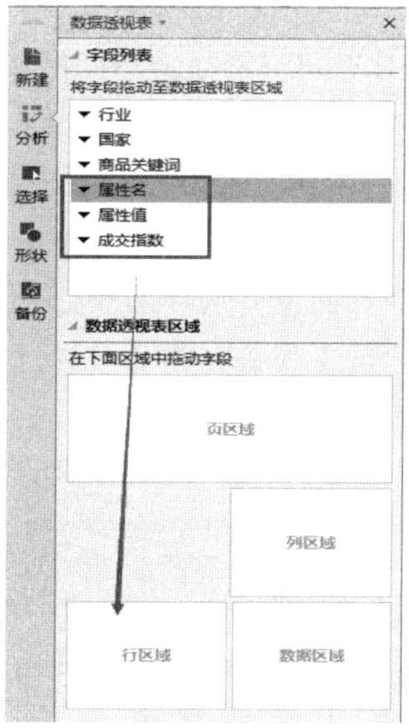

图 2-41　数据透视表设置界面

然后得到如图 2-42 所示的“dress”类目 30 天热销属性的数据透视表。

下面以图 2-42 中的“color style”为例进行分析。其中成交指数最高的“natural color”要远远高于其他选项，所以在选品时，我们可以知道“natural color”的“dress”在平台上最为热销。

上面的分析不要直接理解为我们应该根据最为热销的属性去选品。成交指数高只表示该属性的产品销量很高，并不代表它是最优选择。或许这里是一片红海，你连展示的机会都没有，所以要理性使用热销属性给我们传达的信息。

	A	B	C
4	属性名	属性值	成交指数
5	brand name	brand new	2701
6		brand new 汇总	
7		new	743
8		new 汇总	
9		new brand	758
10		new brand 汇总	
11		no	704
12		no 汇总	
13		other	740
14		other 汇总	
15	brand name 汇总		
16	color style	contrast color	4386
17		contrast color 汇总	
18		gradient	542
19		gradient 汇总	
20		natural color	30612
21		natural color 汇总	
22	color style 汇总		
23	decoration	appliques	1184
24		appliques 汇总	
25		hollow out	2505
26		hollow out 汇总	
27		lace	4531
28		lace 汇总	
29		none	22591
30		none 汇总	
31		sashes	1980
32		sashes 汇总	
33	decoration 汇总		

图 2-42　用 Excel 分析出的热销属性数据

(四) 国家差异化分析

国家差异化分析能为我们针对不同国家制定不同的选品策略提供依据。如何用 Excel 处理原始数据以达到我们的目的呢？答案是使用 VLOOKUP 函数。

VLOOKUP 函数是 Excel 中的一个纵向查找函数，即按列查找，最终返回该列所需查询列序所对应的值。

如图 2-43 所示，在热销选项界面上方选择国家，分别下载俄罗斯、巴西、美国 3 个国家“最近 30 天原始数据”保存成工作表并重命名。打开这 3 个工作表，其中用 RU 表示俄罗斯，BR 表示巴西，USA 表示美国。

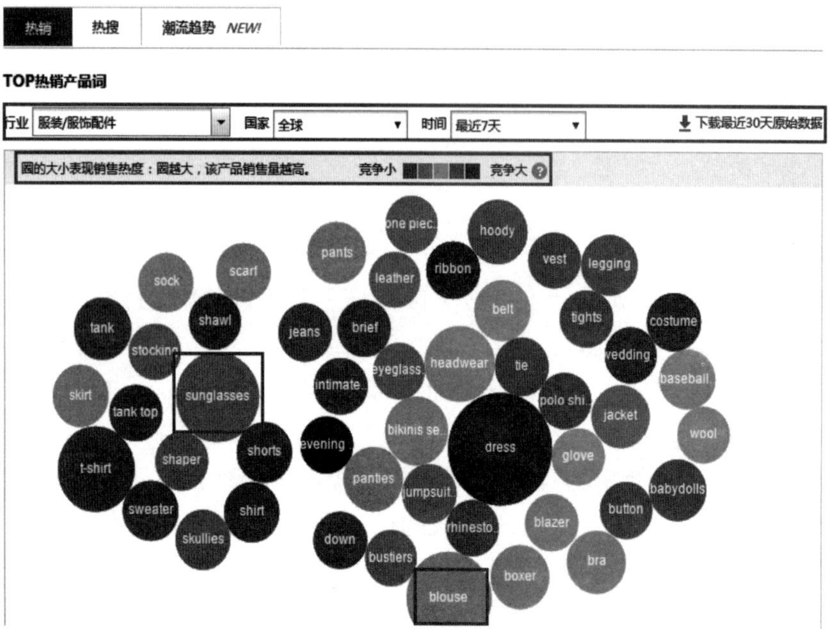

图 2-43　选品专家中的潮流趋势选项界面

把 RU 工作表作为主工作表，将第一行改成如图 2-44 所示的标题，并将 B 列（“国家”这一列）删除。

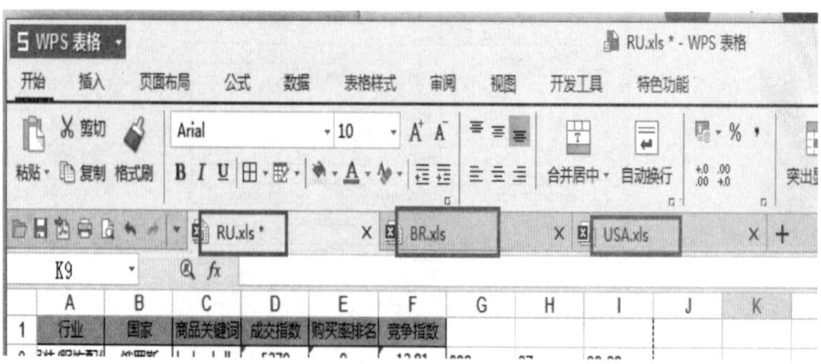

图 2-44　用 Excel 处理原始数据图示 1

在图 2-45 所示的单元格 F2 中输入“=VLOOKUP”（不包括双引号），会出现如图 2-46 所示的说明文字。

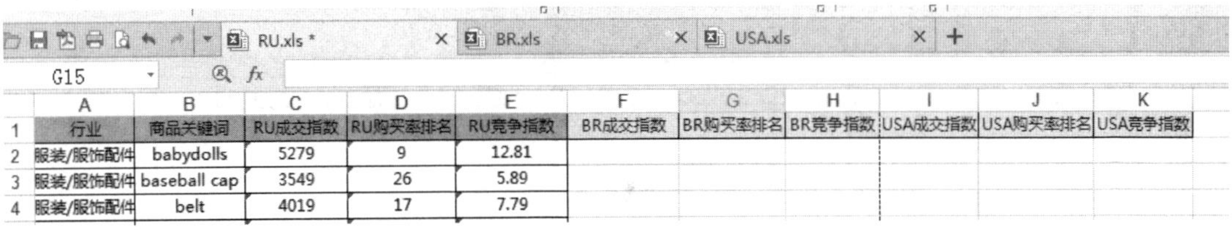

图 2-45　用 Excel 处理原始数据图示 2

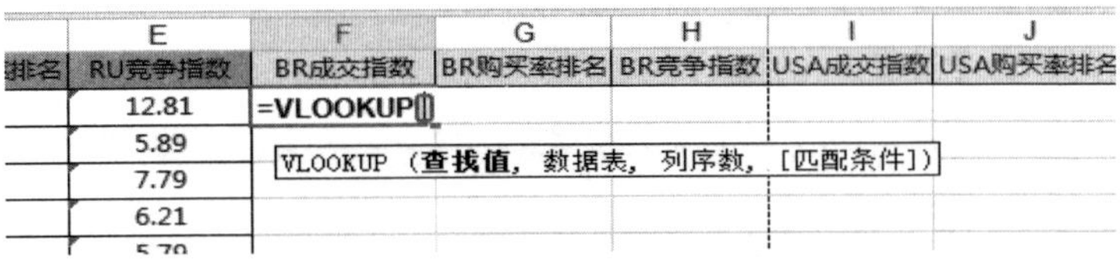

图 2-46　用 Excel 处理原始数据图示 3

查找值：选择主工作表的 B2 单元格。因为我们需要查找的是巴西的“babydolls”关键词的数据。

数据表：用鼠标选中 BR 工作表中的 C、D、E、F 这 4 列。因为这 4 列包含了匹配关键词和 3 个分析数据。

列序数：输入 2。因为成交指数是我们在 BR 工作表中选定的 C、D、E、F 这 4 列里的第 2 列。

匹配条件：输入 0，表示精确匹配；输入 1，表示模糊匹配。

这 4 项数据之间用逗号“,”分隔，最后 F2 单元格内的公式如图 2-47 所示。

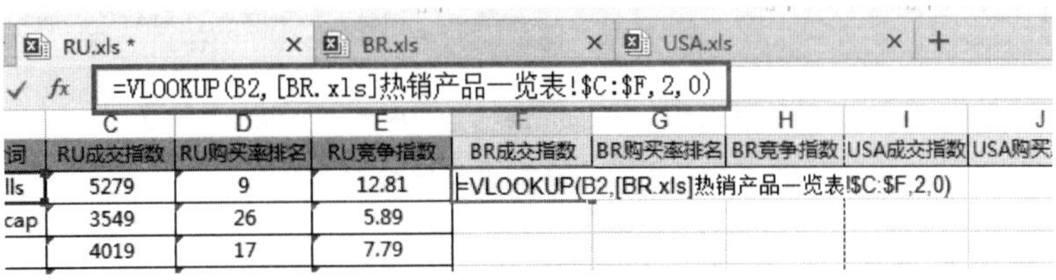

图 2-47　用 Excel 处理原始数据图示 4

按 Enter 键后会得到结果。在 G2 和 H2 单元格中输入的公式内容与 F2 基本相同，只需要把列序数分别改为 3 和 4 即可。然后同时选择单元格 F2、G2、H2，把函数扩充到 F、G、H 这 3 列中全部有数据的单元格内，如图 2-48 所示。

USA 的数据可采用同样的方法进行操作，最后的结果如图 2-49 所示。通过这个工作表我们可以直接比较同一个商品关键词在这 3 个国家中的“成交指数”“购买率排名”“竞争指数”这 3 个数据的差异，从而分析不同商品在不同国家的情况。

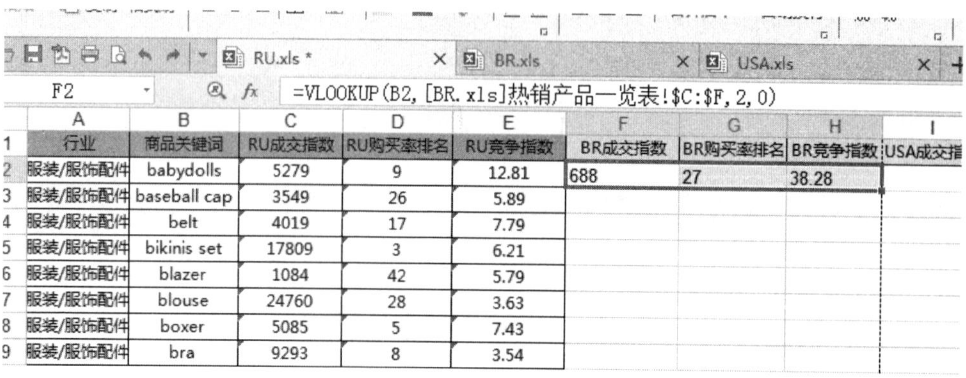

	A	B	C	D	E	F	G	H	I
1	行业	商品关键词	RU成交指数	RU购买率排名	RU竞争指数	BR成交指数	BR购买率排名	BR竞争指数	USA成交指
2	服装/服饰配件	babydolls	5279	9	12.81	688	27	38.28	
3	服装/服饰配件	baseball cap	3549	26	5.89				
4	服装/服饰配件	belt	4019	17	7.79				
5	服装/服饰配件	bikinis set	17809	3	6.21				
6	服装/服饰配件	blazer	1084	42	5.79				
7	服装/服饰配件	blouse	24760	28	3.63				
8	服装/服饰配件	boxer	5085	5	7.43				
9	服装/服饰配件	bra	9293	8	3.54				

图 2-48 用 Excel 处理原始数据图示 5

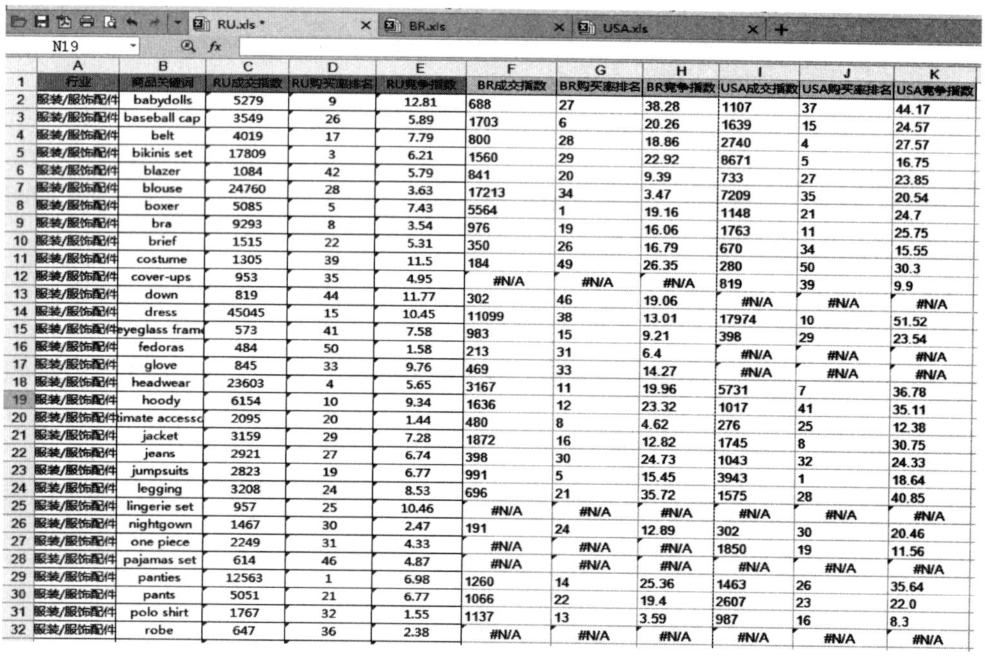

	A	B	C	D	E	F	G	H	I	J	K
1	行业	商品关键词	RU成交指数	RU购买率排名	RU竞争指数	BR成交指数	BR购买率排名	BR竞争指数	USA成交指数	USA购买率排名	USA竞争指数
2	服装/服饰配件	babydolls	5279	9	12.81	688	27	38.28	1107	37	44.17
3	服装/服饰配件	baseball cap	3549	26	5.89	1703	6	20.26	1639	15	24.57
4	服装/服饰配件	belt	4019	17	7.79	800	28	18.86	2740	4	27.57
5	服装/服饰配件	bikinis set	17809	3	6.21	1560	29	22.92	8671	5	16.75
6	服装/服饰配件	blazer	1084	42	5.79	841	20	9.39	733	27	23.85
7	服装/服饰配件	blouse	24760	28	3.63	17213	34	3.47	7209	35	20.54
8	服装/服饰配件	boxer	5085	5	7.43	5564	1	19.16	1148	21	24.7
9	服装/服饰配件	bra	9293	8	3.54	976	19	16.06	1763	11	25.75
10	服装/服饰配件	brief	1515	22	5.31	350	26	16.79	670	34	15.55
11	服装/服饰配件	costume	1305	39	11.5	184	49	26.35	280	50	30.3
12	服装/服饰配件	cover-ups	953	35	4.95	#N/A	#N/A	#N/A	819	39	9.9
13	服装/服饰配件	down	819	44	11.77	302	46	19.06	#N/A	#N/A	#N/A
14	服装/服饰配件	dress	45045	15	10.45	11099	38	13.01	17974	10	51.52
15	服装/服饰配件	eyeglass fram	573	41	7.58	983	15	9.21	398	29	23.54
16	服装/服饰配件	fedoras	484	50	1.58	213	31	6.4	#N/A	#N/A	#N/A
17	服装/服饰配件	glove	845	33	9.76	469	33	14.27	#N/A	#N/A	#N/A
18	服装/服饰配件	headwear	23603	4	5.65	3167	11	19.96	5731	7	36.78
19	服装/服饰配件	hoody	6154	10	9.34	1636	12	23.32	1017	41	35.11
20	服装/服饰配件	imate accesso	2095	20	1.44	480	8	4.62	276	25	12.38
21	服装/服饰配件	jacket	3159	29	7.28	1872	16	12.82	1745	8	30.75
22	服装/服饰配件	jeans	2921	27	6.74	398	30	24.73	1043	32	24.33
23	服装/服饰配件	jumpsuits	2823	19	6.77	991	5	15.45	3943	1	18.64
24	服装/服饰配件	legging	3208	24	8.53	696	21	35.72	1575	28	40.85
25	服装/服饰配件	lingerie set	957	25	10.46	#N/A	#N/A	#N/A	#N/A	#N/A	#N/A
26	服装/服饰配件	nightgown	1467	30	2.47	191	24	12.89	302	30	20.46
27	服装/服饰配件	one piece	2249	31	4.33	#N/A	#N/A	#N/A	1850	19	11.56
28	服装/服饰配件	pajamas set	614	46	4.87	#N/A	#N/A	#N/A	#N/A	#N/A	#N/A
29	服装/服饰配件	panties	12563	1	6.98	1260	14	25.36	1463	26	35.64
30	服装/服饰配件	pants	5051	21	6.77	1066	22	19.4	2607	23	22.0
31	服装/服饰配件	polo shirt	1767	32	1.55	1137	13	3.59	987	16	8.3
32	服装/服饰配件	robe	647	36	2.38	#N/A	#N/A	#N/A	#N/A	#N/A	#N/A

图 2-49 用 Excel 处理原始数据图示 6

（五）选品专家选品

首先，卖家在速卖通后台选择“选品专家”中的热销栏目，根据自己所在行业选择具体类目。之后，下载 TOP 热销属性最近 30 天原始数据的 Excel 表。在这个过程中，要将成交指数转换为数字（可全选转换），单击“转换为数字”按钮后，成交指数在之后的过程才可以使用。

将成交指数转化为数字之后，在 Excel 表中插入数据透视表，选中数值之后，建立新的工作表。

新工作表建立之后，要选择属性名、属性值、成交指数 3 个项目。选定之后，这 3 个项目将会出现在行标签内，要注意将“成交指数”拖拽到数值栏下，并将值字段设置成

"求和"方式，这样生成的数值才有意义。

以上步骤完成之后，将出现图 2-50，卖家要了解的就是这个图中的属性值。通过这个图，我们可以清晰地看出什么样的产品在平台上可以热卖，卖家可以选择具备这些属性的产品进行销售。

求和项:成交指数

属性名	属性值	汇总
⊟boxes & cases material	leather	185
	leatherette	73
	metal	74
	paper	243
	wood	54
boxes & cases material 汇总		629
⊟brand name	12 grid watch case	34
	gl	60
	imc	48
	no	19
	other	380
brand name 汇总		541
⊟case shape	irregular shape	3
	oval	12
	rectangle	366
	round	33
	square	233
case shape 汇总		647
⊟color	black	381
	brown	27
	multicolor	95
	red	34
	silver	20
color 汇总		557
⊟condition	new with tags	282
	new without tags	372
condition 汇总		654
⊟is_customized	yes	415
is_customized 汇总		415
⊟item type	watch boxes	698

图 2-50　用 Excel 处理原始数据图示 7

到这里，细心的卖家也许已经发现，这些热销产品的属性和上传产品时的属性是相对应的。如果将这些属性利用到上传产品环节，是否意味着能够增加产品的曝光量和品类排名呢？

实际上，类目搜索和成交额占总搜索和成交额的一半左右。因此，类目属性填写一定要准确，这对增加产品曝光量、提高成交量是非常有利的。另外，新手卖家要注意，主图、副图、标题、SKU 图片、属性、宝贝详情页是单品优化中至关重要的部分。

（八）直通车选品

我们在选择商品时，需要思考一下，买家想要什么样的商品，买家喜欢的商品有哪些属性参考。

这里介绍两种选品思路：流行趋势选品和数据化选品。

选品误区：我们选择推广商品时，可能会选择店铺库存商品，或者根据自己的主观意识选择商品。但结果并不是平台买家喜欢的商品。

1. 流行趋势选品策略

我们可以通过将平台上热销和热搜商品的属性，跟自己的商品进行比较，从而将有类似属性的商品挑选出来。

具体操作方式有两种：

第一种方式：可以通过卖家后台选择“数据纵横”→“选品专家”，然后选择热销（热搜），选择行业和时间段，单击需要查看的分类（这里以 stud earring 为例），进入 stud earring 销量详细分析页面，下载 TOP 热销（热搜）属性的 30 天原始数据。

第二种方式：可以通过直通车工具选品。进入直通车页面，选择“优化工具”→“选品工具”。在这里，直通车选品工具已经智能地将卖家的商品与平台上的热销、热搜以及潜力商品相对应，匹配相似的商品属性。我们只需要通过参考数据，选择自己的商品即可。

2. 数据化选品策略

电子商务最大的特点就是一切都可以通过数据化来监控和改进。相对于我们主观判断某一款商品在平台上的潜在价值，数据更能真实地反映买家对这一款商品的接受程度。因此，我们在选择商品进行重点推广之前，可以通过该商品在一段时间后的数据表现来决定其是不是潜力款。

具体操作方式有两种：

第一种方式：进入卖家后台，选择“数据纵横”→“商品分析”，可以查看店铺商品最近 7 天/最近 30 天的曝光量、浏览量、访客数、转化率等多维度数据。

第二种方式：将商品加入直通车——快捷推广，通过一段时间后的直通车“数据报告”→“商品报告”，判断哪些商品适合重点推广。

二、站外选品

站外选品指通过速卖通以外的、可利用的条件及工具去选择市场、类目或产品的选品工作，同样是为店铺运营提供支撑与依据。

站外选品分为搜索引擎分析、参考其他跨境 B2C、咨询类工具网站应用、开发线下供应商。

进行站外选品时，首先要参考其他跨境电商平台中的热销产品。其次可以利用一些第三方的网站来分析其他跨境电商平台上的热销款。最后还可以经常浏览一些国外的知名流行类网站来查看流行趋势。

（一）类似网站推荐

首先是 Best Selling。卖家可以在其中找到热销产品和每周热卖榜，可以选择不同类目进行查看。

其次是 eBay 的 Watched Item。相对来说，这个网站用起来更加方便。

最后是 www. watchcount. com，如图 2-51 所示。

图 2-51　watchcount. com 网站首页

通过这些工具，我们也可以查看某个站点下某个关键词的款式，这也会有助于我们选品。

总之，一定要明确自己的定位，找准自己的市场，在日常工作中多用心、多思考。

（二）参考小语种网站选款

我们可以在葡萄牙语购物网站或者搜索引擎里搜索这些关键词，来确定当地买家的热销款式。例如，可以在 mercado livre 里搜索 blusas femininas，然后根据搜索结果总结市场信息。

【商业案例】拥有中东 80%用户的跨境电商“浙江执御”是如何做营销的？

通过把长三角、珠三角数千家制造企业的货品卖到中东，浙江执御（以下简称“执御”）已经成为当地最知名的跨境电商企业，同时也是中国最具代表性的出海企业之一。成立于 2012 年，执御在 7 年时间里把产品从最初的时尚女装做到了消费全品类，如今的注册用户已经超过 5000 万人，覆盖中东近 80%的用户。可以说，它在中东的知名度和影响力甚至超过了亚马逊、阿里巴巴、eBay 这样一些全球性的跨境电商平台。

身处国家数量庞多、文化多样并且变幻莫测的中东市场，执御的成功在于它能够找到自己差异化的竞争力，能够扎根当地并以用户为导向去践行本地化战略。不只是在商品设计上融入本地元素，执御还在中东地区投入了大量本地化人力和资源，据了解，在其全球约 2500 名员工中，中东的本地员工就超过了 1000 人。此外，执御还在中东市场建了当地最大的单体海外仓，面积达到 20 多万平米。而在营销策略上，执御也能够以当地的用户特点和需求为依据，不断拓展营销渠道，创新营销方式。

在营销方面，执御不仅投入力度非常大，同时也能紧随时尚、与时俱进。据了解，除了线下广告推送，以及在 Google、Facebook、Twitter、YouTube 的投放，执御还在中东与上千个网红合作，不断提升在当地的品牌知名度。

营销需要大量数据的支撑，比如用户从哪里来、在哪些品类有所停留、对什么广告感兴趣、把哪些商品加进了购物车、最后购买了什么东西等，所有与用户相关的信息都是企业制定营销策略的重要依据。而随着用户体量的增加和营销渠道的拓展，加上用户需求的日趋个性化，想及时了解用户的喜好，执御除了要对营销渠道进行整合，还要能够快速灵活地调整在当地的营销方式。

为此，两年前执御基于 Oracle 营销云的 Oracle Responsys 云平台，打通了网页、APP、邮件、短信等营销渠道，并针对不同客户用户画像和点击行为，以及预设置的高颗粒度数据分析模型，实现了营销内容推广的精准化和自动化。

逐步迁移上云，打通全渠道

“过去的推广渠道无非就是电视广告、纸媒广告、户外广告，所以我们的营销策略一直是以渠道为中心，但随着数字化的发展，Facebook、Google、YouTube、Twitter、Snapchat 等各种互联网平台，以及网红效应等营销方式的兴起，越来越多的渠道正在被挖掘，与此同时，每一个用户涉及的渠道还都不只一个。对于我们来说，如果还以渠道为中心做营销，不仅营销成本大，效率也非常低。”执御 CGO（首席增长官）张波在接受记者采访时表示，“在这样的情况下，我们开始逐步调整营销策略，从以渠道为中心转变为以用户为中心。”

张波举了个例子：“比如，沙特首都利雅得 20 岁的女性和吉达（沙特其它城市）35 岁的男性，他们的互联网行为和消费需求就完全不同，因此，我们需要用不同的营销方案去触达，要在不同的时间点，利用不同的渠道进行推广，并且推送的商品也是不同的。”

但在使用 Oracle 营销云之前，由于各渠道之间割离，执御遇到过不少挑战，比如：与用户的沟通渠道和互动波次单一，用户反馈信息无法及时收集；用户数据模型颗粒度不够，引流和转化的效果不明显等。所以，对执御来说，第一步就要先打通各个渠道。

“这其实是一个相当痛苦的过程，因为不同的渠道有不同的服务商，甚至有的渠道的服务商还不只一家。同时，执御内部还有很多原来的在用系统，要把其中的数据都迁移上云，就面临着大量系统的切换或对接。无论是数据准备、技术支持还是沟通协调方面都有许多的工作需要完成。”张波坦言。

为了实现平滑过渡，执御根据业务优先级制定了逐步迁移上云的计划，先把必要的业务和应用迁移上云。张波强调，“比如，对于合同即将到期的系统就要在服务到期前优先进行系统切换和流量对接，从而保证业务的延续。而对于有些场景，我们是可以慢慢切换的，例如与电商平台的对接、大数据分析结果的对接等，我们就可以一步一步慢慢地做。这些都是深化和优化的过程。”

营销效率提升 2 倍，内容推送更精准

从前期准备到系统切换，再到系统对接和优化，执御花了数个月的时间完成了 Oracle 营销云的上线，这不仅给整体营销效率带来了近 2 倍的提升，同时，由于同一用户不需要再通过多个渠道进行多次触达，这也为市场部门节省了一大笔费用。

张波表示，通过Oracle营销云提供的自动化工具，不仅营销效率得到了提高，其人员的工作效率也有明显提升。“过去我们做一个场景，需要技术和产品方面的许多人参与，花很长的一段时间才能上线，但通过自动化的工具，我们的业务人员就可以自行做场景的配置，实现快速的上线。”

除此之外，渠道的打通也让执御的营销手段变得更加灵活。以前，通过单个渠道接触，在用户未响应的情况下，市场人员只能多次进行信息推送，这不仅造成了多余成本，也使得用户体验大打折扣。而在渠道打通之后，如果A渠道的推送没有响应，市场人员就可以选用B渠道与用户进一步交流，提高点击率、打开率和转化率。

更重要的是，执御本身就拥有着大量的历史数据，以及强大的技术团队和数据科学团队。据张波介绍，目前执御的技术人员和大数据分析人员加在一起近400人，在公司内部占了相当大的比重。因此，其本身就能完成很多数据建模、数据分析的工作，再凭借Oracle营销云平台的数据整合，执御为用户推送的内容也变得更为精准。

“比如，根据用户在APP中购买的商品品类、价格、频率等信息，我们就可以为他们打上各种标签，推荐他们更感兴趣的商品。同时，这样的一些信息对于后端的选品也很有参考价值，我们可以主动去选择一些更适合市场的商品。”张波举例说。

可以看到，执御非常看重技术投入和数据驱动。据张波透露，为此执御还在硅谷设立了研发中心，主要针对人工智能和机器学习与当地科技公司进行深入的技术合作，同时引进当地的技术人才。未来，这或将成为执御持续创新与发展的重要助力点。

资料来源：新浪财经头条至顶网　2019-10-11　经删减处理

案例思考：

浙江执御是如何进行网络营销的？其借助Oracle营销云平台在哪些方面做出了调整？

课后习题

一、单选题

1. 按照全球搜索引擎分类，Yahoo属于（　　）。

A. 目录搜索　　B. 全文搜索　　C. 模糊搜索　　D. 元搜索

2. 通过（　　），既可以找到行业链接找到客户，同时也可以从该网站了解公司的网站排名、流量、链接，明确该公司在行业内的地位。

A. www. domaintools. com

B. www. alexa. com

C. ecplaza. com

D. internationaltrader. com

3. 我们得到一个公司域名后缀bg，就可以利用它找到（　　）的机床行业公司网站，进而找到客户。

A. 德国　　B. 南非　　C. 比利时　　D. 保加利亚

4. 我们可以到国内最大的网上外贸社区（　　）请教同行或者找到公司产品的上下游客户。

A. http：//club. china. alibaba. com

B. http：//www. fobshanghai. com

C. http：//forum. globalimporter. net

D. http：//www. worldscam. com

5. 为了成功上传优质产品，需要做到产品标题、（　　）、简要描述、详细描述四重匹配。

A. 销售信息　　B. 属性　　C. 关键词　　D. 运费模板

6. SNS 营销通常选用的平台不包括（　　）。

A. Facebook　　B. QQ　　C. Linkedln　　D. Twitter

7. 以客户为中心、以需求为导向的服务营销观念与传统的营销观念相比，最大的区别在于营销的基本要素从原来的 4P 变为 4C，所以企业的重点是（　　）。

A. 生产产品　　B. 制定价格　　C. 客户需求　　D. 购买成本

8. 如下，关于回复询盘正确的是（　　）。

A. 考虑时差因素，尽量在客户上班时间给客户回复邮件

B. 考虑便捷因素，尽量在发送附件时使用图片格式的文件

C. 考虑语音因素，可以尝试使用多语言进行询盘回复

D. 考虑专业因素，可以把出现的问题、困难、结果提前说出来

9. 进行数据化选品时，数据获取的渠道主要是（　　）。

A. 跨境电商平台　　B. 第三方数据分析工具

C. 各类搜索引擎提供的数据　　D. 以上都是

10. 以下哪些数据不能帮助跨境电商卖家进行选品分析？（　　）

A. 搜索引擎指数　　B. 人口统计学数据

C. 微博热搜　　D. 当日天气

二、多选题

1. Alexa 是一家专门发布网站世界排名的网站，是跨境电子商务卖家常用的工具之一。Alexa 中国可以为用户提供哪些查询帮助？（　　）

A. 网站访问量查询　　B. 网站浏览量查询

C. 排名变化趋势数据查询　　D. Alexa 中文排名官方数据查询

2. 在建立外贸网站的同时需要注意到（　　）。

A. 审美角度　　B. 访问习惯

C. 语言翻译　　D. 提高网站转化率

3. 适合跨境电商做营销的社交平台有（　　）。

A. Facebook　　B. Twitter　　C. Pinterest　　D. YouTube

4. 以下对产品推荐有意义的数据是（　　）。

A. 用户的购买记录　　B. 用户的浏览记录
C. 产品的销售记录　　D. 用户画像

5. 跨境电商营销的功能包括（　　）。
A. 企业品牌推广　　B. 网上调研
C. 促进销售　　D. 维护客户关系

三、判断题

1. 有公司网址但没有客户邮件地址的情况下，可以点击 http：//www. domaintools. com 进行查找。（　　）

2. 以产品的上下游原料供应或生产者的上下游设备供应商寻找潜在客户，这称为通过老客户寻找客户。（　　）

3. 搜索引擎优化是一项长期的工作，只有永远的不足，而没有终止的时候。（　　）

4. 腾讯 QQ 是全球最大的国际网上社区平台，拥有将近 10 亿的用户群。（　　）

5. 社交媒体营销只是一种辅助手段，不能独立支撑起品牌的塑造和推广。（　　）

6. 二八法则是一个数学统计的概念，指数量越多，则越趋近期望值。（　　）

7. 由于时差的缘故，卖家应该在晚上的时间联系国外买家。因为这个时候买家在线的可能性最大，沟通效果最好。（　　）

8. 邮寄样品前不需要使用文字、图片和方式确认，可以直接邮寄。（　　）

9. 速卖通商铺流量来源渠道均只来自站内。（　　）

10. 进入速卖通下的“数据纵横”行业情报中的行业概况，可以了解蓝海行业的品类概况。（　　）

四、简答题

1. 在跨境电商中，优化搜索引擎，选择关键词应遵循哪些原则？
2. 如何用 Alexa 查询阿里巴巴国际站综合排名、行业排名并找出各项指标值？
3. 在网店建设中或自建客户友好网站时，需要采取哪些措施？
4. 简要说明 AIDA 营销法则的具体含义是什么？
5. 电子邮件营销的策略主要有哪些？

项目三　跨境电商支付

第一节　跨境支付概况

如今，电子商务已经突破国界，有逐渐实现全球化、国际化的趋势，由此产生的跨境电子商务和跨境第三方支付等新业务也站在了发展的节点上。因为跨境第三方支付连通并关系着整个跨境电商行业的未来，可以说跨境支付发展的一大步，因此我们有必要对其进行深入的研究。2017-2022 年中国第三方跨境支付市场规模如图 3-1 所示。近几年来，中国第三方跨境支付市场规模一直保持增长趋势。2020 年中国第三方跨境支付市场规模达 9142. 25 亿元，同比增长 33. 34%。随着跨境电商蓬勃发展，叠加 C 端消费复苏，未来第三方跨境支付市场规模将突破万亿元。预计 2022 年中国第三方跨境支付市场规模将达 12953. 42 亿元。

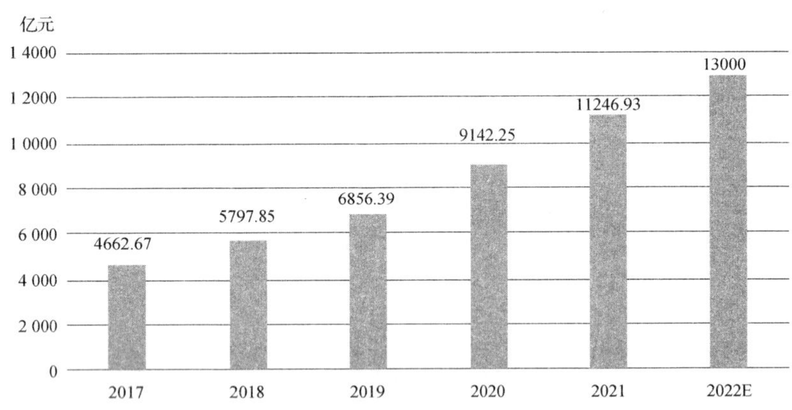

图 3-1　2017-2022 年中国第三方跨境支付市场规模

数据来源：中商产业研究院

一、跨境电子商务与跨境第三方支付发展现状

（一）跨境电子商务发展现状

跨境电子商务是一种新型贸易方式，通过电子化、网络化操作改变传统国际贸易方式，使不同地区和国家的买卖双方能够通过互联网以及相关信息平台更方便、快捷地达成

交易。

1. 业务类型

跨境电子商务的主要交易形式是企业与消费者之间的 B2C 交易，除了具有国际性的特点之外，其交易流程和基本原则和国内电子商务没有太大区别。

目前，跨境电子商务的业务类型主要有以下两种。

（1）境内消费者通过境外的网站购买需要的服务和产品：这种业务是由支付机构代用户集中向境外的商户购汇结算。由支付机构为境内用户提供的代付服务，一般被称为“境外收单业务”。

（2）境内的商户经由互联网为境外消费者提供服务和产品：境内的卖家利用国际性的电子商务信息平台与境外的买家进行商业沟通，并达成交易。这时一般由支付机构代境内卖家收汇，并且按照境内商户的结算币种，集中向其代理结汇并支付人民币，或者支付外汇。交易过程中的物流环节，一般由国际性快递公司来完成。这种由支付机构向境内卖家提供的代收服务，一般被称作“外卡支付业务”。

2. 业务规模

因为近些年国外市场需求的萎缩，传统的集装箱式大额外贸交易受到了不小的冲击，而这时以小额外贸交易为代表的跨境电子商务却发展得风生水起。与此同时，随着我国物流配送环节的不断成熟和完善、人民币的不断升值，以及跨境网购用户的逐渐增加，境内用户的境外网购交易额也在不断攀升。

电子商务通过互联网将商务活动与信息技术完美结合在一起，让商户与消费者之间能够进行更便捷、快速的沟通，从而实现内外部资源的高效整合，提高了交易效率，也降低了商业成本。如今跨境电子商务的发展，在很大程度上缩减了传统国际贸易业务流程中很多复杂的费用支出和中间环节，再加上跨境支付工具的不断发展和完善，让跨境交易变得更加方便、快捷。

（二）跨境第三方支付发展现状

在跨境电子商务和国内非金融机构支付业务发展浪潮的推动下，市场对跨境支付业务的需求越来越强烈，因此一些发展较为成熟、规模较大的跨境支付机构也就有了更好的拓展空间，如图 3-2 所示。

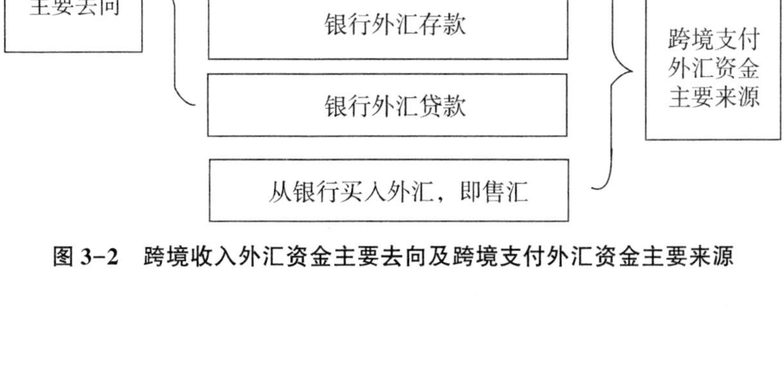

图 3-2　跨境收入外汇资金主要去向及跨境支付外汇资金主要来源

2009年，深圳的财付通与浙江的支付宝两家第三方支付企业已经获得国家外汇管理局的批准，可以开办境外收单业务。事实上，一些支付机构通过在境外设立分公司的方式也已变相拓展了外卡支付业务。

也就是说，绝大多数的跨境电子商务企业只能在境外开立账户，收取货款，再通过个人分拆结汇等方式让资金流回国内。境外支付公司对中国外贸企业的管理非常严苛，而且收费比较高，在发生纠纷时会更支持境外持卡人，这对中国的外贸企业是很不利的。因此，发展我国自有支付公司的跨境支付业务是非常有必要的。支付业务发展的一小步，将影响我国跨境电商走向国际化、全球化的一大步。

为了更好地发展跨境第三方支付，2013年9月，国家外汇管理局发放了首批17张跨境支付牌照。2014年，第二批追加发放了5张跨境支付牌照。截至2015年，共有27家第三方支付平台取得了跨境外汇支付业务资格。此外，2015年，国家外汇管理局正式发布了《关于开展支付机构跨境外汇业务试点的通知》和《支付机构跨境外汇支付业务试点指导意见》，自此跨境电子商务支付走向了法制化和规范化道路。2017年春季，又有3家第三方支付平台被批准参与跨境电子商务外汇支付业务试点，使得拥有跨境电子商务外汇支付资格的第三方支付平台数量达到30家。除了已获得跨境外汇支付业务资格的上述第三方支付平台之外，我国还有很多第三方支付平台，通过与国内外各大银行合作，开展着跨境电子商务支付服务。

（三）中国第三方支付面临的问题

近年来，中国第三方支付行业发展迅速，支付宝、易宝支付、钱宝等第三方支付公司获得跨境外汇支付业务资格，拥有跨境支付牌照，可以通过银行为小额电子商务交易双方提供跨境互联网支付中涉及的外汇资金集中收付和相关结汇服务。但是，国内第三方支付同时也面临着一些困难，进而对跨境电商卖家在交易过程中的支付与收款造成了不利影响。第三方支付通关、退税等跨境业务比较复杂，卖家收到海外买家支付的美元后不能直接在国内兑换成人民币，导致跨境电商企业资金回笼面临外汇兑换的问题。此外，目前国内对第三方支付行业的法律监管尚未完善，第三方支付面临着支付信用安全风险、跨境消费者和商户身份认证等技术风险，跨境交易资金流向监管困难等诸多问题。

二、跨境电子商务与跨境第三方支付给外汇管理带来的挑战

（一）跨境电子商务与传统国际贸易的区别

跨境电子商务作为一种新兴业务，它依托于互联网技术而存在，在物流方式、交易流程、结算方式等方面都与传统国际贸易存在很大不同。

1. 交易的虚拟性与无纸化

跨境电子商务让传统的国际贸易流程实现了数字化、电子化，无论是订购还是支付环节，都可以经由互联网完成，甚至数字化产品的交付都可以在网上完成操作。在交易过程中，运输单据、交易合同以及各种票据都是以电子形式存在的。

2. 直接面对消费者，物流一般以快递为主

虽然信息流动在互联网上可以实现高度的快捷化，不过货物的实体流动仍然摆脱不了国界的限制。进出口货物时需要通关，这个关卡对跨境电子商务而言是难以逾越的。在传统的跨境贸易中，一般都是商家与商家之间的 B2B 交易，而跨境电子商务则大多是商家与消费者之间的 B2C 交易。

因为跨境电子商务的 B2C 交易直接面对消费者，具有单价低、落地点分散、单件包裹出境、频率高等特点，所以这些需要是一般报关难以满足的。在实际的交易流程中，物流配送一般通过平邮或快递方式出入境，但只能获得物流公司的运输单据，而海关报关单等单证却无法提前取得。

(二) 第三方支付机构参与结算过程

在跨境电子商务中，境内外的买卖双方都没有在现实中见过面，而由此产生的信用缺失问题就需要通过第三方支付机构的参与来解决。

跨境电商支付流程（见图 3-3）大体如下：买家先把支付款项（人民币或者外币）支付给支付机构，支付机构在买方确认付款或经过一定时间默认付款后，通过合作银行代为购汇或结汇支付给卖方。相对于传统国际贸易中买卖双方直接通过银行进行结算的方式而言，跨境电子商务的结算需要第三方支付机构的参与，而这正是两者之间的明显差异。

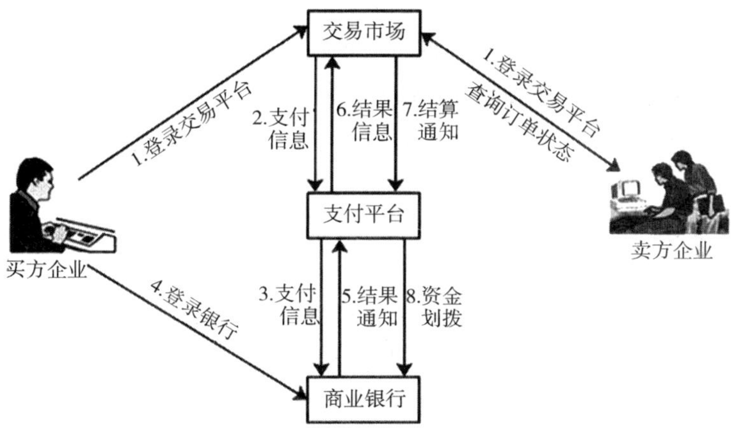

图 3-3　第三方支付机构操作流程

(三) 跨境支付给外汇管理带来的新挑战

现在的贸易外汇管理体系基本上是以传统国际贸易的业务为基础建立起来的，也就是说，并不完全适用于跨境电商。所以对外汇管理系统而言，如何更好地实现跨境支付也是一个不小的挑战。

1. 虚拟化、无纸化的交易单证审核变得困难

在跨境电子商务中，交易信息的传递都是以电子形式进行的，通过网络修改电子单证很容易，而且任何痕迹和线索都不会留下来，这样一来就让传统的单证审核彻底失去了存在的基础。另外，某些虚拟的交易产品，如网络游戏产品等，具有虚拟特性，因此很难把

握交易的真实性。

除了真实的货物交易外，跨境电子商务中的服务贸易也发展迅猛。根据现行规定，在获得相关主管部门的批件或资质证明的基础上，信息服务、计算机、无形资产等服务贸易项才能办理售付汇业务。然而，若是像传统服务贸易一样，向银行出示纸质单证，那么跨境电子商务的优势也就被削弱了，而资金流、信息流、物流相结合的便捷性和高效性也就无从体现了。

2. 缺乏与资金流相匹配的报关信息

在货物贸易外汇改革之后，贸易外汇监测系统将全面启动，通过核对企业的每一笔进出口交易与外汇收支数据，从而对企业的物流与资金流总体匹配情况定期进行评估和比对。可是，对跨境电子商务而言，其物流配送都是通过快递来进行的，这样就难以获得海关报关单等合法凭证。而对外汇监管部门而言，因为缺乏与资金流相匹配的货物流数据，工作难度也增加不少。

3. 银行难以直接开展真实性审核

在境外收单业务中，支付机构直接掌握着客户的支付指令，将指令传达给银行，银行根据支付机构的指令，把资金从客户的账户转移到人民币备付金账户，然后通过银行购汇将资金转入外汇备付金账户，最后才把资金从外汇备付金账户打进目标账户中。即使整个支付过程都是在同一家银行的系统中完成的，银行也很难掌握这些交易环节的所有因果关系，所以也很难对跨境电商交易的真实性进行审核。

（四）支付机构急需获得明确的相关外汇业务资格

首先是代理结售汇资格和主体问题。在支付机构的跨境外汇支付业务中，结售汇是非常重要的一项。但是，因为支付机构是非金融机构，依照现在的政策，并没有开展结售汇以及代理结售汇业务的资格，所以跨境第三方支付业务若想持续发展，就必须解决支付机构的资格问题。

另外，若第三方支付机构获得了资格，允许进行结售汇或代理结售汇业务，那么办理业务时是以第三方支付机构的名义，还是以客户的名义，这也是一个需要明确的问题。

其次是国际收支申报的问题。根据现行规定，国际收支要一笔一笔地申报。可是，第三方支付机构与电子商户之间一般是间隔一定的周期进行一次资金结算。如果允许支付机构集中办理收付汇，那么在一次支付包含多笔交易资金的情况下，是按照一笔申报，还是按实际交易数一笔一笔地申报，这也是一个需要明确的问题。

第二节　跨境支付发展

一、跨境电子商务与第三方支付外汇管理思路分析

跨境电子商务与跨境第三方支付呈现出来的异于传统跨境交易的新特点，确实会给外

汇管理带来很多困难和挑战。然而，跨境电商和跨境支付的发展又是势在必行的，因此，对于创新管理理念和管理模式的探索也将刻不容缓。

第三方跨境支付的发展，将会是电商国际化的一大步。它在促进跨境电商持续健康发展的同时，也可有效防范跨境资金流动风险。在第三方跨境支付领域的探索思路如下：

（一）在控制风险的同时，让跨境贸易更加便利

跨境电子商务与跨境第三方支付不仅通过网上交易和支付为进出口企业提供了很多便利，同时还能够构建起第三方支付机构的信用体系，这在很大程度上将会降低我国企业踏入国外新市场的信用风险，对我国的国际贸易会起到很好的推动作用。但是，从金融风险上来讲，跨境第三方支付从很多方面都突破了我国对外汇资金跨境流动的严格监管系统，因此会产生资金流动的新风险。对此，外汇监管部门应该在做好调查研究的基础上，在促发展与控风险之间找到一个平衡点，从而制定出可操作的、具有针对性的监管措施，为跨境第三方支付行业的健康发展保驾护航。

（二）可以先试点运营，再进行推广

在促进支付机构健康发展的基础上，为了更好地控制风险，可以先进行试点运营，然后再逐步推广，这不失为一个合理的选择。

对于一些风险控制能力较强、规模较大的支付机构，可以将其作为试点，允许开展跨境外汇互联网支付业务，为用户提供结售汇和代理收结汇服务。在此过程中，外汇管理部门应该辅助试点企业的工作，促使其建立更完善的内控制度，并且积累工作经验，为以后的试点推广计划打下良好的基础。

（三）将跨境电子商务外汇收支纳入经常项目外汇管理范畴

跨境电子商务是把传统的国际贸易流程电子化，交易的内容不外乎商品和服务这两项。因此，传统国际贸易管理的基本原则在这里也同样适用，跨境电子商务外汇收支也应该被纳入经常项目外汇管理范畴，遵循“真实性、便利性和均衡管理”原则，使交易变得合法化、透明化。

（四）通过订单流、资金流、物流的“三流合一”模式，建立全面的监管系统

跨境电子商务和跨境第三方支付管理横跨了税务、外汇管理、工商、商务、海关等许多部门的业务。针对跨境外汇资金流动的特点，外汇管理部门在制定相关监管措施的同时，既不能忽略管理中的实际工作，也要注意协调相关部门，以确保跨境电子商务和第三方支付行业的平稳、健康发展。

在具体操作方面，相关部门应该联合在一起，制定出一套合适的、可信的标准，构建一个完善的信用监管公共服务平台。当跨境电商企业将订单、支付和物流等数据上传至平台时，该平台可以对其订单流、资金流和物流“三流合一”的各项数据进行核对、认证，以确保交易的合法性、真实性。

二、第三方支付外汇管理实践探索

2014 年 2 月 18 日，中国人民银行上海总部正式宣布了一个消息：在上海自贸区，将启动支付机构跨境人民币支付业务试点。同时，快钱、银联支付、通联等 5 家支付机构将与合作银行实现对接签约。

这个举措意味着以后国内消费者经由第三方支付机构，就能直接用人民币进行“海淘”了，而国内的企业也可以直接用人民币开展跨境业务，更重要的是，这也同时意味着跨境支付领域向未来的国际化方向迈出了一大步。

（一）国内消费者不用再兑换外币也能“海淘”

如今全球最大的电子商务市场就在中国，是中国消费者支撑起了这个巨大市场，通过这个试点政策的实施，国内消费者不用再兑换外币就能“海淘”，而国外电商也将感受到中国消费者的购买力。

2014 年 2 月 18 日，消息宣布的当天，银联电子支付工作人员还在签约现场“表演”了如何通过跨境电商购买国外的红酒。通过现场演示，我们可以看到，通过银联支付完成跨境人民币支付后，消费者不必再支付除货款与运费之外的其他手续费，操作更便利，也不用再汇兑。

（二）省时省钱，为跨境交易加速

中国台湾地区的关贸网络总经理连鲲菁表示，90%的贸易流程能移到线上，节省一半以上的贸易时间，对于很多本地出口企业来说，开通人民币跨境支付是一大福音。

中国台湾地区的关贸网络目前为 8500 家供货商提供服务，商品数据库拥有 46 万种商品。与快钱合作开展跨境人民币支付业务之后，作为外管局核备结售汇的依据，关贸网络跨境电商平台将向快钱提供完整的交易电子文件。买方通过快钱支付机制付款之后，每天归集进行跨境人民币外汇支付，然后再经由关贸网络以网络交易代收代付，转入中国台湾地区卖方账户中，这个支付过程以前需要 10 天左右完成，现在只需要 3 天就可以完成了。而且对于水果之类的快销品，整个贸易时间将会更短，所以不能不说是“一大福音”。

快钱 CEO 关国光指出，这项举措让贸易信息都有了电子凭证，在加快贸易速度的同时，也让监管部门更容易实现监管，实现了一举多赢。

连鲲菁表示，在未来，除快销品之外，工业产品也有可能被纳入网上贸易的范畴。受到这项举措的影响，中国台湾地区与中国大陆之间的贸易空间也将获得发展提升。

2014 年 2 月 18 日，中国人民银行支付司副司长周金黄表示，中国人民银行将会支持上海自贸区，制定出更多符合实体经济需求的支付产品。

（三）为银行提出新的机遇和挑战

虽然第三方支付机构开展人民币跨境支付业务试点已经获得中国人民银行的批准，但是在这一业务的背后依然能看到银行的影子，银行在其中起着重要的支持作用。对银行而言，支持第三方支付机构开展跨境人民币支付，是机遇，也是挑战。

对此，中国银行上海分行行长潘岳汉说：“对商业银行来说，支持第三方机构进行跨境人民币支付，也为自身业务创新留下了空间。例如，跨境资金对投资与兑换需求将会增加，包括理财产品、债券产品和避险产品等，都有很大的创新空间。”

至于互联网金融对传统银行业务造成的冲击，潘岳汉指出：“网络化只是手段，对于银行来说，现在最重要的是回归银行本位，以更好地服务客户、服务实体经济。”

第三节 跨境支付战争

2013 年年初，外汇管理局下发《支付机构跨境电子商务外汇支付业务试点指导意见》（下文简称《指导意见》）后，支付宝、银联电子支付、通联、汇付天下、快钱、钱宝科技、东方电子支付等 17 家第三方支付机构相继获得了进行跨境电子商务外汇支付业务试点的通知，我国支付机构的跨境电商外汇支付业务正式开始了破冰之旅，这必将会对跨境电子商务、货物进出口贸易和个人涉外消费产生深远的影响。

环迅支付、快钱等数家支付机构对外透露，已经获准进行跨境电子商务外汇支付业务试点的首批 17 家第三方支付机构的试点业务主要限定在货物贸易、酒店住宿、留学教育和航空机票等领域，并且不同的支付机构限定的经营范围也不完全一致。例如，东方电子支付、易极付、钱宝科技等第三方支付机构的业务范围仅限于货物贸易，而汇付天下、快钱等则获准在出国教育、货物进出口贸易等多个领域开展跨境支付业务。

快钱支付机构的相关负责人说：“2013 年 9 月我们就得到主管部门的通知，成为首批跨境电商外汇支付业务试点成员，业务范围涉及允许试点的各方面内容。”

针对不同的支付业务类型，国家规定了不同的单笔交易金额上限。目前国家规定，试点的支付机构在为客户集中办理结售汇、收付汇业务和货物贸易时单笔交易金额上限是等值 1 万美元，留学教育、酒店和航空机票方面单笔交易金额则限定在 5 万美元。

跨境电子商务外汇支付业务试点的推行，意味着第三方支付机构的跨境支付业务进入了实质性推进的阶段。从此，当产生跨境支付交易时，国内外商户无须再到银行进行购汇和结算业务，获准试点的支付机构可以帮助商户集中批量地办理跨境结算，从而可以减少买卖双方的交易成本。

当前在国内电商支付领域，财付通、支付宝、汇付天下等公司正在激烈地厮杀，行业竞争已进入白热化阶段，所以跨境电商外汇支付必将成为各家竞相争夺的“蓝海”。

阿里巴巴集团一位内部人士表示，国内第三方支付机构由国内业务拓展到跨境业务是支付行业发展的大势所趋，对于具有国际资源而在国内市场竞争中相对弱势的支付机构来讲，更是业务升级和实现跨越式发展的大好机会。另外，对于正在全力拓展海外业务的大型外贸公司，《指导意见》也构成了很大的吸引力，或会促使它们延伸开拓支付领域。

“跨境电商外汇支付业务的推出与国家大力发展跨境电商密切相关，过去外贸企业在海关报关、出口退税、支付结算等环节手续烦琐，制约了跨境电商的快速发展。”上海万擎商务咨询有限公司 CEO 鲁振旺分析道。

跨境电子商务的货物出口一般采用邮寄、航空小包、快递等物流配送方式，报关主体是邮政或快递公司，这一部分出口没有被纳入海关货物贸易统计，阻碍了支付企业的发展，也给行业监管带来了困难。

对此，国务院在2013年8月专门下发了《关于实施支持跨境电子商务零售出口有关政策的意见》，要求商务部等部门根据电子商务出口的不同类型的经营主体，建立与之相适应的新型海关检验监管模式，鼓励支付机构和银行为跨境电子商务提供支付服务，实施适应跨境电子商务发展的税收政策，并在重庆、郑州、上海、杭州、宁波5个城市试点跨境贸易电子商务通关服务。

另外，更有吸引力的是跨境支付业务的佣金率。跨境电商外汇支付业务的佣金率通常要远远高于国内业务，一般为3%~4%，而近年来国内第三方支付市场价格战频发，电商业务的佣金率不断被压低，现在普遍低于1%。

跨境电商外汇支付业务的超高利润，正吸引着越来越多的支付公司参与到海外市场的争夺中。相关报告显示，在消费者网络购物的旺盛需求和跨境电商积极开拓全球市场的双重推动下，美国、英国、德国、中国、巴西、澳大利亚等国家之间的跨境电子商务交易规模在2018年已经增长到3070亿美元，交易商品中最活跃的品类主要有鞋类、服装、配饰、健康美容产品以及电子消费品。

国内电商平台、支付公司都在全力把握这次机会，在激烈的行业竞争中，银联、支付宝等支付大佬更具竞争优势。例如，支付宝及阿里巴巴很早就开始对海外业务进行整合，与国际卡组织、国外银行和高校、酒店等都有较为成熟的合作模式。根据统计，截至2013年6月，支付宝服务的境外购物网站已经有上千家，覆盖了32个国家和地区，开通了美元、英镑、瑞士法郎、欧元、韩元等15种货币结算。截至2019年5月，支付宝已与全球250多个金融机构建立合作，一方面为海外商家和用户提供在线收付款服务，另一方面在全球54个国家和地区为中国消费者提供境外线下支付的服务。目前支付宝在境外的线下支付业务，集合了衣食住行玩乐等各个领域的全球数十万商家，并且全球有超过80个机场，在使用支付宝进行即时退税。

2013年8月，银联与知名金融服务公司汇元通集团达成合作，在迈阿密大学、麻省理工大学、波士顿大学、康奈尔大学等300余所高校，开通了支持通过银联卡跨境网上缴纳学费的业务，这项业务正在被推广到欧洲地区。银联主要通过在境外发行学生卡、设立留学生助学金、推出跨境网上缴费服务等方式推广网络业务。2019年，银联在这方面已得到10多个国家和地区商户的支持。

快钱支付公司主要通过与海外航空公司和购物平台合作开展跨境支付业务，快钱支持通过American Express、VISA、MasterCard 、JCB等国际卡支付，在全球范围覆盖超过10亿张信用卡，能够有力地帮助跨境电商开拓海外市场。目前，快钱拥有覆盖较为广泛的支付媒介和银行合作业务。截至2012年年底，快钱已拥有198万个商业合作伙伴，注册用户为1.92亿户。支付风险管理方面，快钱与知名供应商CyberSource合作，力图设立风险“防火墙”，降低支付风险。

这些年财付通公司先后与美国运通合作，支持客户在美国梅西百货、亚马逊等近百家境外购物平台上直接消费。当前，财付通已经与包括草莓网、莎莎网等平台在内的百余家境外商户建立了合作关系，覆盖了全球20多个国家和地区。

第三方支付公司参与国际竞争，一方面要面对国内价格战、行业不规范的困扰，另一方面也将面临国际支付巨头的挑战。虽然很早以前国内支付企业就已经曲线进入了跨境支付市场，但我国有国际影响力的支付服务企业还很少。

中央财经大学教授贺强认为，事实上我国跨境电子商务的支付业务，很长一段时间以来都是被未取得国内支付业务许可证的海外支付机构垄断着，为洗钱创造了机会。所以，应该加快推进我国支付行业创新，着力创建一批具有国际竞争力的中国支付企业。

随着跨境电商外汇支付业务试点的推进，第三方支付公司有希望成为新的人民币兑换外币的结汇工具，然而其背后也存在着换汇风险，这可能需要对现有的人民币汇率管理制度作出调整。

浙江大学经济学院教授、博士生导师金雪军表示，根据现在的外汇管理制度，国内资本项目还没有完全开放，无法实现人民币的完全自由兑换。而在进出口贸易中，企业需要提供一系列详细的票据、信用单据等作为贸易凭证。

实际上，很多跨境电商的交易很难提供明确的票据，资金结汇难度比较大，因而产生了大型外贸公司代办进出口订单的业务模式。所以，虽然“海淘”具有广阔的前景，但支付公司初期的跨境电子商务支付业务的规模预期比较有限。

跨境电商外汇支付业务的“破冰”，使第三方支付平台获得了进入国际“竞技场”的入场券，但万擎咨询 CEO 鲁振旺表示，目前国内支付公司的主要业务还是限定于做境外客户在华旅游、购物、贸易等业务结算，主要满足中国跨境电商的外汇支付需求，暂时缺乏走向全球的实力。

另外，目前跨境电商外汇支付业务在电商平台与物流、网购平台对接，海关检验，报关等方面，还面临物流、资金流和信用环境等诸多挑战，需要支付公司、网购平台、银行等相关利益主体加强沟通，探索更加系统化的合作模式。

虽然国际化的道路困难重重，但中国支付机构在全球开拓跨境电子商务外汇支付业务的大幕已然开启，未来必定会产生很多具有国际竞争力的中国本土支付企业。对中国的跨境电商而言，将会有更多由本土支付公司提供的安全便捷的跨境支付方案供选择。借助本土支付公司的全球客户资源，中国跨境电商能够更好地开拓全球市场。

第四节　跨境电商支付方式

在跨境电商交易中，买家的支付方式多种多样，如银行转账、信用卡支付、借记卡支付、第三方支付等，一般均为线上支付。不同的支付方式都有各自的优缺点和适用范围。

一、国际信用卡

信用卡支付是欧美发达国家跨境电子商务最为流行的支付方式之一，主要支持国际上五个知名的信用卡品牌：VISA、MasterCard、美国运通（America Express）、吉士美卡（JCB）和大来卡（Diners Club），其中前两个使用较为广泛。跨境电子商务平台可以与 MasterCard、VISA 等国际信用卡组织合作，或直接与境外银行合作，开通接收境外银行信用卡支付的端口。

（一）MasterCard

万事达卡国际组织（MasterCard International）是全球第二大信用卡国际组织。1966

年，美国加州的一些银行成立了银行卡协会（Interbank Card Association），并于 1970 年启用 Master Charge 的名称及标志，统一了各会员银行发行的信用卡名称和设计，1978 年再次更名为 MasterCard。万事达卡国际组织拥有 MasterCard、Maestro、Mondex、Cirrus 等品牌商标。万事达卡国际组织本身并不直接发卡，MasterCard 品牌的信用卡是由参加万事达卡国际组织的金融机构会员发行的。

（二）VISA

VISA 是全球支付技术公司，运营着全球最大的零售电子支付网络，连接着全世界 200 多个国家和地区的消费者、企业、金融机构和政府，促进人们更方便地使用数字货币，代替现金或支票。VISA 的前身是 1900 年成立的美洲银行信用卡公司。

1974 年，美洲银行信用卡公司与西方国家的一些商业银行合作，成立了国际信用卡服务公司，并于 1977 年正式改为威士（VISA）国际组织，成为全球性的信用卡联合组织。威士国际组织拥有 VISA、ELECTRON、INTERLINK、PLUS 及 VISA CASH 等品牌商标。VISA 不向消费者发卡，也不向消费者提供贷款和设定持卡人的卡费及利率。客户关系属于其金融机构的网络，直接由金融机构负责管理。

（三）信用卡支付流程

VISA、MasterCard、JCB 等国际信用卡在全球的发卡量超过 20 亿张，潜在客户群体庞大，这个巨大的商机对于做外贸的商家很有吸引力。信用卡在线支付安全、快捷、方便，而且符合欧美国家的消费习惯，是广大商家必选的一种外贸收款方式。商家直接让第三方支付平台安装一个网关接口到自己的网站上面，国外买家在网站上面订购产品时可直接在线下单，在线用信用卡支付这笔订单款项，安全、快捷。

使用 VISA 或者 MasterCard 等信用卡交易的优缺点如表 3-1 所示。

表 3-1　使用 VISA 或者 MasterCard 等信用卡交易的优缺点

项目	内容
优点	迎合国外买家的消费习惯，使支付更方便
	潜在顾客多，全球拥有超过 20 亿张发卡量，几乎涉及全球所有国家
	用银行信用，银行作担保，保证买卖双方利益
	国外信用体系健全，如果顾客恶意拒付，会在银行终身留有记录，影响一生
	提现方便，只需要提供一张国内银行借记卡就可轻松提现
缺点	通道维护费用高，技术费、年费从几千元到上万元，前期投入比较大

交易条件：国外买家持有 VISA 或者 MasterCard 等信用卡，商家接入信用卡在线支付通道。交易流程如图 3-4 所示。

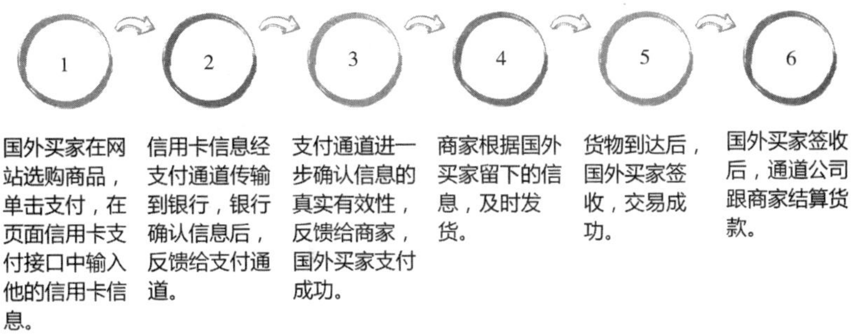

图 3-4　VISA 或者 MasterCard 信用卡交易流程

二、PayPal

PayPal 是跨境电子商务支付中最为常见的一种第三方支付方式。在线付款方便、快捷，还可以解除买家付款收不到货的担忧，国外买家的使用率占 80%以上，买家在欧美地区覆盖广，只需要一个邮箱便能注册，开户免费。

（一）PayPal 账户类型

PayPal 账户分为三种类型：个人账户、高级账户和企业账户。个人账户可以升级为高级账户后再升级为企业账户，反之，企业账户也可以降为高级或者个人账户。

不同的账户有不同的特点，卖家可以根据自身情况灵活选择，如图 3-5 所示。

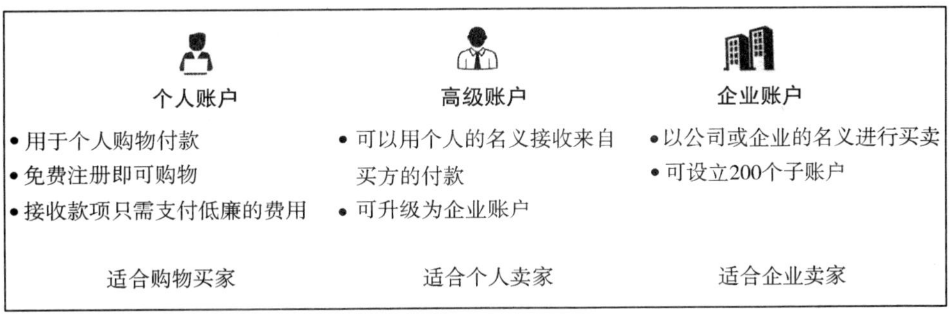

图 3-5　PayPal 账户类型及特点

（二）PayPal 与 PayPal 贝宝的区别

PayPal 和 PayPal 贝宝是两个独立运作的网站。PayPal 贝宝是由上海网付易信息技术有限公司与 PayPal 公司合作，为中国大陆市场量身定做的网络支付服务。由于中国现行的外汇管制等政策因素，PayPal 贝宝仅在中国内地地区受理人民币业务。因此，对于跨境电商卖家来说，在使用 PayPal 时有两点需要注意，如图 3-6 所示。

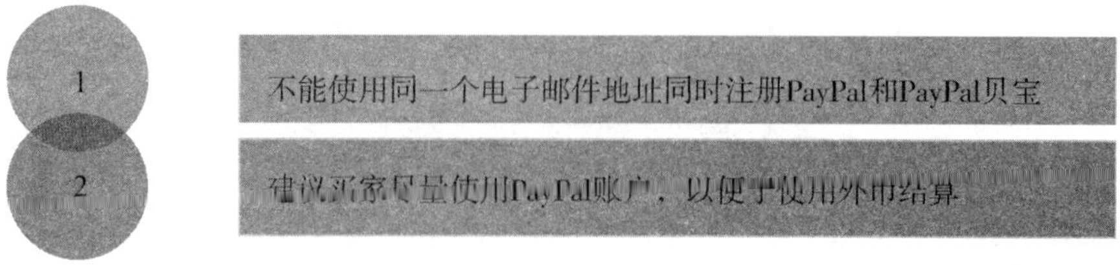

图 3-6 使用 PayPal 的注意事项

（三）PayPal 收款

PayPal 集全球流行的各种信用卡、借记卡、电子支票于一身，不采用传统的邮寄支票或汇票方式，而采用电子邮件为用户身份标志来转移资金。

当有人通过 PayPal 付款的时候，卖家会收到 PayPal 发来的提醒邮件。对于中国用户来说，第一笔收款需要到 PayPal 网站上进行手动确认接受，以便使寄来的款项记入用户的 PayPal 账户。

（四）提现方式

PayPal 支持四种提现方式：中国内地电汇提现、中国香港账户提现、支票提现和美国账户提现。其中，电汇提现和支票提现是最常用的两种方式。

1. 电汇提现

电汇提现具有速度快、安全性高的特点。中国内地用户可以选择提现至中国内地银行账户、中国香港银行账户或者美国银行账户；中国香港地区用户可以选择提现至中国香港银行账户或者美国银行账户；中国台湾地区用户可以选择提现至中国台湾银行账户或者美国银行账户。

电汇提现费用包括三个部分，如图 3-7 所示。

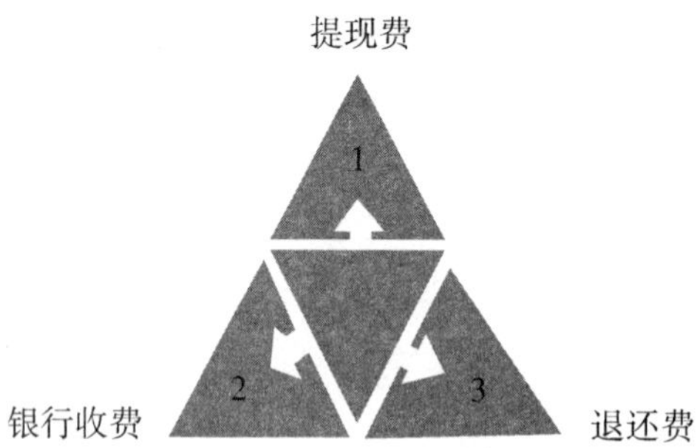

图 3-7 PayPal 电汇提现费用构成

银行收费因银行而异，如果款项到达银行，因某些原因银行拒绝入账，款项退回的话可能需要支付一定的手续费。

电汇将使用美元发出，并且将按美元扣除电汇费。在电汇汇款前，PayPal 会自动将钱款兑换为美元，且不同币种有不同的最低提现金额。

2. 支票提现

支票提现费用较低，但是等待周期长，且存在邮件在邮寄过程中丢失的风险。支票提现将使用美元签发支票。在签发支票前，PayPal 会自动将钱款兑换为美元，费用将从用户的提现金额中扣除。支票提现的费用包括提现费和退还费两部分，但是具体币种的相关费用和最低提现金额有所不同。

（五）PayPal 的优势

与其他支付方式相比，PayPal 具有以下几点优势：

1. 全球用户广

在全球拥有 22 亿用户，覆盖全球 85%的国家，可在全球 25 种主要流通货币间兑换，可实现即时收付、即时到账，并可以通过中国内地银行实现提现。

2. 品牌效应强

PayPal 在欧美拥有极高的使用率，是全球在线支付的代名词，具有强大的品牌优势，能够让卖家轻松吸引众多海外客户。

3. 资金周转快

PayPal 独有的即时收付、即时到账的特点，能够让卖家实时收到海外客户发送的款项，最短仅需 3 天，即可将账户内款项转账到中国内地的银行账户，及时高效地帮助卖家开拓海外市场。

4. 安全保障高

PayPal 拥有完善的安全保障体系、丰富的防欺诈经验，以及业界最低的风险损失率（仅 0.2790%），确保卖家交易的顺利进行。

5. 使用成本低

申请无费用，费率仅为传统方式的 1/2，可以帮助卖家降低贸易成本，提高资金利润率。

三、国际支付宝

国际支付宝（Escrow）是由阿里巴巴与支付宝联合开发的第三方支付担保服务，全称为“Escrow Service”。

（一）国际支付宝的服务模式

国际支付宝的服务模式与国内支付宝类似，如图 3-8 所示。在交易过程中，先由买家将货款打到第三方担保平台的国际支付宝账户中，然后第三方担保平台通知卖家发货，买家收到商品后确认，货款放于卖家，至此完成一笔网络交易。

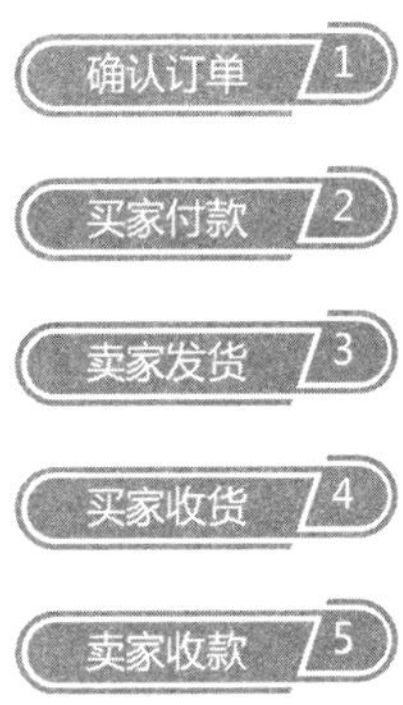

图 3-8　国际支付宝的服务模式

（二）国际支付宝的支付方式

国际支付宝目前支持买家美元支付，卖家可以选择美元和人民币两种收款方式。国际支付宝支持多种支付方式：信用卡、电汇（T/T）银行汇款、Moneybookers、借记卡，如表 3-2 所示。

表 3-2　买家支付方式

买家支付方式	备注
信用卡支付	买家可以使用 VISA 及 MasterCard 信用卡对订单进行支付，如果买家使用此方式由信用卡支付行支付，订单完成后，平台会将订单款项按照买家付款当天的汇率结算成人民币支付给卖家
电汇（T/T）银行汇款支付	国际贸易主流支付方式，大额交易更方便。如果买家使用此方式支付，其中会有一定的汇款转账手续费用，收到的金额可能会有一定的出入。此外，银行提现也需要一定的提现费用
Moneybookers 支付	欧洲也是速卖通的主要市场，Moneybookers 是一个欧洲的电子钱包公司（类似于 PayPal），而且集成了 50 多种支付方式，是欧洲一个主流的支付服务商
借记卡支付	国际通行的借记卡外表与信用卡一样，并于右下角印有国际支付卡机构的标志。它通用于所有接受信用卡的销售点。唯一的区别是：当使用借记卡时，用户没有信用额度，只能用账户里的余额支付

（三）国际支付宝支持的产品交易类型以及产品运输方式

目前，国际支付宝支持部分产品的小额批发、样品、小单、试单交易，只要卖家的产品满足图 3-9 所示的条件即可通过国际支付宝进行交易。

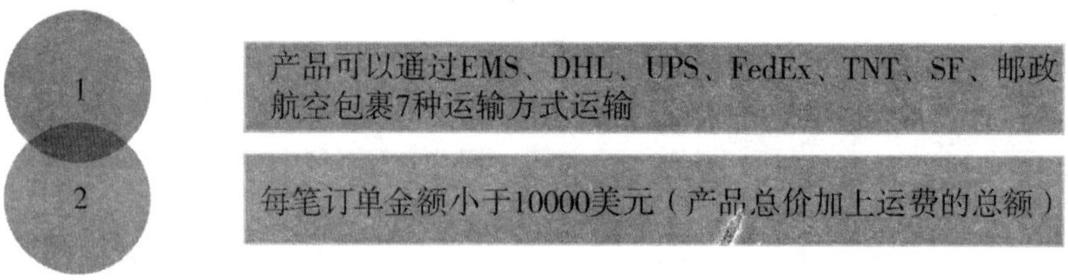

图 3-9　国际支付宝支持的产品

目前，国际支付宝支持 EMS、DHL、UPS、FedEx、TNT、SF、邮政航空包裹这 7 种国际运输方式，只要能够通过这 7 种运输方式发货的产品，都可以使用国际支付宝进行交易，暂时不支持海运。

（四）国际支付宝与国内支付宝的区别

国际支付宝的第三方担保服务是由阿里巴巴国际站同国内支付宝联合提供的。全球速卖通平台只是在买家端将国内支付宝改名为国际支付宝。在卖家端，全球速卖通平台依然沿用国际支付宝一词，只是国际支付宝相应的英文变成了“Escrow”。

在使用上，只要卖家有国内支付宝账户，无须再另外申请国际支付宝（Escrow）账户。登录到“My Alibaba”后台（中国供应商会员）或“我的速卖通”后台（普通会员），卖家可以绑定国内支付宝账户来收取货款。

（五）国际支付宝与 PayPal 的区别

国际支付宝与 PayPal 的区别如表 3-3 所示。

表 3-3 国际支付宝与 PayPal 的对比

对比项目	PayPal	国际支付宝
通用币种	具有全球性，通用货币有美元、加元、英镑、欧元、日元、澳大利亚元等，不收人民币	只能用人民币结算
买家或卖家保障	偏向于保护卖家，一旦买家付款，款项就能马上到卖家账户上	偏向于保护买家，只有买家单击“已收到货物”后款项才会到卖家账户，以此抑制卖家的欺诈行为
会员设置	会员有不同的等级，根据等级享受不同的利益保障	会员没有等级划分
账户保护	账户投诉率过高会被永久性关闭	一般不会被轻易关闭账户
提现费用	账户上的资金在中国可以电汇到银行，但需要支付手续费	不收取转账手续费

（六）使用国际支付宝的优势

与其他支付方式相比，国际支付宝具有以下几点优势：

1. 支持多种支付方式

目前，国际支付宝支持的支付方式有信用卡、T/T 银行汇款、Moneybookers、借记卡。后续将会有更多的支付方式接入进来。

2. 有安全保障

国际支付宝是一种第三方支付担保服务，而不是一种支付工具。对于卖家而言，它的风控体系可以保护卖家在交易中免受信用卡盗卡的风险，而且只有当国际支付宝收到了买家的货款，才会通知卖家发货，这样可以避免买家在交易中使用其他支付方式导致的交易欺诈。

3. 方便快捷

使用国际支付宝收款无须预存任何款项，速卖通会员只需绑定国内支付宝账户和美元银行账户就可以分别进行人民币和美元的收款。

国际支付宝提现无须申请，买家确认收货，物流妥投后，国际支付宝将直接把款项汇到用户的国内支付宝账户或绑定的银行账户中。

4. 品牌优势

背靠阿里巴巴和支付宝两大品牌，具有巨大的海外潜力。

四、Payoneer

Payoneer 是一家总部位于纽约的在线支付公司，主要业务是帮助其合作伙伴将资金下发到全球，其同时也为全球客户提供美国银行、欧洲银行收款账户用于接收欧美电商平台和企业的贸易款项。Payoneer 有三大优势，如图 3-10 所示。

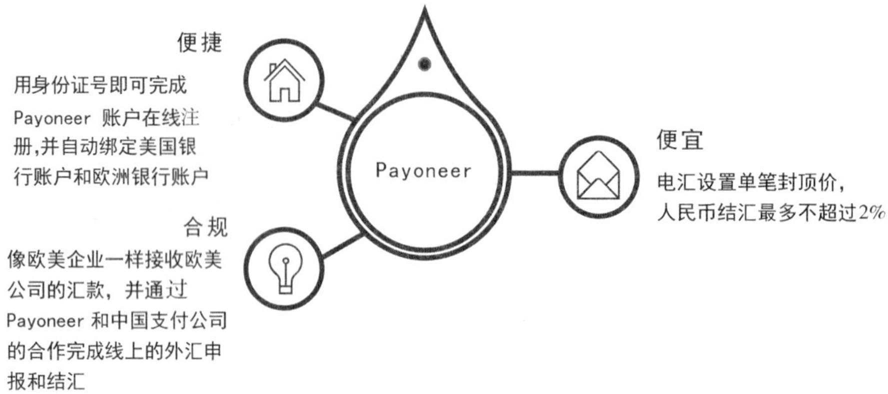

图 3-10 Payoneer 的优势

Payoneer 适用于单笔资金额度小或者客户群分布广的跨境电商网站或卖家。

五、银行电汇

电汇是汇款人将一定款项交存汇款银行，汇款银行通过电报或电传指示目的地的分行或代理行（汇入行）向收款人支付一定金额的一种汇款方式。跨境电汇是汇款人通过所在地的银行将所汇款以电报、电传的形式划转境内各指定外汇银行，同时由境内银行通知收款人就近存取款项。目前是一种应用较为广泛的结算方式，电汇的特点如表 3-4 所示。

表 3-4 电汇的特点

项目	内容
费用	各自承担所在地的银行费用。买家银行会收取一笔手续费，由买家承担；卖家公司的银行有的也会收取一笔手续费，由卖家来承担。根据银行的实际费率计算
优点	1. 收款迅速，几分钟到账 2. 先付款后发货，保证商家利益不受损失
缺点	1. 先付款后发货，容易使国外买家产生不信任 2. 客户群体小，限制了商家的交易量；数额比较大的，手续费高
适用范围	电汇是传统的 B2B 付款模式，适合大额的交易付款

六、专业汇款公司

（一）西联汇款

“西联汇款”是西联国际汇款公司的简称，是世界领先的特快汇款公司，可以在全球大多数国家的西联代理所在地汇出和提款。西联汇款的手续费由买家承担，需要买卖双方到当地银行实地操作。在卖家未领取款项前，买家随时可以将支付出来的资金撤销回去。

西联汇款的特点如表 3-5 所示。

表 3-5　西联汇款的特点

项目	内容
费用	手续费由买家承担；需要买卖双方到当地银行实地操作；在卖家未领取钱款时，买家可以将支付的资金撤销回去
优点	1. 手续费由买家承担 2. 对于卖家来说最划算，可先提钱再发货，安全性好 3. 到账速度快
缺点	1. 由于对买家来说风险极高，因此买家不易接受 2. 买家和卖家需要去西联线下柜台操作 3. 手续费较高
适用范围	10000 美元以下的小额支付

（二）速汇金

速汇金汇款是 Money Gram 公司推出的一种快捷、简单、可靠及方便的国际汇款方式。该公司在全球 150 个国家和地区拥有总数超过 5000 个的代理网点，收款人凭汇款人提供的编号即可收款。速汇金汇款的特点如表 3-6 所示。

表 3-6　速汇金汇款的特点

项目	内容
费用	境外转账费用相对较低，单笔速汇金最高汇款金额不得超过 10000 美元（不含），每天每个汇款人的速汇金累计汇出最高限额为 20000 美元（不含）
优点	1. 速汇金汇款在汇出后十几分钟即可到达收款人手中 2. 在一定的汇款金额内，汇款的费用相对较低，无中间行费，无电报费 3. 手续简单，汇款人无须选择复杂的汇款路径，收款人无须预先开立银行账户，即可实现资金划转
缺点	1. 汇款人及收款人均必须为个人 2. 必须为境外汇款 3. 进行境外汇款必须符合国家外汇管理局对于个人外汇汇款的相关规定 4. 客户如持现钞账户汇款，还需交纳一定的现钞变汇的手续费，国内目前有工行、交行、中信银行三家银行代理了速汇金收付款服务

（三）Cashpay

Cashpay 是一种安全、快速、费率合理的跨境支付方式，符合 PCI DSS（Payment Card Industry Data Security Standard）规范，是一种多渠道集成的支付网关。Cashpay 的特点如表 3-8 所示。

表 3-8　Cashpay 的特点

项目	内容
费用	费率为 2.5%，无开户费及使用费；无提现手续费及附加费
优点	1. 加快偿付速度（2~3 天），结算快 2. 支持商城购物车通道集成 3. 提供更多支付网关的选择，支持你喜欢的币种提现 4. 有专门的风险控制防欺诈系统 Cashshield，并且一旦出现欺诈 100%赔付 5. 降低退款率，专注客户盈利，资料数据更安全
缺点	国内知名度不高

（四）Moneybookers

Moneybookers 是一家极具竞争力的网络电子银行，诞生于 2002 年 4 月，是英国伦敦 Gatcombe Park 风险投资公司的子公司之一。Moneybookers 电子银行里的外汇可以转到我们国内的银行账户里。Moneybookers 的特点如表 3-9 所示。

表 3-9　Moneybookers 的特点

项目	内容
费用	从银行上载资金免费，从信用卡上载资金，费率为 3%；发钱（向别人转账），费率为 1%；到银行取钱，固定费用 1.80 美元；通过支票取钱，手续费为固定费用 3.50 美元
优点	1. 安全，因为是以 E-Mail 为支付标识，付款人不再需要暴露信用卡等个人信息 2. 客户必须激活认证才可以进行交易 3. 用户只需要收款人的电子邮箱地址就可以发钱给他 4. 可以通过网络实时进行收付费
缺点	1. 不允许客户有多个账户，一个客户只能注册一个账户 2. 目前不支持未成年人注册，需年满 18 岁才可以注册
安全性	登录时以变形的数字作为登录手续，以防止自动化登录程序对你的账户进行攻击；只支持高安全的 128 位加密的行业标准

七、中国香港离岸公司银行账户

卖家通过在中国香港地区开设离岸银行账户，接收海外买家的汇款，再从中国香港账户汇往中国内地账户。中国香港离岸公司银行账户结汇款的特点如表 3-11 所示。

表 3-11　中国香港离岸公司银行账户结汇款的特点

项目	内容
优点	1. 接收电汇无额度限制，不需要像内地银行一样受 50000 美元的年汇额度限制 2. 不同货币之间可随意自由兑换
缺点	1. 中国香港银行账户的钱还需要转到中国内地账户，较为麻烦 2. 部分客户选择地下钱庄的方式，有资金风险和法律风险
适用范围	传统外贸及跨境电商都适用，适合已有一定交易规模的卖家

八、其他支付平台

（一）ClickandBuy

ClickandBuy 是独立的第三方支付公司。客户收到 ClickandBuy 的汇款确认后，在 3~4 个工作日内汇美元到客户的账户中。每次最低 100 美元，每天最多 10000 美元。如果客户选择通过 ClickandBuy 汇款，则可以通过 ClickandBuy 提款。经纪商保留选择通过 ClickandBuy 退款的权利。

（二）Paysafecard

Paysafecard 是欧洲比较流行的预付卡支付方式，用户可以在超过 4000 家的在线商店使用 Paysafecard 支付，因此可以说它是全球范围的一种支付方式了。Paysafecard 主要用于购买虚拟类产品，比如游戏充值、Skype 充值等。国内很多销售到欧美的游戏币交易网站已经支持 Paysafecard 支付。

对于没有信用卡或者银行账户的国内用户来说，如果想要把游戏币或者游戏装备卖给国外买家，Paysafecard 是一个不可或缺的支付方式。用户可以在线下或线上商店购买 Paysafecard，购买后会得到 16 位的 PIN 码。支付时用户只需要输入这个 16 位的 PIN 码即可。Paysafecard 的面值一般在 10 欧元到 100 欧元之间。对于大额交易用户，可以使用多张卡组合，但最高不超过 1000 欧元。

（三）WebMoney

WebMoney 是由成立于 1998 年的 WebMoney Transfer Technology 公司开发的一种在线电子商务支付系统。WebMoney 是俄罗斯最主流的电子支付方式，在俄罗斯各大银行均可自主充值取款。

（四）CashU

CashU 自 2002 年起隶属于阿拉伯门户网站 Maktoob（Yahoo 于 2009 年完成对 Maktoob 的收购），主要用于支付在线游戏、VoIP（Voice over Internet Protocol）技术、电信、IT 服务和外汇交易。CashU 允许你使用任何货币进行支付，但该账户将始终以美元显示你的资金。CashU 现已为中东和独联体国家广大网民所使用，是中东和北非地区使用最广泛的电子支付方式之一。

（五）LiqPay

LiqPay 是一个小额支付系统，对最低金额和支付交易的数量没有限制并立即执行。要进行付款时，LiqPay 使用客户的移动电话号码作为其标识。一次性付款不超过 2500 美元，你可以在一天内尽可能多地进行交易。账户是以美元进行存款的，所以如果你存另一种货币，将根据 LiqPay 的内部汇率折算成美元。

（六）QIWI Wallet

QIWI Wallet 是俄罗斯最大的第三方支付工具，其服务类似于支付宝。QIWI Wallet 电子支付系统于 2007 年年底在俄罗斯推出。该系统使客户能够快速、方便地在线支付水电费、手机话费、网上购物、银行贷款等。

（七）NETeller

NETeller（在线支付或电子钱包）是在线支付解决方案的领头羊。它可免费开通，全世界有数以百万计的会员选择 NETeller 进行网上转账服务。你可以把它理解成一种电子钱包，或者一种支付工具。

跨境支付方式有两种主要类型。一是网上支付，包括电子账户支付和国际信用卡支付，适用于零售小金额；二是银行的汇款方式，适用于大金额。跨境电商支付方式的选择需要考虑很多问题，不同的支付方式都有各自的优缺点和适用范围，卖家应该从中选择最适合自己的方式。

目前，信用卡和 PayPal 被较为广泛地使用，其他支付方式也可以作为收款的辅助手段，尤其 WebMoney、Qiwi wallet 和 CashU 对于俄罗斯、中东和北非等地区的贸易发挥着不可或缺作用。而在北美，信用卡是较为常用的支付方式；在欧洲则是本地支付方式更受欢迎；在日本则主要是以信用卡和手机付款；在中国香港、澳门和台湾地区，最习惯的支付方式还是 Visa 和 MasterCard，以及使用 PayPal 电子账户支付款项。

第五节　跨境支付账户设置——以速卖通为例

速卖通平台支持多样化的支付方式，卖家只需设置双币收款账户即可接受所有买家的支付方式。

一、卖家收款账户的类型

国际支付宝目前仅支持买家用美元支付，卖家可以选择美元和人民币两种收款方式。根据买家所选支付方式的不同，卖家收款时也会出现不同的收款情况，如图 3-11 所示。

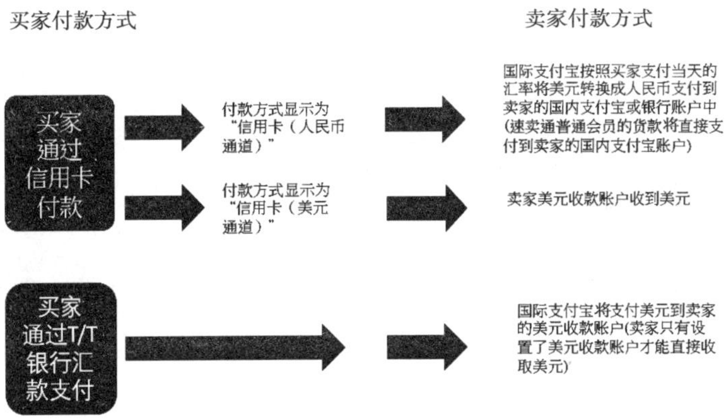

图 3-11　卖家收款方式

二、注册和激活国际支付宝账户

我们可以使用 E-Mail 地址或者手机号码来注册支付宝账户。支付宝账户注册和激活支付宝账户的具体操作方法如下：

登录支付宝网站（https://www.alipay.com），支付宝账户分为个人和商家两种类型，可以根据自己的需要选择账户类型。公司类型的支付宝账户一定要有公司银行账户与之匹配。在此单击“我是个人用户”按钮，如图 3-12 所示。

图 3-12　支付宝网站首页

在打开的页面中单击“立即注册”按钮，如图 3-13 所示。

图 3-13　单击“立即注册”按钮

进入支付宝注册页面，单击页面下方的“使用邮箱注册”超链接，如图 3-14 所示。

图 3-14　单击“使用邮箱注册”超链接

在电子邮箱文本框中输入邮箱地址，然后拖动验证码进行验证，单击“下一步”按钮，如图 3-15 所示。

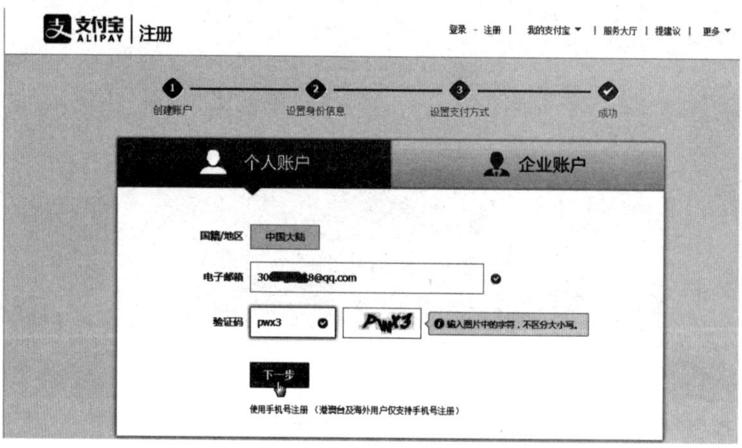

图 3-15　填写邮箱信息

在弹出的验证手机对话框中输入手机号码和校验码，单击“下一步”按钮，如图3-16所示。

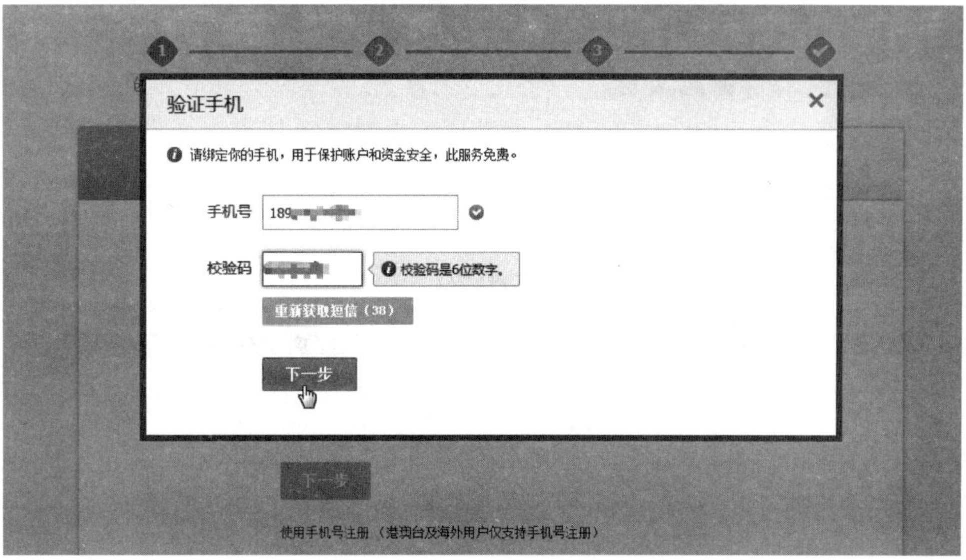

图 3-16　填写验证信息

此时，页面显示验证邮件已发送到指定邮箱，如图3-17所示。

图 3-17　发送验证信息

登录邮箱，打开验证邮件，单击“继续注册”按钮，如图3-18所示。

图 3-18　验证后继续注册

在打开的页面中设置登录密码、支付密码和身份信息，完成后单击“确定”按钮，如图 3-19 所示。

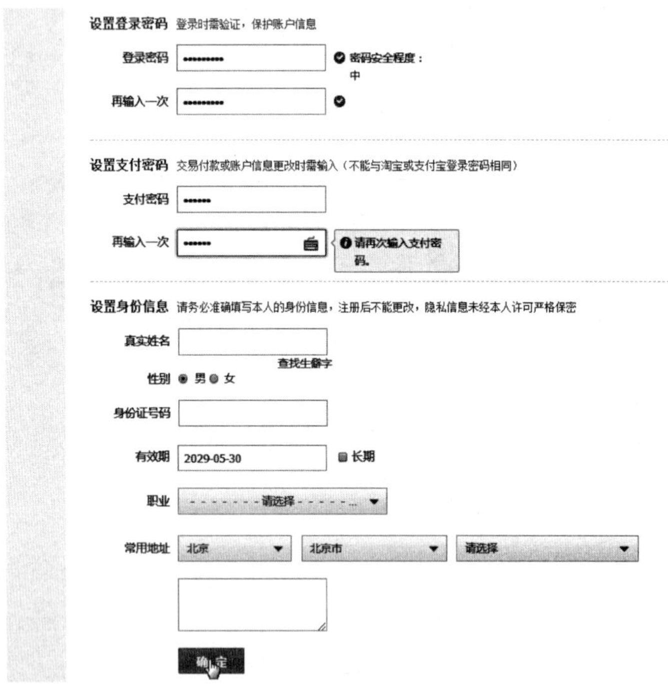

图 3-19　设置相关信息

在打开的页面中设置支付方式、输入银行卡卡号，然后单击“同意协议并确定”按钮，如图 3-20 所示。

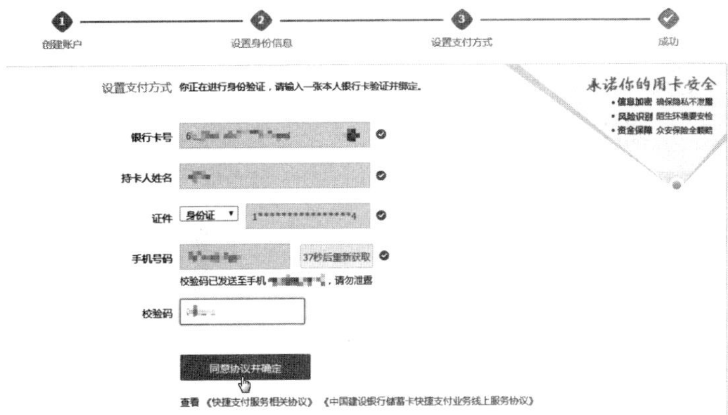

图 3-20　设置支付方式信息

此时支付宝账户注册成功，补全支付宝账户基本信息就可以进行付款、充值的操作了，如图 3-21 所示。

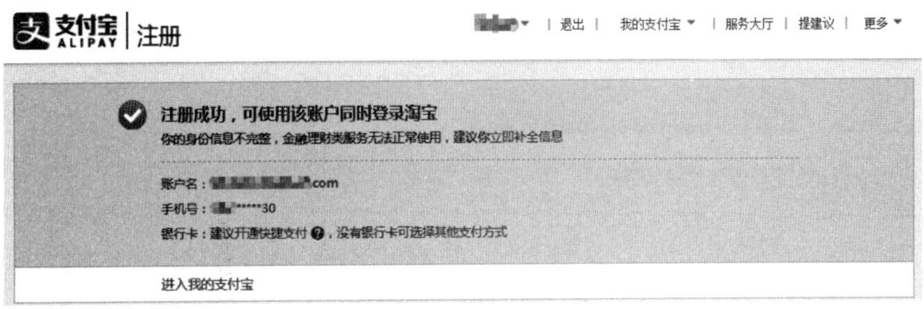

图 3-21　注册成功

三、创建、绑定国际支付宝收款账户

支付宝账户激活后可以用来创建收款账户，具体操作流程如下：

登录“我的速卖通”后台操作页面，选择“交易”→“资金账户管理”→“支付宝国际账户”选项，如图 3-22 所示。

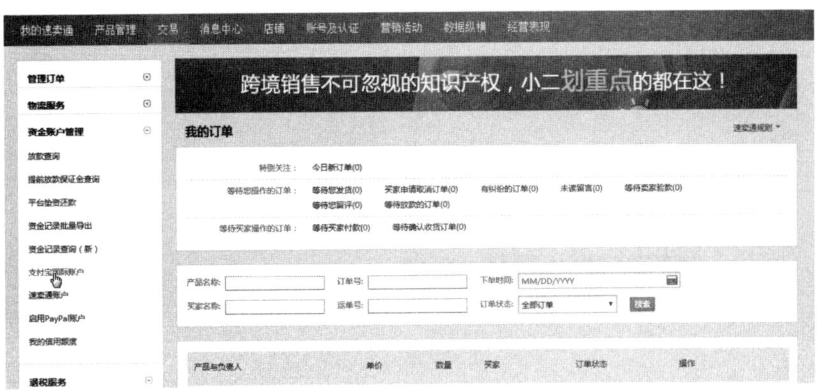

图 3-22　进入“我的速卖通”后台

进入 Alipay（支付宝）首页，在文本框中输入手机收到的验证码，单击“下一步”按钮，如图 3-23 所示。

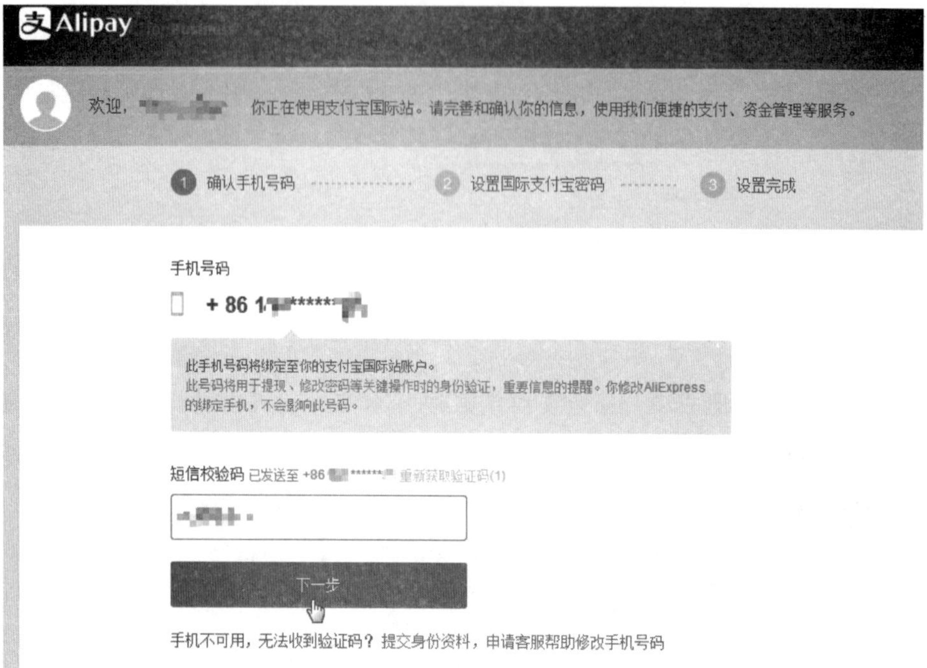

图 3-23 身份验证

在打开的页面中输入密码，单击“确认”按钮，如图 3-24 所示。

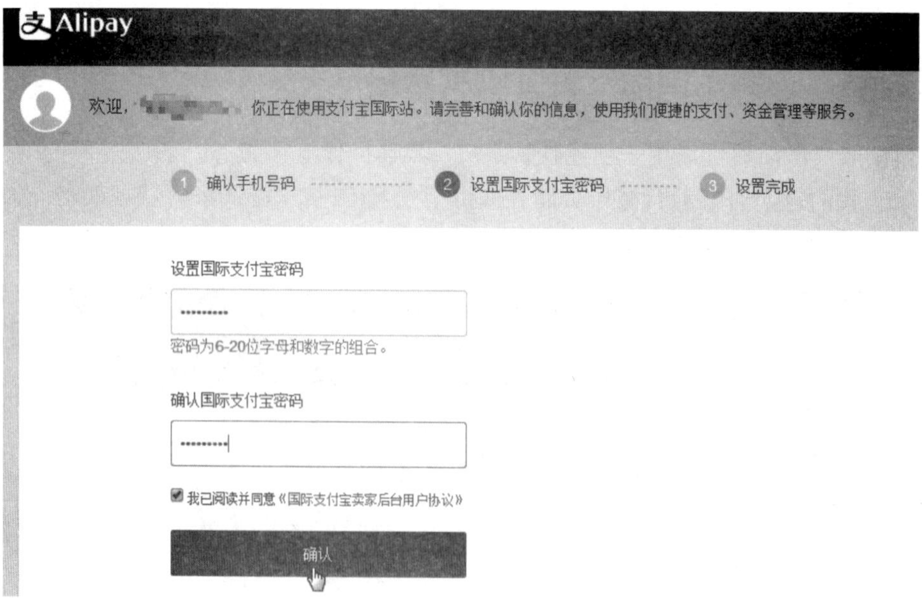

图 3-24 设置支付宝密码

此时，页面提示密码已经创建成功，单击“Back to Homepage”（返回首页）按钮，如图 3-25 所示。

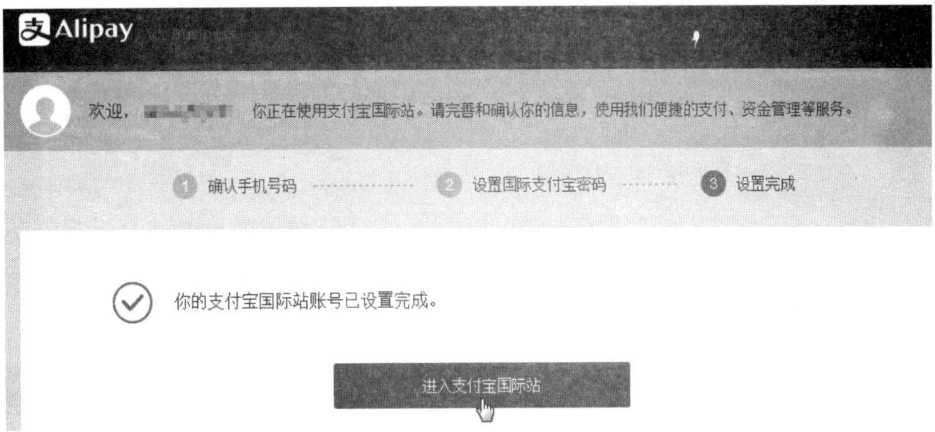

图 3-25　密码创建成功

进入资产管理页面，选择提现账户标签，单击“人民币提现账户”下的“添加支付宝账户”超链接，如图 3-26 所示。

图 3-26　添加支付宝账户

在打开的页面中输入账户名、密码、验证码，单击“登录”按钮，如图 3-27 所示。

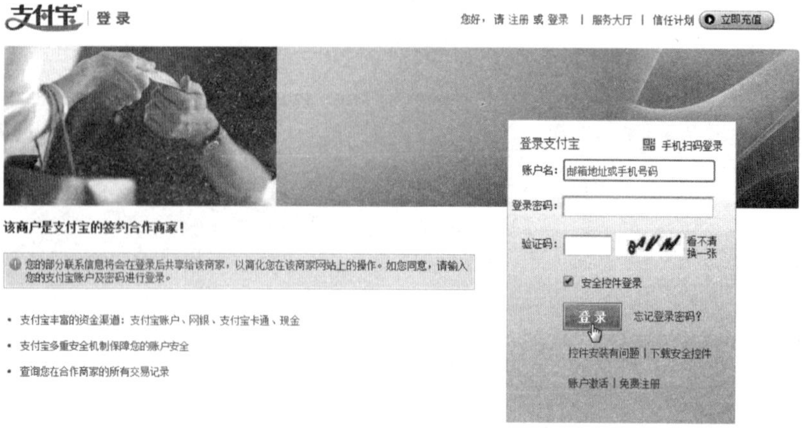

图 3-27　单击“登录”按钮

进入支付宝登录页面，显示检测到已登录的账户，单击“进入支付宝”按钮，如图 3-28 所示。

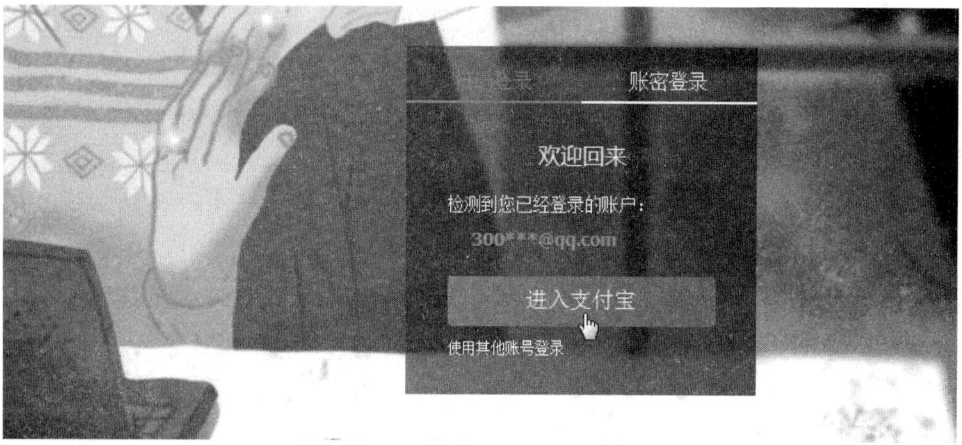

图 3-28　登录支付宝

此时，页面提示提现账户已经添加成功，你以后的新订单款项都会进入到支付宝账户中。单击“返回账户首页”超链接即可。

四、查询银行识别代码（SWIFT Code）

SWIFT Code 其实就是 ISO 9362，也叫作“SWIFT-BIC”“BIC code”“SWIFT ID”，由计算机可以自动判读的 8 位或者 11 位英文字母或者阿拉伯数字组成，用于在 SWIFT 电文中明确地区分金融交易中相关的不同金融机构。

SWIFT Code 的 11 位数字或者字母可以拆分为银行代码、国家代码、地区代码和分行代码四个部分，如图 3-29 所示。

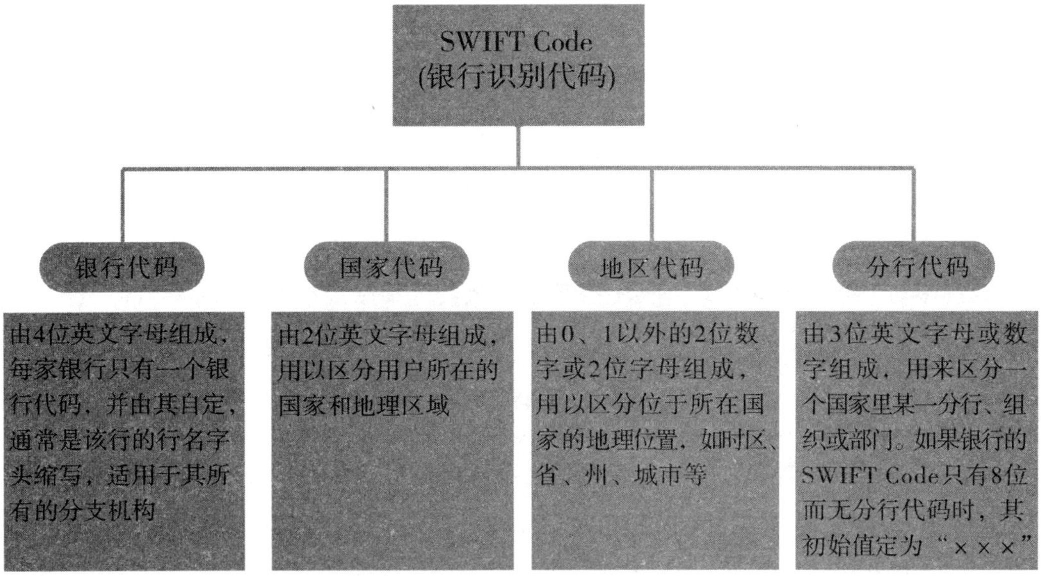

图 3-29　SWIFT Code 的构成

以中国银行上海分行为例，其银行识别代码为“BKCHCNBJ300”，其含义如图 3-30 所示。

图 3-30　银行识别代码含义

查询 SWIFT Code 的方法有两种：电话查询和国际网站查询。

1. 电话查询

可以通过拨打各个银行的服务电话，询问想要查询的该行 SWIFT Code。各大银行的服务电话如表 3-12 所示。

表 3-12　国内各大银行的服务电话

银行	服务电话
中国银行	95566
中国工商银行	95588
中国农业银行	95599
中国建设银行	95533
中国交通银行	95559

续表

银行	服务电话
招商银行	95555
民生银行	95568
华夏银行	95577

2. 国际网站查询

通过 SWIFT 国际网站可以查询中国某个城市具体某家银行的 SWIFT Code。首先，需要知道某家银行的统一代码。国内可转账的银行统一代码如表 3-13 所示。

表 3-13　国内可转账的银行统一代码

银行	银行统一代码
中国银行	BKCHCNBJ
中国工商银行	ICBKCNBJ
中国农业银行	ABOCCNBJ
中国建设银行	PCBCCNBJ
中国交通银行	COMMCN
招商银行	CMBCCNBS
民生银行	MSBCCNBS
华夏银行	HXBKCN
工行国际借记卡	ICBKCNBJCC

以中国建设银行深圳分行为例，通过 SWIFT 国际网站查询该银行的 SWIFT Code 的具体操作方法如下：

登录 SWIFT 国际网站首页（https://www.swift.com），在“Business Identifier Code（BIC）Directory”（BIC 目录）板块单击放大镜按钮，如图 3-31 所示。

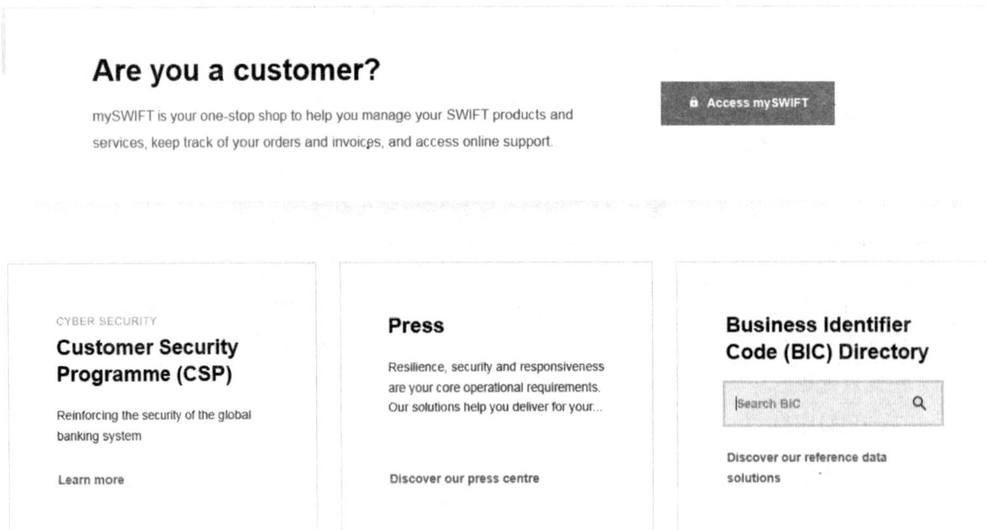

图 3-31　swift.com 网站首页

根据页面提示输入要查询的银行信息，在“BIC or institution name”中输入中国建设银行的统一代码：PCBCCNBJ；“City”中输入要查询的城市拼音：shenzhen；“Country”选择CHINA；“Challenge response”中输入验证码，然后单击“Search”（搜索）按钮，如图3-32所示。

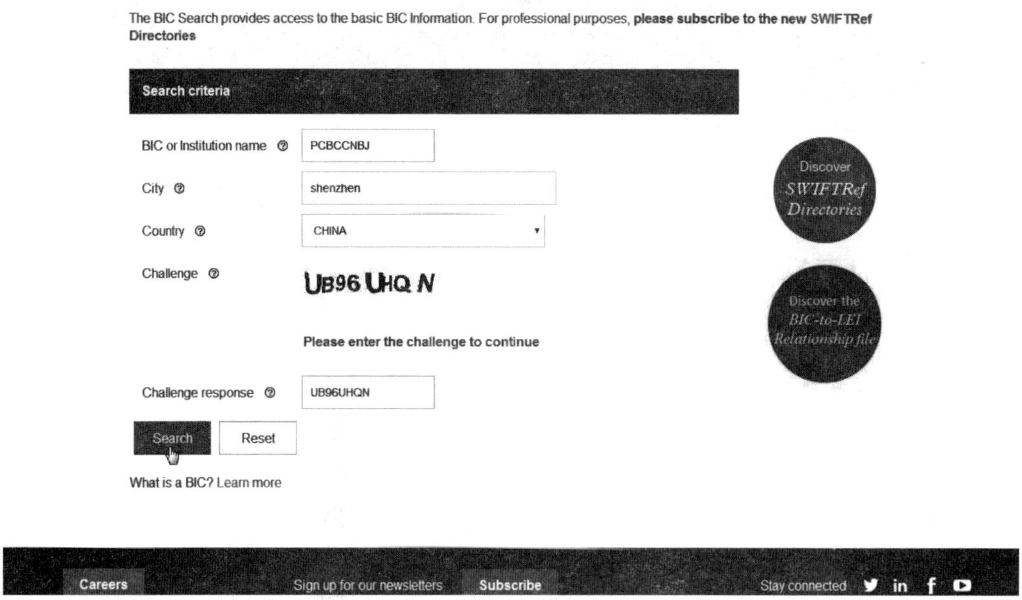

图 3-32　设置银行信息

在系统显示的搜索结果中就可以看到所要查询的银行的SWIFT Code了，如图3-33所示。

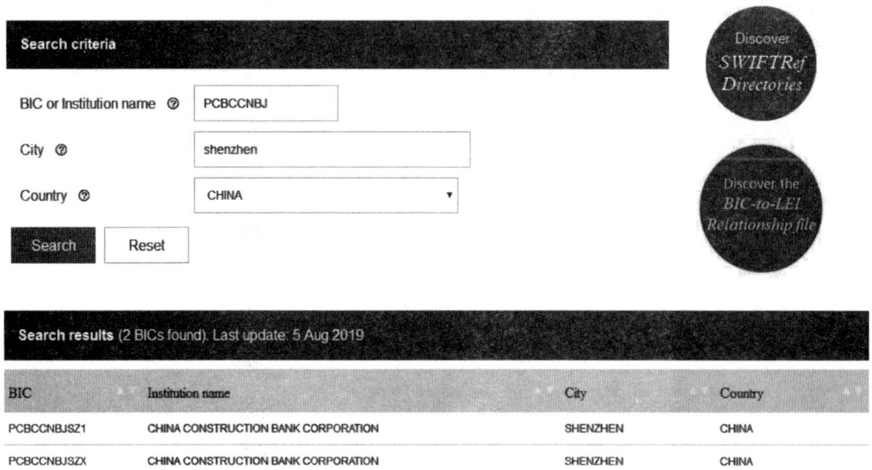

图 3-33　查询结果

五、支付宝账户认证

下面以个人支付宝账户为例，详细介绍实名认证的操作方法。

登录支付宝，单击首页上方的“未认证”→“立即认证”超链接，如图 3-34 所示。

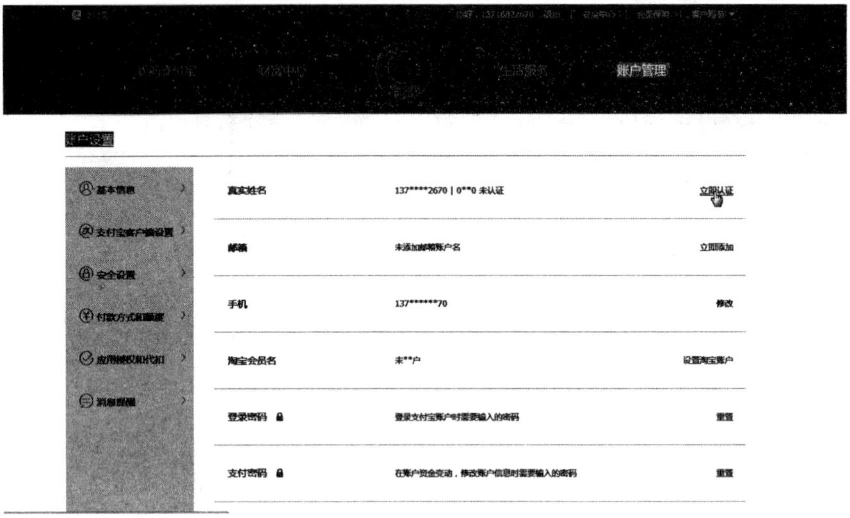

图 3-34　登录支付宝

进入“实名认证”页面，单击“立即验证”按钮，如图 3-35 所示。

图 3-35　单击“立即验证”按钮

在弹出的页面中确认身份信息，单击“下一步”按钮，如图 3-36 所示。

图 3-36　确认身份信息

此时，实名验证成功，用户还可以查看自己名下的所有账户信息。

六、创建美元收款账户

为了规避信用卡支付存在的拒付风险，全球速卖通为卖家开设了外币收款账户功能，主要用于买家收取用 T/T 银行汇款、信用卡（美元通道）等方式支付的美元。美元收款账户一旦创建，只能修改不能删除。

美元提现银行账户可以是任意的国内银行美元账户，卖家最多可以同时绑定 3 个美元账户，设置操作方法如下：

登录到“我的速卖通”后台操作页面，选择“交易”→“资金账户管理”→“支付宝国际账户”选项，如图 3-37 所示。

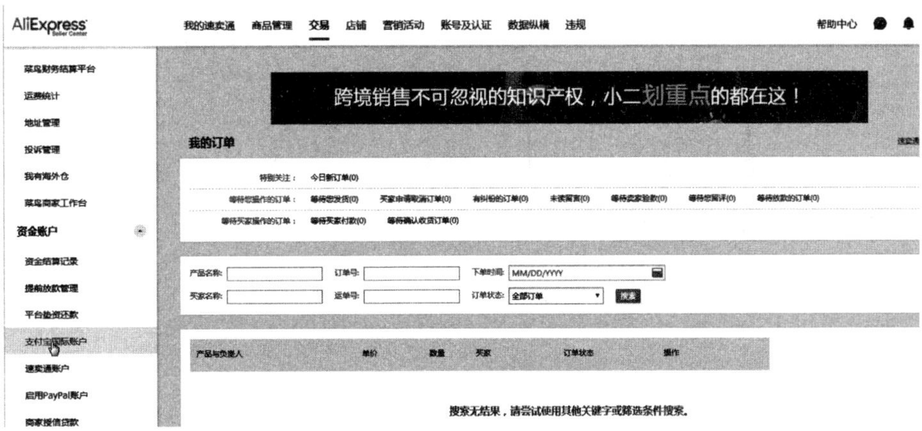

图 3-37　登录“我的速卖通”后台页面

打开“我的账户”页面，单击美元账户信息下方的“提现”超链接，如图 3-38 所示。

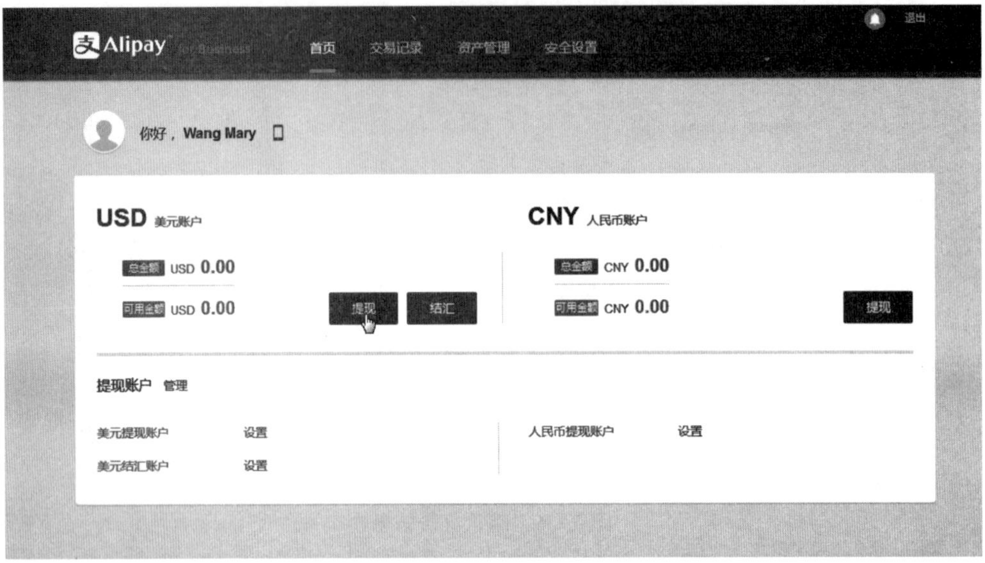

图 3-38　单击“提现”超链接

在打开的页面中选择“个人账户”或“企业账户”，然后输入美元账户资料，如账户、SWIFT Code 等信息，单击“下一步”按钮即可，如图 3-39 所示。

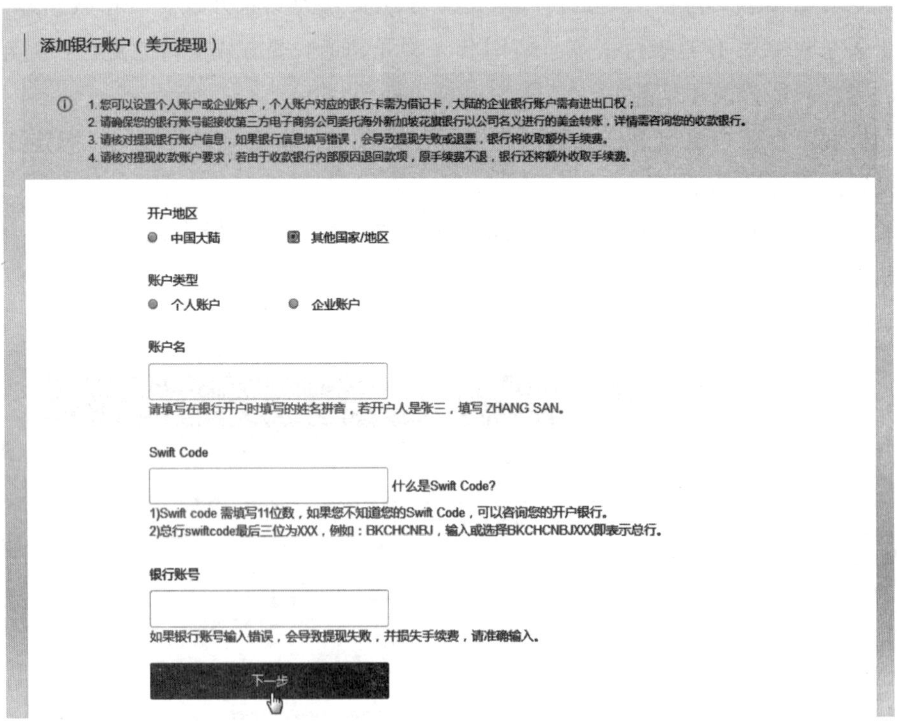

图 3-39　设置信息

七、交易服务收费标准

速卖通把各个行业划分为 8 大经营范围，每个经营范围分设不同经营大类，每个速卖通店铺只准选取一个经营范围进行经营，并可在该经营范围下跨经营大类经营，只要产品类目在同一经营范围内，店铺卖家可以发布多个类目的产品。除此之外，速卖通还设立了新的考核规则，在各经营大类下的二级或三级类目分别设定“服务指标”，包括“类目 30 天货不对版纠纷率”及“类目 30 天 DSR（Detail Seller Rating）商品描述平均分”，从而进行考核。若考核不达标，则关闭相应类目的经营权限。

1. 速卖通技术服务费年费及交易佣金

当速卖通卖家申请入驻经营大类时，需按不同的经营大类分别缴纳年费。同一经营大类下，年费只缴纳一份，年费金额以经营大类为参照，分为 10000 元和 30000 元两档。值得注意的是，“共享类”（Special Category）产品并不单独实施招商准入；直邮卖家获准加入任一经营大类的，即可获得“共享类”商品发布权限。

缴纳年费后，能经营到年底的卖家才有机会获取年费返还。速卖通将在年底根据卖家的年销售额及持续经营时间来返还卖家部分或全部年费。例如，手机整机类目的年费是 30000 元，卖家若要获取 50%的年费返还，卖家的年销售额要达到 40000~50000 美元；若要获取 100%的年费返还，销售额则需达到 90000 美元。而针对实际经营未满一年或中途退出经营的，且不存在任何违约及违规情况的卖家，速卖通将根据其实际入驻时间（按月计算）来重新计算应缴年费，并退还未提供服务期间的年费。

此外，速卖通会实时划扣交易佣金，即商家在速卖通经营需要按照其订单销售额的一定百分比缴纳佣金。各产品类目的交易佣金标准不同，部分类目为订单金额的 8%，部分类目为订单金额的 5%。各类目对应的年费标准及交易佣金比例可查询官网（https://sell.aliexpress.com/zh/_pc/AL8s1DVTRI.htm）。

2. 支付宝手续费标准

国际支付宝只在交易完成后对卖家收取手续费，买家不需支付费用。国际支付宝服务对卖家的每笔订单收取 3%（中国供应商会员）或 5%（普通会员）的手续费。

第六节　离岸公司与离岸账户

一、离岸公司的注册

离岸公司就是泛指在离岸法区内依据其离岸公司法规范成立的有限责任公司或股份有限公司。当地政府对这类公司不收取任何税收，只收取少量的年度管理费。同时，所有的国际大银行都承认这类公司，为其设立银行账户及为其财务运作提供方便。它们具有高度的保密性、减免税务负担、无外汇管制三大特点。

(一) 注册中国香港公司的优势

近年来，在中国香港地区注册公司越来越受到广大企业的青睐，这是因为注册中国香港公司可以拥有诸多优势，主要表现在以下几点：

1. 可以自由选择公司名称

在中国香港注册公司，公司的名称中允许出现地区性和行业性质的字眼，例如北京、浙江、中国香港、学院、出版社、协会、集团、控股、实业、发展、投资、财务、联谊会、科技、医疗、基金、促进会等。

2. 经营范围限制极少

在合法范围内，中国香港有限公司可以经营任何业务，如服饰、家具、珠宝首饰、电子科技、财务、医药、船务运输、进出口贸易、房地产、建筑、装饰装潢、信息网络、旅游、学院、文化出版、协会、研究所以及其他的高科技产业，可以说公司经营的范围限制非常少。

3. 处于低税环境，有利于公司发展

中国香港的税率低、税种少，国际上有许多机构利用中国香港的税务优势达到合理避税的目的。在中国香港成立公司，一般只需要缴两种税：一种是一次性的注册资本厘印税，税率是千分之一，这种税是按公司的实际注册资本来厘定的；另一种是利得税，税率为 17.5%，这种税是根据公司的实际盈利（纯利）来计算的，企业不盈利，不缴税。除了烟酒或特殊商品之外，中国香港不收取进出口税。

4. 注册资金少且无须验资

中国香港政府要求最低注册资本是 1000 港元，你可以根据实际情况提高注册资本，到位资金不限，不需要把资金汇到香港银行，为我们成立国际集团、公司奠定了基础。

5. 允许空壳公司存在

中国香港公司允许无业务的空壳公司存在。

6. 有限责任

中国香港有限公司为一个合法及独立个体，你与你的有限公司在法律上是完全无关的，你亦不需要为有限公司负任何责任。

(二) 注册中国香港公司的弊端

成立中国香港公司也存在一定的弊端，主要表现在以下几个方面：

1. 不能处理人民币业务

中国香港公司是在中国香港成立的，属于离岸公司，受中国香港公司法约束，所以所有中国香港公司都不能处理人民币业务。虽然现在的国家政策有意实行人民币结算试点，但是具体政策并未出台。无论是在中国香港开设本地银行账户还是在内地开设离岸账户，都不能够接收人民币。

2. 不能开发票

中国香港公司并不是万能的，注册中国香港公司后如果做国际贸易则比较合适，但是如果从事国内销售则并不合适，因为中国香港公司是不能开发票的。

3. 增加成本

中国香港公司成立后每年是需要年审年报的，此环节会产生几千元的年审费用，对于外贸公司来说成本会相应增加一些。

4. 在中国内地没有经营权利

中国香港公司不能在中国内地租用写字楼挂牌经营，中国内地的工商部门是不承认中国香港公司注册证书的，因为公司不是在中国内地注册，在中国内地没有任何经营权利。

(三) 注册中国香港公司的流程

注册中国香港公司的流程如图 3-40 所示。

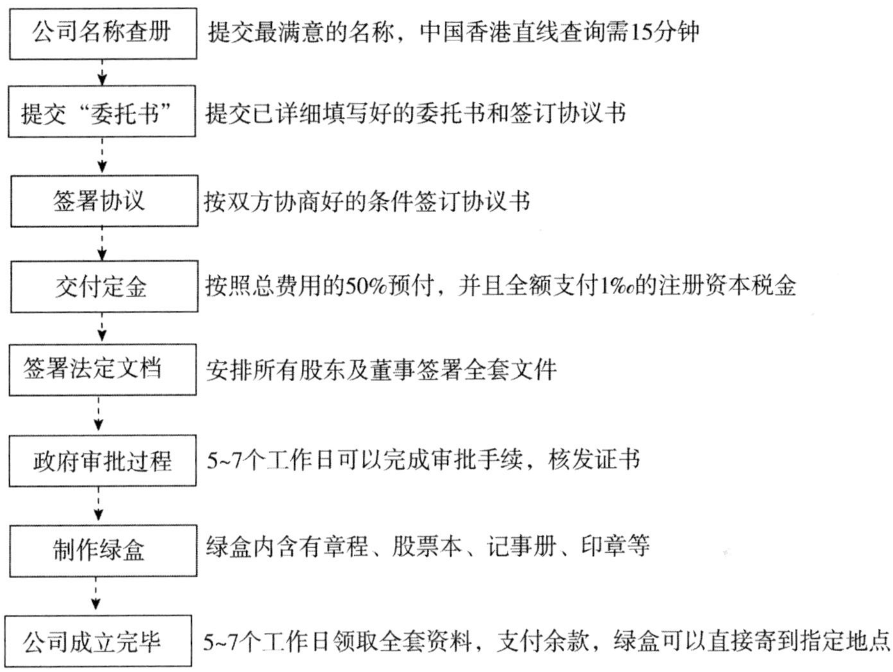

图 3-40　注册中国香港公司的流程

二、离岸账户的收汇与结汇

随着交流的日益频繁，越来越多的中国内资银行包括深圳发展银行、广东发展银行、招商银行、上海浦东发展银行、中信实业银行都开设了离岸账户的业务，但很多客户根本不了解所谓的离岸账户。

(一) 开设离岸账户的好处与优势

离岸账户在金融学上指存款人在其居住国家以外开设的银行账户。在内资银行开设离岸账户可以获得诸多好处，如图 3-41 所示。

图 3-41　在内资银行开设离岸账户的好处

在内资银行开设的离岸账户具有三个优势，如图 3-42 所示。

图 3-42　在内资银行开设离岸账户的优势

但是，需要注意的是，内资银行开设的离岸账户无人民币业务，无现金业务，也不能直接存现、提现。用汇要通过先转账后提现的方式完成，且每人每年最多只能提现 50000 美元。此外，各内资银行对离岸账户会收取数额不等的离岸账户管理费。例如，深圳发展银行对季度日均存款余额小于 5000 美元（或等值其他货币）的离岸账户，收费标准为一个季度或一个账户 5 美元。

（二）中国香港本地账户与离岸账户的区别

中国香港本地账户与离岸账户有一定的相似之处，如两者从操作上来讲，都比较方便。因为银行都有多种服务系统，如电话银行、传真银行、网上银行等。两者都可以将账户上的款项汇给世界各地的个人或者公司。但是中国香港本地账户与离岸账户在开户证件、功能、开户速度、收费、监管等方面也存在着区别，具体如表 3-14 所示。

表 3-14　中国香港本地账户与离岸账户的区别

对比项目	中国香港本地账户	离岸账户
开户证件	要求开户人一定要有护照或通行证	可以接受内地身份证持有者来开户

续表

对比项目	中国香港本地账户	离岸账户
功能	功能齐全，可以收汇、转账、T/T、L/C（信用证）存取自由	在一些功能上受到限制，可以收汇、转账、T/T、L/C，缺点就是现在不可以在内地提现、存现、存支票了。如果要取现，可以转到个人账户，国内个人账户取现也有限制，一个身份证一年只结汇 50000 美元。当然，也可以转到一些可以收取外币的公司账户
开户速度	开户速度较快	开户速度较慢
收费	中国香港恒信泰富账户较离岸账户手续费低些，而且开户时没有最低存款额的要求	很多银行都有最低存款额的要求，如果未能达到，每月需缴纳 30~40 美元的账户管理费，此要求不同的银行有所不同
取现方式	可以直接到银行提取现金，也可以发指令给银行，将款项打到个人外币账户，就可以在当地进行取现，无须亲临香港	一般不能直接提现，也是采取和中国香港本地账户一样的间接取现的方法，将款项打到个人账户，然后通过个人账户取现
监管	中国香港恒信泰富账户资金进出不受管制，香港银行受香港金融管理局监管	离岸账户是在中国境内外的外资银行开立的账户，理应受到中国金融管理机构的监管
政策长远性	较之离岸账户有优势，因为中国香港没有外汇管制	目前来看离岸账户对外贸人士来说是不错的选择，但也应考虑政策变动的因素

（三）如何防止离岸账户被降权、冻结和关闭

为了加强对离岸账户的管控，防止洗钱和资本外流逃税、避税，各大银行对离岸账户的开通审核越来越严格，一些商家已经开通的离岸账户纷纷遇到了降权、冻结甚至被关闭的问题，有的银行已经开始清退原来已经开户的账户和公司。关于离岸账户降权、冻结和关闭的问题，目前各大银行都没有一个明确的标准。那么，应该如何避免自己的离岸账户被降权、冻结和关闭？以下五点注意事项需要重视。

1. 账户拥有真实的背景，交易合规

离岸账户与境内有关联的公司最好有正常的贸易发生和款项往来。如果只是单纯地开设了一个离岸公司和账户，没有实际关联的公司和交易，却有大额的外汇往来，此时就需要向银行说明情况，否则该离岸账户很容易被银行认为违规，进而被冻结、关闭。

2. 避免和高风险国家发生贸易往来

被制裁的国家或经济、政治不稳定的国家（或地区）往往无法直接汇出外汇，通常是通过第三国或离岸账户进行汇款，而这些款项的流动很难说明来源和用途，其中存在着极大的风险。因此，尽量避免同被制裁的国家或经济、政治不稳定的国家（或地区）发生

交易。

3. 尽量减少与个人发生交易

政策对离岸账户向个人汇款的限制越来越严格，因此，在现在的条件下与个人产生交易很容易对离岸账户的稳定性造成不利影响，进而面临更加严格的审查，如要向银行进行收入说明、雇佣说明等。

4. 不要长时间不发生业务

所谓长时间不发生业务主要是指两种情况：一是开通账户后很少使用，甚至是没用过，这样很容易被银行关闭。二是开通的账户很少有业务发生，或者是没有业务发生，这样也很容易被清理。

5. 不参加来历不明的资金交易

有的商家在开通离岸账户后会用自己的账户帮其他人或公司转账，如果你不清楚这笔资金的来源和用途，建议不要这样做。因为一旦这笔资金出现问题，你的账户和你本人也将会受到牵连。

【商业案例】护航出海最后一公里，跨境支付迎机遇

近年来，以 Lazada、Shopee 为代表的电商平台正在东南亚等新兴市场迅速崛起，但相伴而生的是，跨境支付、交易结算等问题成为企业出海的“痛点”。如何打通跨境电商的最后一公里，实现新兴市场在线支付环节的畅通无阻？不少企业亦从中嗅到了新商机。

解决跨境支付痛点

中国跨境电商的迅猛发展也为支付企业带来了商机。博通咨询金融行业资深分析师王蓬博表示，“从数据来看，我国跨境贸易特别是出口近年来增速很快，整个市场呈现蓝海状态，空间尚未饱和，这也给了相关支付和增值服务商们很多机会。”

这其中尤以东南亚市场表现最为亮眼。过去 5 年间，东南亚一直是全球电子商务增长最快的地区之一。相关数据显示，2021 年东南亚电商规模已经超 1200 亿美元，同比增长 62%。更重要的是，疫情期间，东南亚当地传统的刷卡、支票、现金的支付方式都受到了挑战，线上化、电子化支付方式被更多居民和企业接受。在政策支持下，东南亚的数字化转型推动了数字支付的潜力释放。

据 2021 年东南亚互联网经济报告显示，现在 90% 的商家接受数字支付，认为数字金融服务是保证业务得以发展的重要因素。同时，与疫情前相比，东南亚消费者的电子钱包使用量增长 45%，在线支付正逐步成为新的生活方式。

东南亚这一新兴市场正成为越来越多企业的着眼点，但与机会相伴而生的跨境支付问题也成为困扰企业的一大“痛点”。

王蓬博表示，有调研显示，跨境电商企业最在意的因素依然是跨境收款能否及时到账和费率成本的高低。此外，国外电商平台政策收紧带来的合规性问题、金融市场波动剧烈导致的汇率波动问题等，也都是跨境贸易企业最关心也最亟须解决的问题。

可以看到的是，跨境电商支付业务的环节链条长而复杂，足以容纳不少资质、资源各有侧重的支付机构加入其中。但与此同时，跨境电商支付企业需要面对的挑战也更多。

支付方案服务商 PayerMax 相关负责人表示，首先，东南亚作为新兴市场，其各国的监管政策和合规要求都在不断更新和调整，想打通支付环节，需要花费精力去应对各国法务、合规、风控等问题；其次，目前东南亚银行服务的普及率仍都不高，消费者对于金融机构还缺乏信任，移动支付的推广并不容易。

“目前 PayerMax 正重点发力新兴市场。为解决资金风险、文化差异、合规安全等跨境支付的痛点，我们组建了专业的本地化团队，不断研发相关技术，简化交易流程，力求为全球企业提供流畅、高效、安全的一站式跨境支付体验。”上述 PayerMax 相关负责人表示。

提高支付风险控制

在发展跨境电商的过程中，资金跨境是企业都要面临的实际问题。在海外市场，一直存在资金跨境门槛高、外汇波动强，以及潜在的资金损失风险大等直接关系企业利益的问题。

亿邦智库首席分析师樊飞就表示，根据调研有超九成的跨境卖家认为汇率波动对公司的财务是有影响的，其中超四成的跨境卖家表示影响很大。此外，跨境卖家在选择收款工具的时候不仅要考虑手续费的问题，还要考虑提现的难度、周期、时效、专业度、增值服务、本地化的服务是不是有落地的平台，有无落地的服务等。

业内人士认为，跨境支付普遍面临的痛点在于高汇损和高手续费，而在东南亚，分散的市场特征使得跨境支付在这个地区变得更加艰难。

以印尼为例，当地有便利店渠道、40 多个电子钱包以及 100 多家银行，支付渠道极为混杂，很多商家需要逐一去对接，而且支付行业在东南亚各国都有比较强的监管要求，并且，合规化和本地化要求也给企业带来很多挑战。

PayerMax 相关负责人表示，为构建一个便捷、可靠、安全的支付环境，PayerMax 提供了全球跨境收付款、订阅支付、商户账户管理、多场景接入等服务，一次对接就可获得全球支付方案。并且，PayerMax 内部的外汇风险管理解决方案团队与多家全球银行和金融市场数据服务提供商合作，提供 7×24 小时实时汇率服务。

值得一提的是，PayerMax 还持有多项海外支付牌照，获得 PCI-DSS 认证，拥有金融级别风控体系，保障每一笔资金安全，全面防范交易风险。据了解，目前 PayerMax 已支持全球 350 多种支付方式，30 余个币种，业务覆盖 50 余个国家、20 余种语言，涵盖东南亚、南亚、韩国、中东、拉美、欧洲等主流海外市场，可以满足全球用户多样化的支付需求。

上述相关负责人表示，未来，企业将持续深耕东南亚跨境支付市场，打通企业跨境支付的最后一道关卡。在推动全球化战略实施和支付基础设施建设的同时，为全球企业提供真正契合需求且安全便捷的全球化在线支付服务。

资料来源：百家号中国商务新闻网　2022-07-12　作者：刘旭颖　经删减处理

案例思考：

东南亚市场的跨境支付行业面临着怎样的机遇和挑战？PayerMax 的支付方案有什么

特点？

课后习题

一、单选题

1. 以下跨境支付结算理解不正确的是（　　）。

A. 是两个或两个以上国家或地区之间债权债务的清算

B. 要实现资金跨国和跨地区转移的行为

C. 需要借助一定的结算工具和支付系统进行清算

D. 不同的交易对象和交易内容所适用的支付与结算方式基本相同

2. 2015年1月，国家外汇管理局正式发布《支付机构跨境外汇支付业务指导意见》（以下简称《指导意见》）。在全国范围内开展支付机构跨境外汇支付业务试点。《指导意见》将单笔交易金额提升至（　　）美元。

A. 2万　　B. 3万　　C. 4万　　D. 5万

3. 我国跨境电商的支付机构影响力最强的是（　　）。

A. 银联　　B. 第三方支付机构

C. 银行　　D. 人民币跨境支付系统

4. （　　）是欧美最流行的跨境支付方式，用户人群非常庞大；但接入方式麻烦、需预存保证金、收费高昂、付款额度偏小。

A. 国际信用卡收款　　B. MoneyGram

C. Paypal　　D. 西联汇款

5. 在几种主要的小额国际在线支付工具中，（　　）只需要收款人的电子邮箱地址就可以汇款给对方，避免了复杂的银行电汇形式和收发支票的麻烦。

A. Paypal　　B. Escrow

C. Moneygram　　D. Moneybookers

6. 在PayPal账户中，适用于在线购物或在线销售的个人商户是（　　）。

A. 个人账户　　B. 高级账户　　C. 企业账户　　D. 以上都是

7. 在使用国际支付宝进行交易时，每笔订单金额要小于（　　）美元，包括运费。

A. 5000　　B. 10000　　C. 15000　　D. 20000

8. Escrow Service与Paypal不同之处在于其收款流程为（　　）。

A. 确认订单–买家付款–卖家收款–卖家发货–买家收货

B. 确认订单–卖家发货–买家付款–卖家收款–买家收货

C. 确认订单–卖家发货–买家收货–买家付款–卖家收款

D. 确认订单–买家付款–卖家发货–买家收货–卖家收款

9. （　　）是俄罗斯最大的第三方支付工具，其服务类似于支付宝。该系统使客户能够快速，方便的在线支付水电费，手机话费，上网，网上购物采购，银行贷款。

A. CashU　　B. Qiwi wallet　　C. MoneyGram　　D. Payoneer

10. 下面不属于线下支付工具的是（　　）。

A. WebMoney　　B. MoneyGram

C. Western Union　　D. 香港离岸账户

二、多选题

1. 按支付币种分跨境支付与结算可分为（　　）。

A. 人民币结算　　B. 外汇结算

C. 消费者本人支付　　D. 委托第三方支付

2. 第三方支付的优点有（　　）。

A. 增强用户的交易保障

B. 支付操作更加简单且易于接受

C. 帮助商家降低运营成本

D. 节省了为大量中小企业提供网关接口的开发和维护费用

3. 目前国际上的五大信用卡品牌 VISA，MasterCard，American Express，JCB，Diners club，其中哪两个品牌为大家广泛使用？（　　）

A. VISA　　B. MasterCard

C. American Express　　D. JCB

4. 使用国际支付宝的优势在于（　　）。

A. 多种支付方式　　B. 安全保障　　C. 方便快捷　　D. 品牌优势

5. SWIFT Code 由 8 或 11 位英文或阿拉伯数字组成，包括（　　）。

A. 银行代码　　B. 国家代码　　C. 地区代码　　D. 分行代码

三、判断题

1. 跨境电子商务支付具备以互联网为载体的特点。（　　）

2. 目前，跨境电商的支付环境已经建设完善。（　　）

3. 第三方支付机构不仅提供代付、代收业务，还对网上交易双方货物和价格真实性进行核实。（　　）

4. 我国个人用户跨境支付活动主要是跨境网络消费和跨境转账汇款。（　　）

5. Paypal 高级账户，适用于以企业或团体名义经营的商家，特别是使用公司银行账户提现的商家用户。（　　）

6. 国际支付宝是一种支付工具，也是一种第三方支付担保服务。（　　）

7. 国际支付宝已创建的美元账户有误，可以删除后重新创建。（　　）

8. 西联在欧洲和美国客户中接受度比较高，一般是小额美金汇款比较方便。（　　）

9. Western Union 和 Moneygram 等小额在线支付工具既快捷又方便，没有任何风险。（　　）

10. 在全球速卖通美元收款账户中，提现不要手续费。（　　）

四、简答题

1. 跨境支付给外汇管理带来了哪些新的挑战？
2. PayPal 目前主要有哪几种提现方式？
3. 简要说明国际支付宝的服务模式是怎样的？
4. 分别列举线上和线下支付工具的例子，并做简要说明。
5. 什么是银行识别代码？举例说明 SWIFT Code 的构成。

项目四　跨境电商供应链物流

第一节　完善供应链一体化服务

一、供应链管理的内容

对跨境电商而言，供应链管理有着至关重要的意义。那所谓的供应链管理到底是指什么呢？供应链管理翻译成英文是 Supply Chain Management，也可以简称为“SCM”，它是指一套完整的管理方法，目的是在满足一定的客户服务水平的前提下，最大限度地降低成本，同时将制造商、仓库、供应商、配送中心和渠道商等有效地组织在一起，进而完成产品制造、分销、转运、销售等商业活动。简单来说，供应链管理包括五项基本内容，即计划、采购、制造、配送、退货，如图 4-1 所示。下面我们将对这五项基本内容进行详细分析。

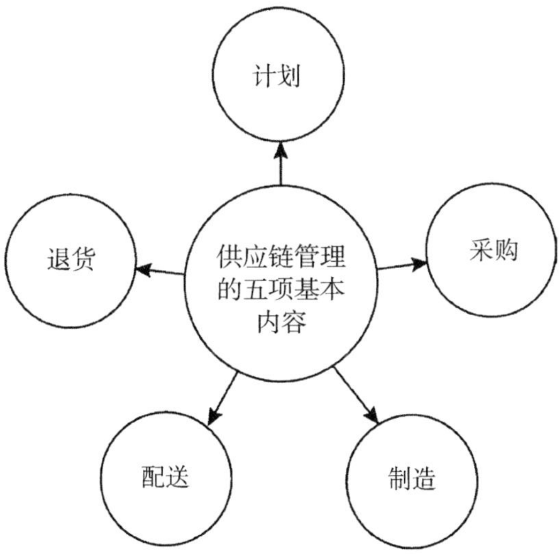

图 4-1　供应链管理的 5 项基本内容

（一）计划

它是供应链管理的策略性内容。也就是说，想要实现对所有资源的管理，以满足顾客对商品的需求，就必须制订一个切实、高效的策略和计划。成功的计划是在为客户提供高价值、高质量的商品或服务的同时，尽量降低运行的成本，同时让整个系统运转更加顺畅、高效；而要实现这些，一系列有效的监控方法也是计划中必不可少的内容。

（二）采购

它需要你先选择一个合适的供应商，来为你的商品提供需要的货品或服务，并且完成定价、配送、付款等，然后一起建立一套管理和监控这些流程的方法，以完成付款、提货、核实货单、转送货物等。

（三）制造

它是整个供应链中需要测量内容最多的部分，具体包括安排生产、测试产品质量、打包和准备送货等项目。在这些活动过程中，工人的生产效率、质量水平、产品产量等都可能成为测量的内容。

（四）配送

在电子商务领域，这项内容通常被称为“物流”，是指接收订单收据、建立货品计价系统、接收付款、通过物流公司的仓库网络运送货物、由送货员提货并且送到客户手中的过程。

（五）退货

它指的是供应链管理中出现问题时的处理、应对内容，目的是在产品出现问题时为客户提供支持或服务，以及帮客户收回多余产品、次品。

如今跨境电商业务的快速发展，在给外贸企业带来发展机遇的同时，也对其提出了更多的要求和挑战。想要在跨境电商领域站稳脚跟，绝不再是销售商品那样简单，企业还需要为消费者或客户提供高质量的服务，从而提升消费者或客户在购买过程中的满意度和幸福感。

顾客就是上帝，若没有他们，企业就难以生存。因此，企业所制订的所有计划都要以挽留顾客、满足顾客为出发点。跨境电商企业想要在该领域里获得长足的发展，赢得顾客的心，也必须遵守这个原则，以敏捷、灵活、高效的服务来满足顾客的需求。在跨境电商领域快速发展的当今形势下，对整个供应链进行整合和管理，提高整体服务质量，也就成为该领域的必然发展趋势。

二、供应链管理的方法

下面我们来看看两种在具体实践中已经得以实现和运用的供应链管理方法。

（一）快速反应

快速反应（Quick Response，QR）具体到跨境电商领域，就是指在小批量、多品种的买方市场中，储备了各种有用的或者应急的“要素”，而不是简单地储备“产品”。这样一来，无论顾客提出任何要求，企业都能够做到快速反应，迅速抽取所需的“要素”，并且及时进行有效的“组装”，为顾客提供所需的商品或服务。这一供应链管理方法在美国得以应用的案例，就是美国纺织服装业的发展。

（二）有效客户反应

有效客户反应（Efficient Consumer Response，ECR）是指物流企业在面对多品种、小批量的客户需求时，不再是储存“产品”，而是储存各种“要素”，当客户提出需求时，及时提取“要素”并“组装”，从而提供所需“产品”。

快速反应和有效客户反应这两种供应链管理方法可以说是各有侧重点，具有一定的差异性，同时也有一些共通之处。

（三）快速反应和有效客户反应存在的差异

在跨境电商领域，有效客户反应适用于那些更新换代比较慢的行业，比如杂货业，好处是可以提高效率，降低供应链各环节的成本。快速反应在一般商品行业和纺织行业比较适用，优点是能够实现快速补货，而且方便对顾客的需求作出快速反应。

以杂货业与纺织服装业为例，它们的产品有很大的差异：纺织服装业经营的产品款式变化非常快，而每一种类型或款式在市场上流行的时间又比较短，所以在一段时间内其订购数量的多少对是否盈利会产生很大的影响；杂货业则不同，它所经营的产品一般都是功能型产品，每一种类型或者款式的产品在市场中存活的时间比较长，因此可以进行长期销售，短时间内的订购数量多少对企业的影响比较小。

针对这些差异，具体分析如下：

（1）侧重点不同。快速反应侧重于迅速响应顾客要求，缩短交货提前期，快速满足客户需求；有效客户反应侧重于让供应链运行更有效，消除或减少供应链的浪费。

（2）管理方法不同。快速反应更依赖于信息技术，去实现商品的快速补发，还可以通过联合产品保证新产品迅速上市；有效客户反应更注重有效的商品管理，有效促进滚动。

（3）适用行业不同。快速反应适用的行业一般特点是：单位价值较高，可替代性差，购买频率低，季节性强；有效客户反应适用的行业特点是：产品单位价值较低，可替代性强，购买频率高，毛利低，库存周转率高。

（四）快速反应与有效客户反应之间的共同特征

在跨境电商领域，两者都是通过合作来实现物流的高效率的，具体可以从以下三个方面表现出来。

（1）要求跨境电商的伙伴们之间形成共享商业信息的共识。

（2）商品供应方都有意向商品零售业迈进，为此都要求合作方提高物流服务的质量。

（3）合作伙伴之间的订货、发货业务全部通过电子数据交换（Electronic Data Interchange，EDI）来实现，这样订货数据或出货数据都能实现无纸化高效传送了。

三、供应链管理的优势

通过以上对供应链管理的内容和方法的分析，我们对供应链管理有了一个基本的认识，那么相对于传统的物流管理，供应链管理又有哪些优势呢？

简单来说，在货物流、成本、计划、组织间关系、信息流、风险、存货管理方式等方面，供应链管理与传统的物流管理都存在着很大差异。相比之下，供应链管理比传统的物流管理在很多方面都具有明显的优势。

（一）存货管理与供货物流方面

在供应链管理中，存货管理是通过协调各个供应链成员之间的供应关系，来降低存货成本；而传统的物流管理则显得较为被动，需要根据供应链成员的主动权问题来实现存货管理，其结果往往是将存货向前推或向后延。

其实，传统的物流管理只是转移了存货，把存货问题推给了供应商，以减少自己在渠道中的存货投资。若想解决这个问题，需要实现生产计划信息的共享，如生产计划、预期需求、订单等信息；若是能够减少生产过程中的不确定性，也能实现较好的存货管理。

（二）成本方面

为了优化供应链，供应链管理是以减少产品最终成本为出发点的。所谓“最终成本”，是指产品从生产到送至客户手中的总成本，其中包括采购价格、物流成本、存货成本等。

相比之下，传统的物流管理只能在公司内部实现成本控制，对成本的总体控制性较差，很难统筹或兼顾商业全局。

（三）风险与计划方面

在供应链管理中，供应链成员之间需要共同协调和沟通，制订供应链计划，同时商业风险也由大家共同承担；而在传统的物流管理中，风险与计划都只能在公司内部完成和承担。

（四）组织间关系方面

在供应链管理中，供应链成员之间达成合作的基础是对最终成本和所获利润的精确控制，因此，组织间的关系更和谐、稳定；在传统的物流管理中，商业关系中的各个成员之间没有沟通，没有合作，只能从自身出发降低成本、预计利润，可发挥和控制的空间很小。

从以上几点我们可以看出，供应链管理比传统的物流管理具有更大的活力和发展空间，也能够帮助供应链成员更好地控制成本，获得利润。不过，虽然有诸多益处，但是要成功实施供应链管理并不是一件容易的事情。最大的难题就是各供应链成员之间需要开诚布公地合作，实现信息和资源的共享。想一想，对利润点、追求目标不同的各家企业而言，做到这一点是多么困难的事情。而且在商业领域，企业之间在合作的同时，可能更是竞争对手，想要实现信息共享难上加难。

因此，想要让供应链管理得以成功，就必须保证各节点企业在以下方面达成合作共识：供应链管理的政策和程序、最终客户的服务需求水平、在供应链中存货的位置及每个存货点的存货量等。只有做到这些，才能实现供应链管理的一体化服务，给顾客带来更好的消费体验。

第二节　供应链管理：强化品牌

在广交会上，有越来越多的外贸型企业指出，跨境电商平台正逐步成为它们展开竞争的主要战场。这表示跨境电商产业在风头正劲、发展迅猛的同时，也正在步入激烈的竞争阶段。

据不完全统计，我国通过各类跨境电商平台步入跨境电商领域的外贸企业已经有 20 多万家，而跨境电商平台企业也已超过 5000 家。在这些庞大的数据背后，实际上展开的将是一条“机遇与挑战并存”的诱惑之路。

中国的跨境电商平台企业，想要创造出一个强大的“中国品牌”，就必须着力于供应链管理的竞争，因为这种跨越产品管理、人才管理、资金管理等方方面面的一体化管理模式将是跨境电商平台的必经之路。

大龙网作为国内跨境电商企业，在跨境电商供应链管理方面成功打造出了一种新模式，给整个行业树立了一个供应链模式新标杆。

客观来说，虽然中国目前已经产生了大量的跨境电商平台，但是能够建立起完整的成熟的供应链的企业还是少数，其中大龙网就算一个。大龙网所提出的“全球网商供应链”理念就是让交易链条中的每一个环节都能够默契地融合在一起，形成一个有机整体，这实际上就是对贸易平台传统经营方式的一种突破和创新。业内人士也评价道：“能够有序且有效地整合物流、资金、商品等全面的交易资源，形成完善的供应链，这成为跨境电商成功的关键，大龙网的新理念无疑具备了这样的实力。”

对大龙网的运行模式进行深入了解后，我们可以看到，大龙网对自己的定位是“全球供应链合伙人”“跨境电商供应链合伙人”，而业务重点则是帮助全球跨境电商企业做在线跨境采购和销售。它所提供的服务涉及供应链管理、商业关系维护、云库房全球仓储递送服务、运营技术开发与管理、跨境交易及结算实施服务等多项业务，可以为合作伙伴提供优质、快捷的供应链服务，如图 4-2 所示。

图 4-2　大龙网提供的跨境电商全程服务

关于供应链合伙人的定位，大龙网是通过对内和对外两个板块来实现这一理念的。

对内：作为一家国际性公司，大龙网除了在新加坡设有公司总部外，在杭州、深圳、上海、广州、大连等城市都建有子公司。从战略布局上看，“内陆总指挥+沿海作战部+海外推广部”的模式已经基本形成，借此它可以有效覆盖中国最具代表性的生产基地，如长三角、珠三角等。与此同时，一些重要的外贸窗口如美洲、欧洲、东南亚、俄罗斯等地区和国家也可以覆盖。在内部经营上，大龙网将中国中小企业的优质产品进行了系统的整合，也逐步形成了独特的供应商方面的优势。目前，大龙网上的产品几乎涵盖了所有的商品品类，商品种类超过 2000 万种。

对外：大龙网建立了全球经纪人体系，能够实现全球经纪人一对一服务，而且大龙网通过自有的多语种“7×24 小时”客服中心服务于全球批发商和各零售终端，通过提供本土化服务、仓储及物流、商品采购及质检、应用程序接口（Application Programming Interface，API）对接等服务项目为用户和合作伙伴服务。

对众多跨境贸易商家而言，只要实现与大龙网的对接，就有可能成功应对各个国家不同的贸易形式，以及找到更受青睐的商品。大龙网相关负责人表示：大龙网将彻底改变传统外贸模式，通过深入跟踪和分析目标市场的消费、季节、文化等特点来建立一条沟通海外买家与中国制造之间的通道。

通过布局严密的全程服务，大龙网已经打造出了相当完善的跨境电商服务链条，而这意味着在前景广阔的跨境电商领域它已经占得了一定的先机。有业内专家说：“得供应链者，得跨境电商的未来。”大龙网的供应链布局之路正是号准了跨境电商的脉搏，可以预见未来它将与国内外供应链合伙人一起创造出更好的发展前景。

如今跨境电商行业已经有了这样的共识：发展跨境电商业务，供应链必须要先行！供应链也是服务贸易中重要的组成部分，做好供应链管理，对中国制造的未来也许会产生不可估量的作用。

在中国经济领域，服务业大概占 43%的比例，而在世界经济体系中，服务业所占的比例高达 70%。从这两个数据中我们不难看出服务业对经济的巨大贡献，而中国跨境电商未来的发展也将取决于供应链的服务水平。

如今，除大龙网之外，国内外其他的外贸电商巨头也纷纷将目光放到了供应链整合和物流强化方面。例如，出口易在英国、德国等地建物流仓，阿里巴巴通过收购深圳一达通公司实现海外布局，中国制造网跑到美国开设海外仓，等等。这些都在告诉我们一个事实——中国电商在供应链环节所下的血本是越来越大了。

在供应链管理方面，我们总结了以下三个需要注意的方面，如图 4-3 所示。

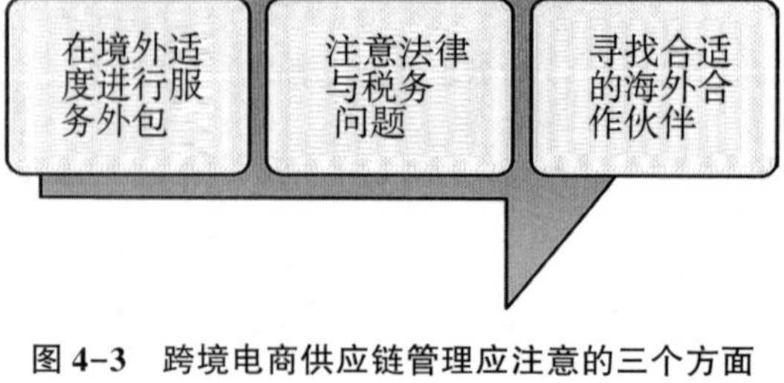

图 4-3　跨境电商供应链管理应注意的三个方面

第一，在境外适度进行服务外包。做企业并不是将所有业务都揽在自己手里才好，比如在欧洲本土的业务，最好选择与本土的企业进行业务合作，而不是自己组建部门招聘员工。因为像欧洲这样社会体系已经高度成熟的国家，分工非常明确，雇佣人力成本也较高，无论是招聘还是解雇员工都需要付出高昂的成本，所以最好还是借助当地的力量来实现企业布局比较好。需要注意的是，企业在欧洲本土如果像在中国大陆一般随便解聘员工，甚至可能会受到法律的严厉制裁，因此还是慎重为好。

第二，注意法律与税务问题。还是以欧洲市场为例，在欧洲，银行及税务部门会严格监管各种商业活动，所以中国企业应该做到合法纳税，合理避税。不可存侥幸心理，不可急功近利，否则会影响企业的长远发展，甚至会造成巨大损失。

2012 年西班牙就曾发生过一场名为“皇帝行动”的打黑活动，牵涉其中的华人公司被罚没现金 1000 多万欧元，给华人贸易圈带来了惨重的损失，可谓是一个相当惨痛的教训。发生这样的事情，多是因为华人对当地法律法规不了解。如果还按照中国人固有的思路来办事，难免会引起冲突。

因此，跨境电商企业在开拓和整合海外供应链的时候，特别是进行海外建仓业务时，要特别注意当地的税务问题和法律法规。

第三，寻找合适的海外合作伙伴。目前，在跨境供应链整合方面发力较大的都是一些民营企业，它们与国企的财大气粗相比，在资金方面还是比较匮乏的。因此，中国跨境电商企业在寻找发展之路的过程中，往往会选择与境外的当地著名品牌进行合作，而这样做也确实会让企业的发展少走不少弯路。

在海外，如何与商业协会组织及政府部门打好交道，如何融入当地的主流社会，如何更快地熟悉当地经商环境，等等，这些方面都是中国企业的短板，而且在短时间内往往很难弥补。因此，找到一个口碑好、实力强的海外合作伙伴，对中国的跨境电商企业而言是非常重要的。若双方合作得好，的确是一个事半功倍的选择。

第三节　供应链管理：提升效率

前面提到的大龙网，在供应链管理方面成功打造出了一种新模式。作为电子商务企业巨头的亚马逊在供应链管理方面也是成效卓著，而且在这方面有着自己独到的经验和方法。它利用先进的信息技术，有效提升了供应链效率。这对于想要成功走出去的“中国品牌”而言，也具有不错的借鉴意义。

亚马逊自 2004 年收购卓越网后，一直希望对卓越的信息技术（Information Technology，IT）架构进行升级改造。2007 年卓越亚马逊开始从图书零售向百货零售转型，到 2010 年的 4 年间，卓越亚马逊的商品数量增加了 40 倍。但与此同时，送货速度却不降反升。

转型之初，库存量单位（Stock Keeping Unit，SKU）的大幅增加，严重影响了卓越亚马逊的供应链的反应速度，在送达速度上也一度输给了竞争对手当当网。配送速度的减慢直接影响了前端消费者的用户体验，从而一度引来了众多消费者的抱怨。

2009 年 10 月，那个凭借 IT 征服华尔街投资人的美国公司亚马逊完成了对卓越亚马逊 IT 架构的改造。卓越亚马逊的供应链完全实现了在亚马逊系统上的运行，电子商务供应链管理的精髓真正复制到了中国，配送速度低的情况也得以改善。

快速反应的供应链是优化消费体验的关键，而供应链管理的核心竞争力在于信息技术的应用；货物随机摆放使得理货流程效率最大化，还能最大限度地利用空间。

一、“乱”的逻辑

坐落于通州区的亚马逊北京运营中心，总面积为 4 万平方米，相当于 5 个足球场大。运营中心百货区里，负责码放商品的员工的推车里盛放着各类货品，他们走近货架，见到空隙就直接把推车上的商品塞进去。货架上，各种类型的商品杂乱地摆在一起，并没有分门别类地摆放，比如显示器旁边塞着件羽绒服，儿童玩具可能和厨房用品放在一起。

这样“杂乱”“无规律”的库房摆放令人感觉疑惑，但卓越亚马逊北京运营中心总经理周涛却说：“对于库房来说，我所需要的数据就是货物的长、宽、高和重量这些要素。”在他看来，货物随机摆放可以最大限度地提高空间利用率，并能实现理货流程的效率最大化：理货员只需要按照长、宽、高等空间要素将货物放上货架即可，不需要判断货物本身是什么。这些理货员运用手持终端扫描设备，在摆放货物的同时，通过扫描货物的条形码和货架条形码，就可以轻松定位并记录每件商品的位置。

与理货员一同在货架空间中穿梭往来的还有配货员，他们每个人手上同样都拿着一个手持终端。他们的手持终端里有根据系统订单自动编排的数据，手持终端会告诉配货员：他手上的所有订单的货物的具体位置和最优化的取货行进路线。只需按照手持终端的指令，配货员便会以最短的路线和最少的时间将货物配齐，大大提升了配货效率。

周涛说：“亚马逊北京运营中心每天处理数以万计的商品，在这种‘乱’的逻辑下，平均每张订单比原来节约了 3 分钟时间，整个运营效率提高了 3~4 倍。”

二、预测式响应订单

“亚马逊进入卓越之后，与之前的卓越以及国内同类的 B2C 电子商务网站最大的不同就是：对订单的响应由被动变为主动了。”卓越亚马逊总裁王汉华说，“在过去，一般先是消费者下订单，再由订单带动整个供应链运作来满足消费者的需求，传统的供应链管理大多只能被动地响应消费者的需求。然而，良性供应链管理的精髓在于运用互联网通过预测消费者的需求，主动响应订单。”

王汉华说：“亚马逊经过多年的积累已经形成了强大的数据库，系统根据这个数据库可以预测某个产品的某一型号在某一个地区一天大概的订单量。假如北京的某个客户，需要在亚马逊上订购某本畅销书，系统会根据历史数据预测出这本书在北京当天的销量，而图书供应商备货、发货的时间在系统中也有记录，假定为 3 天。根据系统的订单预测和备货周期记录，亚马逊的采购部门就会在 10 天前将这个订单发给图书供应商。那么，在消费者下订单之前，这本书就已经在库房里准备好了。”

在美国，供应商的后台系统与亚马逊的系统实现了直接对接，从而保证了产品从供货、仓储到配送的效率最优。然而，由于国内的供应商管理水平参差不齐，要求所有的供应商都与亚马逊实现系统对接并不现实，这意味着卓越亚马逊要完全复制亚马逊的美国模式会困难重重。

王汉华说：“卓越亚马逊计划以培养合作商的方式来扭转这种局面。以图书为例，在传统渠道的退货率往往达到 20%，而图书供应商很难对传统渠道的实时销售情况进行预测。于是，卓越亚马逊就积极引导并帮助供应商与亚马逊实现系统对接，这样供应商就可以预测到每本图书每天的销量并根据这个销量进行供货。这样一来，就可以保证畅销书不会断货，也不会造成长尾类图书大量堆积在亚马逊的仓库。”

三、由系统来匹配最佳仓库

如何确定客户订单与发货仓库之间的匹配关系呢？怎样及时有效地处理消费者付费的加急订单呢？这些问题都是对卓越亚马逊的供应链管理水平的极大考验。

春节前夕，理货员会把那些春节期间的畅销图书和其他热销的商品摆放在离包装区最近的区域；对于那些付费加急订单，系统会在消费者下单时，就自动识别出来并打上红色标记，而配货员会根据红色标记优先处理这样的订单。

为了方便物流公司的货车每天定时来取货，已经包装好的商品，会按照不同的区域进行堆放。卓越亚马逊在全国有北京、苏州、广州、成都四个仓库，与许多电子商务企业仓库之间存在总仓和分仓的从属关系不同，卓越亚马逊的仓库间没有从属关系，全国任何一个消费者下的订单，系统都会自动根据相应的订单数据匹配给发货成本最低、到达效率最高的仓库。

物流配送质量是提升消费体验的关键环节。对电子商务企业而言，物流配送在供应链中的位置可谓至关重要。在美国，当亚马逊决定进入一个局部市场时，往往可以借助第三方物流的力量，实现快速的成长，这是由于美国各城市的物流系统水平相对统一。

然而中国各级城市的物流体系差异很大，所以无法完全照搬美国模式。王汉华说：“考虑到北京、上海、广州等一线城市的送货量比较集中，自建物流成本比较低，卓越亚马逊选择在这些城市自己做物流配送。而在其他地区，卓越亚马逊则选择与多家不同的物流公司进行合作。对于选择合作的物流公司，卓越亚马逊每年都会按照送达速度、准确率、顾客投诉率等指标进行考核。”

信息技术的应用，使卓越亚马逊能够精准地控制仓储物流管理的所有环节，极大地提升了库存管理能力与货物配载能力，从而能够为客户提供精准、快速、周到的配送服务，满足客户需求。用户体验的提升，自然会带来客户黏性的提高。卓越亚马逊的成功在于，信息技术的应用提升了供应链效率，使成本与提高服务水平实现了正相关。所以说，技术永远是推进商业革命的原动力，如图 4-4 所示。

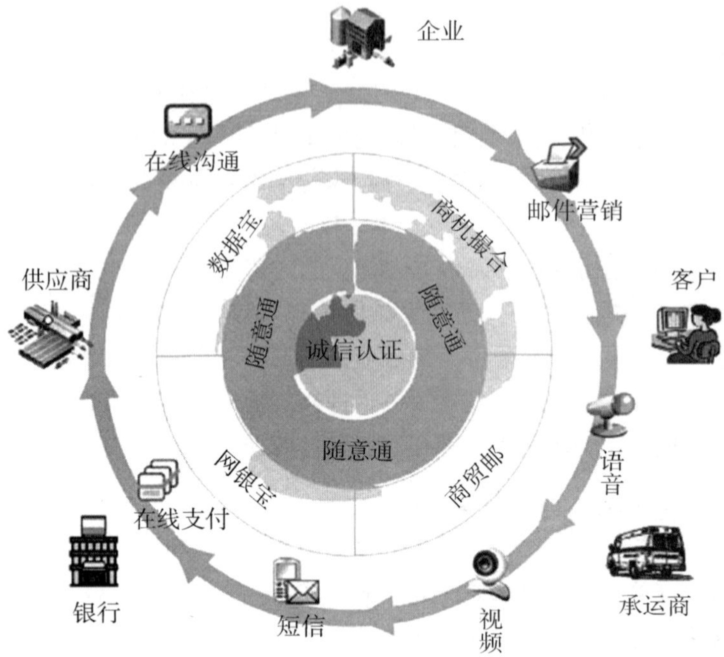

图 4-4　基于电子商务的供应链管理模式

第四节　跨境电商升级

2014 年 3 月，对跨境电商领域而言是一个重要的时刻，因为正式由海关发布的《关于跨境电商服务试点网购保税进口模式问题通知》为跨境电商的发展确定了方向。而且自文件颁发后陆续推出试点城市开始，跨境电商也将进入一个崭新的发展时代。如果此前跨境电商的“海淘+代购”模式可以称作“跨境电商 1.0 时代”，以物流为王的“跨境电商 2.0 时代”，那么此后将迎来以全球零售为特征的“跨境电商 3.0 时代”。

2001 年中国加入世贸组织对出口业而言是一个契机，此后，国内出口业迎来了繁荣发展的黄金十年。在这个黄金发展期，出口企业用智慧和勤劳快速为国家积累外汇，至 2021 年底我国的外汇储备已经达到 3.25 万亿美元。

另外，随着中国加入世贸组织，打开了国际贸易之门，来自不同国家和地区的商品也开始疯狂涌入国内市场，2021 年全年中国的进口贸易总额就达到了 17.37 万亿元。与此同时，中国消费者的消费需求也随之变得多样化和高质化。

从宏观经济来看，经济和出口贸易的发展增加了人们的收入，同时人民币的购买力也在不断增强，因此中国消费者对于海外产品的购买能力也是水涨船高。相应地，中国消费者也越来越渴望从海外购买到更优质、实惠的商品。

我们知道，进口商品需要缴纳消费税、进口关税、增值税等，进入中国市场后还要花费不少的仓储成本，再加上分给各级分销商的利润，最终商品到达消费者手中时价格可能已经翻了好几番。

因此，对中国消费者而言，在国内购买进口商品自然算不上实惠。而在中国外贸发展的黄金十年里，正好也是互联网飞速发展的时代，在两者的相互催生之下，再加上传统进口商品购买渠道的高价问题，消费者在了解越来越多的海外信息之后，也逐渐发现相同产品在国内外的巨大差价，于是“海淘+代购”模式的跨境电商 1.0 时代便随之诞生。

再加上近些年中国国内商品的质量不断遭到质疑，最具代表性的事件就是 2008 年的三鹿奶粉事件。于是，相比之下更具有质量保障的海外产品便成了中国消费者的无奈选择，海淘队伍也由此更为壮大起来。在这样的发展演变中，对每个家庭、个人而言，他们只是在海外淘些化妆品、日用品、奶粉；而对国家而言，则意味着海关个人邮件关口应接不暇的国际快件；同时，对一个行业而言，则意味着物流领域如雨后春笋般冒出来的国际华人转运公司。

看了我国跨境电商的发展和升级之路，相信我们已经对跨境电商有了一个基础的认知。下面，通过对跨境电商 1.0 和 2.0 时代优劣势的分析，以期对跨境电商的现在和未来有一个更系统、全面的了解。

一、以货源和渠道为王的跨境电商 1.0 时代

在跨境电商 1.0 时代，“海淘+代购”模式是其存在和发展的基本模式。可以说，在这个时代，谁能够找到更优质的货源，谁能够获得更优惠的价格，谁就能够抢占市场。

（一）货源

最初开发出“海淘+代购”模式的是一些旅居海外的华人，他们有条件直接在海外购买商品，而且能够利用国内外信息的不对称性获得差价或者佣金。在这个时期，他们购买商品后，一般会选择国际平邮寄回国内。

但是随着互联网信息越来越透明，利用国内外信息的不对称性来赚取差价或佣金的优势已经越来越不明显。不过相比而言，海外代购还是有着巨大优势，比如在美国大部分购物网站都要求购买人提供美国私人地址和信用卡账户，于是国内海淘者在困扰之余，也只能无奈地向代购者购买海外商品了。

（二）渠道

因为大批国内海淘者的诞生，为顺应这一市场需求，海外华人也开始创建转运公司，帮助国内海淘者收货，然后再将商品转运回国。在此过程中，这些转运公司通过收取国际运费和管理费而盈利。通过这种海淘模式，消费者买到的商品的最终价格更加低廉，因此很快获得了市场认可。

由此，此类的转运公司也开始大量建立起来。有大批同行加入，自然也就少不了市场竞争，而竞争的关键就是进口渠道。此前，对于个人网购物品国家采用的是邮政清关，存

在监管困难、效率低下等问题，再加上通过港澳台转口、走私等灰色通关渠道的加入，导致这些转运公司的服务质量具有较大的差异。

在这种情况下，谁能掌握优质通关渠道，谁能保证商品的高效、稳定通关，谁就能更好地占领市场。于是，衡量这类转运公司优劣的一个最重要的标尺就是通关能力。

二、跨境电商 1.0 时代不可回避的弊端

跨境电商 1.0 时代有三个弊端，如图 4-5 所示。

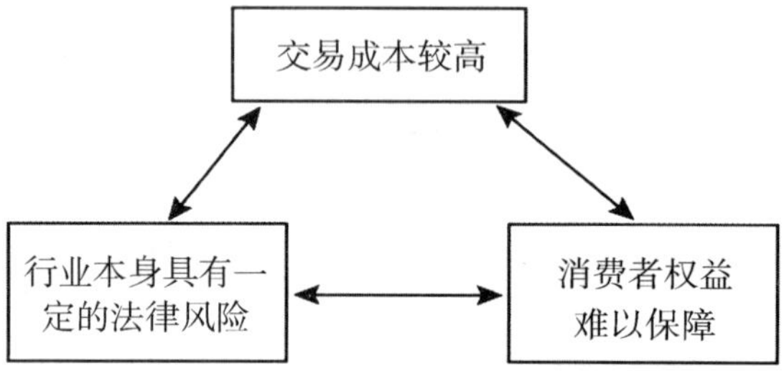

图 4-5　跨境电商 1.0 时代的弊端

（一）交易成本较高

首先，国内消费者在面对互联网上海量的转运、代购信息时，需要花费大量的时间和精力去对比、询价等。其次，在确定了货源、运输方式等问题后，消费者还要投入不小的资金去“试错”，因为相隔大洋两岸的买家、卖家和中间人毕竟都不认识，而且没有正规的信用认证，很难保障不出差错，所以消费者还要花钱“试错”。

（二）消费者权益难以保障

前面我们已经提到，因为很多难以解决的现实因素，交易过程中很难确保有信用保障和法律保障。另外，在收到商品后，对于商品本身的售后、退换、真假等问题也难以解决。若消费者权益受到侵害，比如收到假货，也很难维权，只能自认倒霉了。毕竟在交易过程中缺乏有效的监管，而采取国际维权的话成本又太高。

海淘商品还具有时效不稳定的特点，有时可能一个月甚至几个月后才能收到商品，这同样是对消费者权益的侵害。

（三）行业本身具有一定的法律风险

在海淘模式中，难免存在一些转运公司采取违规操作，通过一些灰色渠道来转运货物，而一旦被海关认定为走私品，海淘消费者所购买的个人物品也将会被罚没或者销毁。

另外，一些转运公司在没有资质的情况下，会铤而走险将商品层层转包，而一旦公司运营失败，这类公司就可能在收款后携款逃跑，给消费者带来巨大的经济损失。

三、以物流为王的跨境电商 2.0 时代

以 2013 年海关发文为转折点，跨境电商“海淘+代购”模式即将被终结，一个崭新的

时代由此拉开序幕。在相关监管保障制度、准入标准、行业标准等相继确立之后，全球将会发展成为一个有序流通的外贸 B2C 市场。待跨境电商领域越来越成熟、完善之后，终端消费者面临的将不再是求购无门的尴尬，而是由一张互联网连通起来的全球电商。

由此，“海淘+代购”模式中局限于货源和渠道的瓶颈将被彻底打破，而决定跨境电商企业成败的关键也不再是货源和渠道，而是物流供应。

毫无疑问，在国家监管体系将跨境电商业务的货源与渠道纳入监管之后，今后跨境电商的竞争焦点将是物流供应链的解决方案，如图 4-6 所示，其解决方案重点体现在以下三个方面：

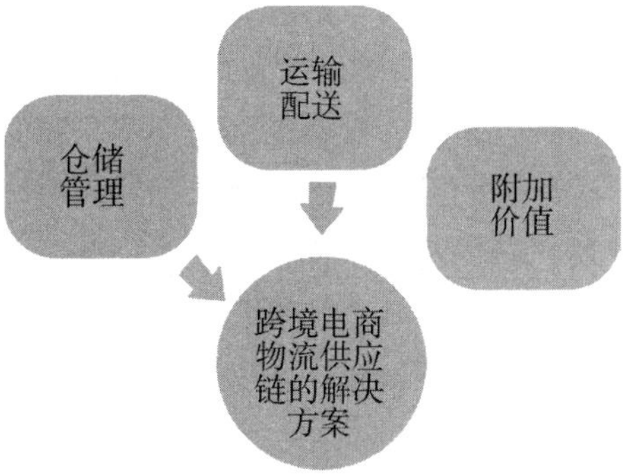

图 4-6 跨境电商物流供应链的解决方案

（一）仓储管理

仓储管理趋于智能化、规范化、定制化。跨境电商的物流仓储一般是除买方和卖方之外的第三方外包仓储物流。我们以联邦转运来举例，想要实现全球快运，就需要在全世界的各个货源地建立仓库，并且形成一个全球性的仓储转运网络。这无疑要求在仓储管理方面必须做到智能化、规范化、定制化，这样才能更好地满足跨境电商交易的需要。

想一想，仓库使用者和仓库之间可能相隔千山万水，如果不能通过智能化、规范化的管理，以现代技术对仓库进行智能遥控，又如何能够满足跨境电商对物流速度和质量的要求，实现信息流、物流的无缝对接呢?

另外，跨境仓储所面临的客户可能千差万别，总体上可分为 B2C 商业用户、个人用户两类，因此有必要针对这两种用户类型制定不同的仓管流程。同时，为了满足消费者高质量的用户体验，在仓管系统中也有必要加入一些个性化模块，而这就是所强调的定制化。

（二）运输配送

在运输配送方面，要求跨境电商物流企业精简物流的中转环节，加强自身的风险控制能力，并且严格选择合作伙伴。在跨境电商 1.0 时代，商品需要经过层层转包，甚至“过五关，斩六将”才能最终到达消费者手中。在不断增加交易风险的同时，消费者还必须承担这些过关斩将和转包的费用。而一旦在运输配送过程中出现丢失、损毁等问题，因为各方的相互推诿，消费者也很难维权。

而现在，以联邦转运为代表的试点企业与终端消费者达成运输配送协议的同时，也必须独立承担运输合同中所规定的相应义务与责任。这在保障跨境电商领域有序、稳定发展的同时，也对跨境电商物流企业提出了较高的要求：精简运输环节，独立运营整个配送过程；提高选择合作伙伴的标准，提升公司的抗风险能力。可以说，这既是国家试点项目对跨境电商物流企业提出的要求，也是市场发展的必然选择。

（三）附加价值

所谓“附加价值”，就是加强对开拓市场、大数据、采购与供应链的管理。物流行业发展至今一直与电商相辅相成，甚至已经到了不可分割的地步。电商的快速发展带动了物流行业的今日繁荣，而对跨境电商领域而言，物流能力的不足一直是限制跨境电商发展的一个重要因素。因此在跨境电商领域，物流行业急需从电商的背后走出来，站到一个并肩作战的位置，这样才能迎来跨境电商的繁荣时代。

各大电商企业想要提高品牌竞争力，就必须为终端消费者找到一个高效、优质、用户体验高的物流伙伴，否则辛苦打造的品牌会因为物流问题而毁于一旦。因此，品牌商想要打开跨境电商领域的市场，所选择的物流合作伙伴就成了关键。

另外，电商物流具有大数据属性，只要能好好管理和开发这座数据宝库，就能在电商领域获得良好的发展。阿里巴巴国际平台也正在做这件事情。大数据的价值从图 4-7 中就可见一斑。

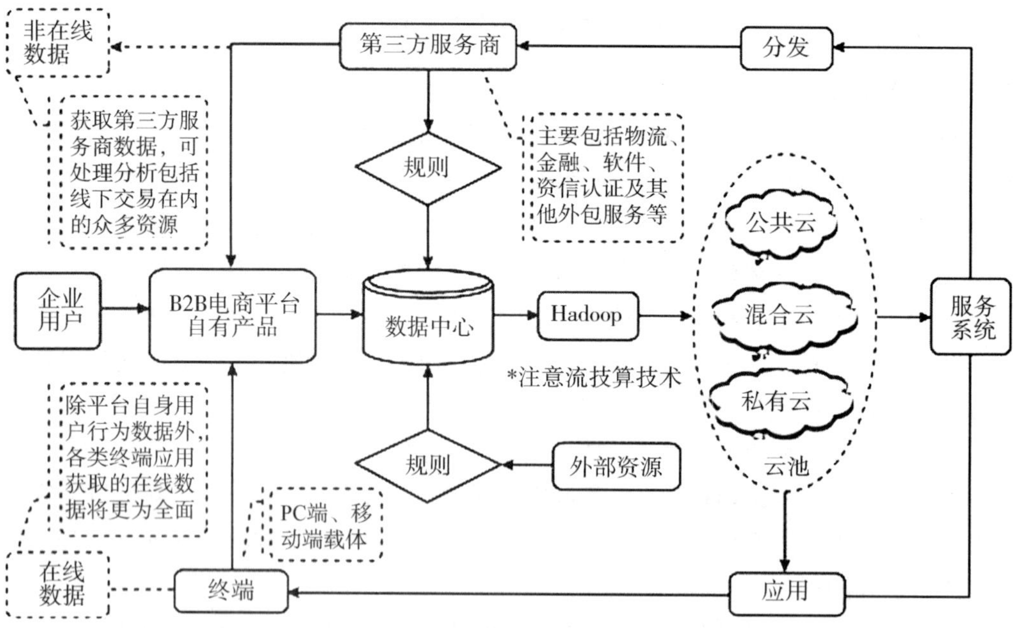

图 4-7　大数据技术在物流供应链领域的应用

从以上的分析中我们可以预见：在未来相当长的一段时期内，想要成为跨境电商战场上的王者，就必须解决好以上三个方面的问题，只有这样才能迎来更好的发展空间。

四、物流电商时代，跨境电商正遭遇物流之痛

物流配送效率一方面影响卖家的运营成本控制，另一方面关乎用户体验的好坏。对很多卖家而言，物流已成为他们发展的瓶颈。如今，跨境电商正在遭遇多种痛点，如图 4-8 所示。

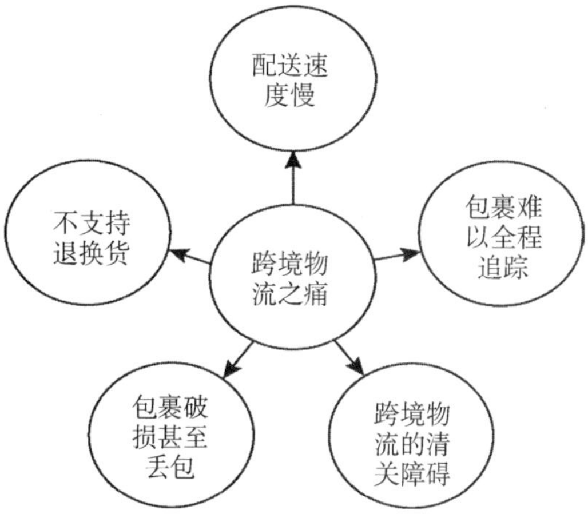

图 4-8　跨境物流之痛

痛点一：配送速度慢

对于物流企业来说，由于电商货物规模较大、时间分布不均匀、发货频率高、环节分散，并且没有规律可循，相关的成本难以估算，一旦出现消费高峰，物流企业就会出现爆仓现象，要不就出现瘫痪现象，要不送货时间就会无定期延迟，这样严重影响客户的网上购物体验。

2013 年 5 月 7 日，速卖通对货品发往俄罗斯的卖家最长承诺运达时间作出调整，由之前的 60 天上限延长到 90 天。这意味着，一个俄罗斯客户从速卖通下单，最慢的话，有可能在 3 个月之后才能收到商品。

当时，使用中邮小包或中国香港小包，发货到俄罗斯和巴西等地的送达时间普遍为 40 ~90 天；使用专线物流送达时间一般为 16~35 天。在 eBay 平台上，选择国际 e 邮宝往欧美地区发送货物，通常需要 7~12 天送达。缓慢的配送速度，正在严重制约跨境电商的进一步发展。为了提高跨境物流配送速度，也有越来越多的人正在努力，杭州海关的做法就非常鼓舞人心。

2014 年 5 月 19 日，一批来自杭州跨境贸易电子商务产业园的手机配件，在杭州萧山国际机场装机启程，直接飞往美国俄亥俄州。从此，杭州跨境电子商务出口商品开始了“家门口”通关的新时代。

“由于航线制约等原因，以往我们出口的跨境电子商务邮包都要从上海机场出发，既费时，又增加成本。”杭州泛远国际物流有限公司 E 物流市场部经理陈莉介绍说，“这下好了，我们出口又有了一条‘近道’，包裹从‘家门口’就能直接交到美国客户手中。”

据杭州萧山机场海关监控查验科科长吴宇璋介绍，自 2013 年 7 月 8 日杭州跨境贸易电子商务产业园开园以来，跨境电商零售出口邮包数量迅速增加，截至 2014 年 4 月 30 日，共有 25 万余件邮包出口到 175 个国家和地区。

“如此多的邮包，以前只能走上海。”吴宇璋介绍，“为了构建一条浙江自己的跨境电子商务出口国际通道，杭州海关对跨境电商出口物流的数据特点进行了深入分析，并主动联系口岸办、机场公司和航空公司，促成了这次合作。”

据吴宇璋介绍，杭州萧山国际机场已经正式开通俄罗斯、新加坡和美国等多条新航线，新航线开通后跨境电商通过萧山机场出口货物可以覆盖更多的目的国市场。此举给跨境电商带来了极大的便利，也促进了杭州市乃至整个浙江省的电商发展。

事实上，物流业一直都是阻碍电商发展的瓶颈。“家门口通关”为简化物流流程首开先河。

痛点二：包裹难以全程追踪

中国电商物流业近年来的高速发展，使得中国境内已基本实现包裹的实时追踪查询。所以，跨境物流的追踪问题往往出在境外段，很多包裹出境后就难以追踪了。

在物流发达的英、美、澳等英语系国家情况会好些，拿到单号后去相关的英文网站查询，一般可以追踪到；但对于一些小语种国家还有俄罗斯、巴西等物流极不发达国家，拿到单号后在相关网站往往很难查询到包裹的投递信息。

只有境外段物流配送处于高度信息化水平，并能够同国内段物流配送实现信息对接，才能解决包裹的跨境全程追踪问题，这显然是一项长期的系统工程。

痛点三：跨境物流的清关障碍

不同于国内物流，跨境物流需要通过出口国海关和目的国海关两道海关关卡。在出口跨境电商物流中，在目的国海关经常出现扣货查验、货件退回发件地或要求补充文件资料再放行的处理，甚至直接没收。“没收”和“退件”会给卖家带来难以承受的损失，而“补充文件资料再放行”往往会延长配送时间，可能导致买家的投诉甚至拒付货款。

跨境物流中造成清关障碍的原因，主要来自跨境电商没有重视进口国的监管制度和目的国海关的贸易壁垒两个方面。此外，某些目的国海关没有信息系统支持，只能依靠人力清关，严重延长了物流配送时间。

痛点四：包裹破损甚至丢包

在跨境物流的邮政系统中，揽件以后，货物往往需要经过 4~5 次甚至更多次的转运，才能最终送达客户，非常容易出现包裹破损的情况。与此同时，使用邮政包裹或者专线物流，都会存在一定概率的丢包情况。跨境包裹破损甚至丢包，不仅给客户带来糟糕的购物体验，也使得卖家的运营成本大幅提高，还要面临丢失客户的风险和损失。

痛点五：不支持退换货

退换货问题在常规的商业贸易中，都是不可避免的。然而，由于跨境物流周期长、反向物流成本高、需要缴纳进口关税等原因，在跨境物流中，无论是邮政包裹、商业快递，还是专线物流，都无法支持卖家向买家提供退换货服务。

单一邮政包裹主导的模式，引发了跨境物流的种种痛点，形成了跨境电商的发展瓶颈。值得欣慰的是，从 2005 年跨境电商兴起到如今，跨境物流不断发展，逐渐形成了“邮政包裹为主，其他模式并存”的多元化业态。

现在，单品价值高且时效性要求严格的产品，可以选择价格贵些的跨国快递；虽然专线物流派送范围有局限性，却能提供具有良好的时效性和性价比的派送服务。近年来海外仓快速发展，在成熟的欧美市场，大卖家普遍都有海外仓。

事实上，随着跨境电商进入 3.0 时代，很多物流企业开始大规模建立海外仓、边境仓。海外仓具有明显的成本优势能够助力品牌的本土化发展，正是看中这一点，多数跨境电商平台也都在力推海外仓。同时，保税区物流、自贸区物流以及集货物流等跨境物流模式也逐渐兴起。在不久的将来，具备多元化业态的跨境物流，必将为跨境电商提供多样的高质量的跨境物流服务，并有力地促进跨境电子商务的发展。

第五节　海外仓储

2013 年，在阿里巴巴搭建菜鸟网络这一重磅消息的推动下，“大物流时代”的概念开始在中国的电商领域不断蔓延。什么是“大物流时代”？简单来说，就是要打破以往限制物流发展的成本、空间和时间因素，让商品的配送实现更好的对接。

而对跨境电商领域而言，因为买卖双方相隔太远，且需要解决通关、报税等问题，需要耗费高昂的时间和资源成本，所以想要实现跨境电商领域的“大物流时代”，将是一个漫长而艰辛的过程。而解决其中诸多物流困境的着眼点，必然是海外设立仓库方面。

eBay 内部分析人士曾经向媒体透露：跨境电商平台为中小企业提供了把握全球商机、融入全球化市场的机会。产业迅速发展、消费需求多样化给企业创造了商机，越来越多在互联网时代成长起来的个人创业者将跨境电商零售出口产业视为创业良机，并快速完成从无到有的积累。

eBay 的调查显示，中国跨境电商零售出口产业销售额最高的五类产品分别为电子产品、时尚产品、家居园艺产品、汽配及收藏品，其中家居园艺产品、汽配和时尚产品是其中增长速度最快的产品类型。eBay 发布消息称：“已经具有一定规模的卖家进一步加大投资，通过扩充品类、开发新市场、建立海外仓、提升服务水平等举措来积累实力，扩大业务规模。”

在跨境电商领域发展良好的背景下，一些问题也日益凸显出来，物流无疑是限制跨境电商领域发展的重要瓶颈之一。对此，重庆物流协会会长陈章华称：“多样化物流解决方案与海外仓使销售品类拓展成为可能。”而目前局限于国际物流领域的发展，很多贵重商品、大件商品或超重商品都很难在短时间内完成运输、配送。

陈章华还表示：“海外建仓的大规模实现能够在一定程度上优化跨境电商零售领域的物流生态，加快商品运输和配送的效率，从而增加外贸消费者对海外购物体验的满意度，以及提升商品的销售速度。与此同时，海外建仓也能够有效刺激跨境电商领域产业品类的持续增加。”

所以说，海外仓储已经成为跨境电商缓解物流压力的必然趋势，也正在成为中国跨境电商巨头们争相角逐的“砝码”。如今，电商大佬们在海外建仓方面也纷纷开始发力。

大龙网传出消息，该公司已经与印度最大的物流商 DTDC 达成合作，并且成功在印度搭建起海外仓储中心，而此前大龙网的海外仓已经建到了乌克兰、俄罗斯等国家。大龙网副总裁吴祺称：“目前海外仓一般分为私人海外仓和公共海外仓两类，而大龙网的海外仓有意向卖家开放，以实现资源共享和共同发展。”大龙网官方网站如图 4-9 所示。

图 4-9　大龙网官网主页

吴祺说：“目前，我们在俄罗斯、印度、乌克兰等地都建有自己本土化的海外仓，以本土化的销售团队提供本土化服务，包括语言服务，售前、售中、售后服务。”我们做海外仓有两个目的：一是大龙网在当地发展了众多的分销商，我们把中国的产品运到海外仓去让他们订货，建立中国产品的全球分销渠道；二是国外的客户要试用样品时，借用海外仓效率最高、成本最低，而且海外仓还能用来做本土化售后。

在海外仓的运用上，目前大龙网还集中于为小订单服务。在流程方面，大龙网的运转模式如下：大龙网本土化的销售团队需要搜寻和汇集当地零售商的分散小订单，将这些小订单收拢起来之后，通过自己的平台产品信息库寻找符合要求的对应产品，最后进行下单；商品供应商需要做的就是进入大龙网的信息库，确认订单，然后安排生产供货。至于之后的物流和支付环节，大龙网也会代为操作，不需要供货商和购买商担心。这种操作可以说没有任何门槛，却能够很好地解决小订单业务所面临的种种操作难题和成本问题。

在大龙网针对小订单的 B2B2C（电子物流平台）运作模式中，海外仓又是如何发挥作用的呢？以海外仓为基点建立起来的物流运作又是怎样的呢？

（1）样品仓：建好样品仓，便可以在当地囤积一定的商品样品；一旦客户有需要，便可以进行试单订货。这样可以提升交易效率，节约时间成本。

（2）分拨仓：分拨仓一般不囤积商品，只作为中转站而存在。客户在试单订货后，若满意，便可进行一定量的批发，这时大龙网再从国内的供应商那里运货出去。因为大龙网的销售团队已经将国外的小订单汇集起来，在积少成多之后就能从国内批量运送出去，这样自然能够降低运输成本。到了海外仓之后，商品便可以通过海外仓分拨出去，发送到不同的零售商手中。

针对公司的海外仓运转模式，吴祺说："大龙网的海外仓有一个鲜明的特点，就是不是一个商品一个品类地大量囤货，而是囤多样的样品。这样会提高海外仓的利用率，加速流通，减少每个商品的囤货，提供更多产品的销售。"

另外，业内消息称，深圳有棵树科技有限公司也在暗暗布局，为海外建仓发力。知名跨境电商企业 FocalPrice 公司已经在美国建起了属于自己的海外仓储中心。其美国仓在投入使用后，已经与美国本土物流企业达成战略合作，其主营的平板电脑和手机产品销售形势良好，在配送方面从发货到收货一般只需要 1~3 天。而且为了吸引消费者，在美国仓发出的产品 FocalPrice 还提供了全程包邮服务。

事实上，正在海外仓储方面奋力布局的跨境电商企业远远不止以上 3 家，而且一些从事外贸 B2C 的"大佬"公司也不愿放过这个发展机会，试图通过海外建仓来扩展海外市场。可以预见，在不远的未来，对跨境电商企业而言，海外仓将会成为企业打开国际市场的标配。

海外建仓的必要性，以及跨境电商纷纷布局、抢占先机的原因主要有以下四个方面：

（1）跨境电商行业在价格方面的优势和差异正在逐渐丧失，市场竞争已经转向服务竞争。

（2）跨境电商平台对服务的要求越来越高。

（3）海外电商要求电商税务合法化。

（4）外贸消费者越来越注重服务质量，以及商品运输配送的实效性。

这些原因促使跨境电商大佬纷纷开始在海外仓储领域布局。从长远角度分析，这种海外仓布局很可能会促使跨境电商行业重新洗牌。对此，有专业人士称："大佬布局海外仓会带来物流配送时效的竞争、产品类别的竞争、售后服务的竞争，会提高电商的门槛，小电商生存更难，当然非常小的例如夫妻店还是无敌的。更多同行布局海外仓是必然的，也是新一轮电商洗牌的开始。"

大龙网副总裁吴祺认为：对于跨国贸易来说，买家是十分在意售后服务的，比如遇到一些销售的问题要退换货，而我们不可能让国外的客户把货退到国内来，而退到海外仓的话，就是一个本土化的售后，所以海外仓是这个本土化售后建立的基础。并且作为海外仓，建立中间的主线物流后，物流成本会降低，加上在本土跟其本地物流企业合作，效率和服务质量都会增高。特别是跨境 B2C 这一块，有海外仓的话还可接受两边海关的监管。这比零散的小订单和小包裹更适应跨境电商阳光化的操作。因为对于商业包裹来说，混入邮包是不能适应这种要求的。

在跨境电商领域，采取跨境 B2B 模式的企业建立海外仓储可以说是一种必然的趋势和选择，因为相对于 B2C 企业而言，B2B 企业之间面对的是商家，因此需要更专业和稳定的服务作为业务支撑。

相比于一般的消费者，商家往往不是一次性的买家，而是需要在业务往来中形成长期合作的互信基础；而想要达成长期合作，供应商的本土化服务就显得尤为重要了。所以说，海外仓必然会成为跨境 B2B 企业的标配。

另外，对于 B2B2C 模式的企业来说，如大龙网既想做本土化跨境服务，又想实现本土化落地，海外仓更是必不可少了。

尽管海外仓储对跨境电商的未来发展有着至关重要的所用，不过建起来着实不易。除了高昂的建仓成本之外，建仓流程也是烦琐无比。想要做好海外仓储业务，首先要对建仓当地的法律、民情和文化背景有一定的了解。

为此，跨境电商企业可能要提前花费两年左右的时间去了解这些情况，并且做好建仓尝试；若两年内依然无法打开局面，就会非常被动。

另外，解决人才问题，实现规范智能管理，解决法务、税务问题等，这些都不是一朝一夕能够解决的，需要跨境电商做好长期奋斗的准备。

【商业案例】如何应对供应链危机？对话 UPS：需要多方面构建运输网络

“进入 2021 年，新冠疫情及影响依然是行业所担心的问题，但与此同时，越来越急迫的是气候变化所带来的挑战。”近日，在第四届进博会期间，UPS 亚太区总裁何嘉美在媒体圆桌讨论中表示，中国政府也在跨境电商等领域给予了中小企业更多支持，对于 UPS 而言，更希望帮助中国企业应对全球贸易的复杂情况，以更绿色的方式迈向未来。

这是 UPS 第四次参加进博会，记者在公司展台上了解到，UPS 在全球拥有超过 570 架自营飞机和包机机队，自 1988 年在中国开展业务以来，UPS 的智慧物流网络已涵盖运输、仓储配送和专业化服务。

“对于 UPS 来说，我们一直都非常重视中国市场。”何嘉美回应在华投资计划问题时表示，UPS 会不遗余力地支持好中国中小企业通达全球，现在 UPS 已将数字化工具和创新的智能解决方案覆盖至二三线城市，希望为中国企业与海外市场提供更多可靠保障。

疫情影响持续而严峻

当前，全球多变的贸易环境及复杂的供应断链是物流行业普遍关注的问题，面对这场前所未有的供应链危机，UPS 会如何应对？

UPS 中国区快件及航空运营副总裁张庶民对此表示：“疫情对于供应链的影响依旧非

常严峻，我们可以看到，这对于全球的贸易环境都带来了深刻而持续性的影响。因为一些商务航班的取消，航空货运的运力出现了大幅度下降，而全球贸易运输的需求却在增大，这对全球供应链带来了非常大的挑战和困难。”

在此背景下，今年，UPS 新增了往返中国深圳与日本大阪的直达航班，进一步提升在中国华南地区到日本关西和关中地的运能，并扩大服务网络覆盖，在全国超 5 万多个邮编地区优化服务，使货物的进口和出口转运时间缩短多至 2 天。

作为全球三大快递巨头之一，“UPS 在疫情期间被世界各国政府指定为关键基础设施企业，”张庶民说：“我们有责任在这个充满挑战的时期继续安全工作，除了需要与每一个相关的政府部门和机构密切沟通、积极配合外，我们也在与客户不断加深合作，按照贸易需求维持运营，这也体现出了 UPS 全球物流网络的韧性和灵活性。”

“当前疫情存在多变性和复杂性，我们希望随着疫苗的推广能够在未来有所好转，但处于在供应链危机之中的物流业，需要从多方面构建整个运输网络来满足客户不同的需求。”张庶民向记者表示，UPS 的运输方式和所提供的服务方式是多元化的，包括海运、空运和铁路服务，在整个供应链体系中，贸易企业需要针对复杂环境不断地调整自己的运输方式。

在张庶民看来，一些比较紧急的货物，他建议客户使用快递小包裹服务，能够及时送达到终端，而一些非紧急出运的大宗商品需求会面临船期等不确定因素影响，“相信这也是 UPS 和很多合作伙伴一直在努力的方向，UPS 会针对客户不同的需求，采取不同的供应解决方案。”

跨境电商增长对物流数字化提出更高要求

疫情刺激了全球线上消费的需求急速增长，“新常态”在电子商务等关键领域为企业打开新的机遇。“中国的市场可能和其他国家市场不太一样，在疫情之前电商市场已经有了很大的飞跃，但疫情之后跨境电商的发展仍有很大的上升趋势。”UPS 中国区市场部总监李颖表示，从这两年的发展趋势来看，跨境电商的需求不仅来源于 C 端消费者，还对中小型企业跨境贸易各个环节都有很大的促进作用。

电商的增长趋势对物流供应商的灵活性也提出更高要求，同时需要企业尤其是时间和人力有限的中小企业，提升效率和数字化能力。李颖透露，UPS 将在跨境电商领域加大投入，并持乐观态度。

据相关数据预测，到 2025 年全球电子商务销售额可能会增长 50%，达到 7.4 万亿美元的规模。何嘉美表示，对 UPS 而言，公司始终不断提升智慧物流网络，提供数字化解决方案，帮助企业以更高效、更灵活、更低成本的方式竞争。

记者了解到，供应链诊断与优化中心是 UPS 在此次进博会的特色展品之一。据工作人员介绍，UPS 会结合企业实际情况，从网络、库存、运输及碳排放量优化四个维度分析其供应链优势，提供可配置的解决方案，帮助企业提升供应链管理能力。

在数字化应用越来越多的环境下，UPS 也在运营上不断转型，以满足客户日益变化的需求。对于中国市场未来的投资计划，何嘉美表示，今年，UPS 的微信寄件服务再次升级，UPS My Choice 的服务用户对于所有货物的投递状况可以有更清晰的掌握，在亚太地区推出的 DAP 项目则与电子商务平台合作，将运输流程无缝融入客户的采购过程，因此中小型企业可以更专注于商品销售，而把送货工作留给 UPS。

资料来源：搜狐网每日经济新闻　2021-11-09　记者：张韵　编辑：宋思艰　经删减处理

案例思考：

疫情影响下的供应链危机如何应对？UPS 是如何帮助企业提升供应链管理能力的？

课后习题

一、单选题

1. 供应链管理的英文简写正确的是（　　）。

A. SST　　B. SC　　C. SCM　　D. CIMS

2. 进行供应链管理的目的是（　　）。

A. 既提高服务水平又降低物流总成本

B. 在于提高服务水平

C. 在于降低物流总成本

D. 以上答案都不是

3. 跨境电子商务弥补了传统供应管理的不足，延伸到供应商和客户，甚至供应商的供应商和客户的客户，建立的是一种跨企业的协作，覆盖了从产品设计、需求预测、外协和外购、制造、分销、储运和客户服务等全过程。这说明跨境电子商务（　　）。

A. 促进了企业的流程再造

B. 引起了企业供应链管理的变革

C. 是机构内部的流程再造

D. 是企业与企业之间的流程再造

4. 快速反应适用的行业具备的一般特点是（　　）。

A. 单位价值较低　　B. 可替代性强

C. 购买频率高　　D. 季节性强

5. 跨境电子商务迅速发展的同时，开始面临多种问题，其中以通关便利性和（　　）为最大痛点。

A. 仓储物流　　B. ABC 分类　　C. 6S 管理　　D. 政策环境

6. 跨境电子商务环境下物流供应链的解决方案不包括（　　）。

A. 仓储管理　　B. 运输配送　　C. 附加价值　　D. 交易成本

7. 跨境电商物流中，在目的国海关不太容易会出现（　　）现象。

A. 扣货查验　　B. 货件退回发件地

C. 要求补充文件资料再放行　　D. 直接销毁

8. 以下哪项不是跨境电商物流不支持退换货的原因？（　　）

A. 普遍有海外仓　　B. 跨境物流周期长

C. 反向物流成本高　　D. 需要缴纳进口关税

9. 关于海外仓储的不足之处，下列错误的是（　　）。

A. 电商的库存成本增加　　B. 国际段干线物流成本增加

C. 容易压货　　D. 被退回且无法二次销售的货物，难以退回境内，处理难度大

10. 关于新型的电子商务供应链，下列正确的是（　　）。

A. 灵活性差

B. 周转环节多，供应链条长

C. 供应链体系是“推动式”的

D. 经营成本高

二、多选题

1. 以下属于跨境电商新趋势的有（　　）。

A. 运营合规化　　B. 贸易双边化

C. 通关便利化　　D. 供应链体系完整化

2. 商品的最终成本主要包括（　　）。

A. 采购成本　　B. 跨境物流成本

C. 存货成本　　D. 售后维护成本

3. 商品在进口环节征收的税费主要包含了（　　）。

A. 增值税　　B. 消费税　　C. 城建税　　D. 关税

4. 关于仓储管理的发展趋势，下列正确的是（　　）。

A. 智能化　　B. 规范化　　C. 定制化　　D. 专业化

5. 跨境物流中，最容易出现问题的就是清关环节，以下哪些原因会造成清关障碍？（　　）

A. 没有重视进口国的监管制度

B. 没有关注目的国海关的贸易壁垒

C. 单证不齐全

D. 某些目的国海关没有信息系统支持

三、判断题

1. 发展跨境电子商务，做好供应链管理是十分重要的。（　　）

2. 跨境物流涉及到不同运输工具之间、不同国境之间的货物流转，受到整体物流服务链条中参与节点企业的技术支撑条件以及各个国家的海关监管系统等因素的制约。（　　）

3. 在跨境电商领域，有效客户反应适用于更新换代比较快的行业。（　　）

4. 在供应链管理中，风险与计划都只能在公司内部完成和承担。（　）

5. 我国跨境电子商务方面的法律仍存在一些需要解决的问题，只有解决好这些问题，才能使跨境电子商务更加健康地发展。（　）

6. 物流配送质量是提升消费体验的关键环节。（　）

7. 随着人们对效率要求的不断提高，仓储配送领域也在酝酿一轮新的革命，以机器人为代表的新技术将极大提升仓储配送效率。（　）

8. “海淘+代购”模式是跨境电商 3.0 时代的基本模式。（　）

9. 在跨境物流中，只有邮政包裹和商业快递是无法支持卖家向买家提供退换货服务的。（　）

10. 海外仓储已经成为跨境电商缓解物流压力的必然趋势。（　）

四、简答题

1. 什么是供应链管理？其基本内容包括哪些？

2. 快速反应与有效客户反应之间的共同特征表现在哪些方面？

3. 在跨境电商供应链管理方面，有哪些需要注意的事项？

4. 在跨境电商 1.0 时代，有哪些不可回避的弊端？

5. 为什么跨境电商纷纷布局海外仓储领域，抢占先机在海外建仓？

项目五　跨境电商物流

跨境电商物流是跨境电子商务行业中与所有利益主体息息相关的一环。在跨境电子商务中，交易磋商、合同签订、国际支付和结算均可通过电子商务平台在线完成，而唯有商品从卖方到买方的送达，必须通过实体国际物流来完成。

跨境电商物流是指在跨境电子商务交易下，采用现代物流技术，利用国际化的物流网络，选择最佳的方式与路径，以最低的费用和最小的风险，实现货物（商品）在不同关境间进行物理性移动的一种国际商品流通活动。跨境电商物流系统的高效率、高质量、低成本的运作是跨境电商快速发展的保障。

跨境电商物流与传统物流的不同之处在于其交易的主体分属不同关境，商品需要从供应方国家（地区）通过跨境物流方式实现空间位置转移，在需求方所在国家（地区）内实现最后的物流与配送。跨境电子商务物流包括境内物流、国际（地区间）物流与运输、目的国（地区）物流与配送三部分。

第一节　跨境电商四大物流模式

现阶段采用较多的跨境物流四大模式是邮政物流、商业快递、专线物流及海外仓。其中邮政物流是目前跨境电商使用的主要物流方式。国际快递业务具有速度快、服务好、丢包率低的特点，尤其是发往欧美等发达国家和地区非常方便。而一些需要航空包舱的商品通常都选用专线物流。海外仓采取的集中运输模式则突破了商品重量、体积和价格的限制，不适合发直邮小包的商品都可以选择海外仓。面对诸多的跨境物流模式，卖家可以从运费、安全度、运送速度以及买家的实际需要等几个方面进行分析，进而选择适合自己的物流方式。

一、邮政物流

邮政物流为各国邮政部门所属的物流系统，是指通过邮政体系实现商品的进出口，运用个人邮包形式进行发货。包括 EMS、ePacket、中国邮政大包和中国邮政小包等。

（一）EMS（Express Mail Service）

EMS 即特快专递邮件业务，是一项由中国邮政速递物流与各国（地区）邮政合作开办的中国大陆与其他国家以及中国港、澳、台地区间寄递特快专递邮件的服务。其最大的优势就是在各国（地区）邮政、海关、航空等部门均享有优先处理权。

1. EMS 参考时效、资费、体积、重量限制

EMS 国际快递的投递时间通常为 3~8 个工作日（不包括清关的时间）。由于各个国家及地区的邮政、海关清关时间长短不一，有些国家和地区的包裹投递所需时间可能较长。卖家可登录 EMS 的官方网站 http://www.ems.com.cn，在“服务指南”板块查看包裹投递信息以及资费标准、体积和重量限制、禁寄商品等。

2. EMS 的优缺点

EMS 是与其他国家（地区）的邮政合办的，具有自身的优缺点，如表 5-1 所示。

表 5-1　EMS 的优缺点

优点	投递网络强大，覆盖范围广，价格较为便宜，以实际重量计费，不算抛重
	享有优先通关权，且清关时可不用提供商业发票，通关不过的货物可以免费运回国内，而其他快递一般要收费
	寄往俄罗斯以及南美等国家具有绝对优势
	比较适合小件的物品，以及时效性要求较低的货物
缺点	相对于商业快递来说，速度较慢
	查询网站信息更新不及时，出现问题后只能进行书面查询，耗费的时间较长
	不能一票多件，运送大件货物价格较高

（二）ePacket

ePacket 即国际 e 邮宝（EUB），是中国邮政为适应国际电子商务寄递市场的需要，为中国电商卖家量身定做的一款经济型国际邮递产品。

1. ePacket 包裹的体积重量限制（见表 5-2）

表 5-2　ePacket 包裹的体积重量限制

包裹形状	重量限制	最大体积限制	最小体积限制
方形包裹	单件邮件不超过 2 千克	单件邮件的长、宽、厚之和不超过 90 厘米，最长边不超过 60 厘米	单件邮件长度不少于 14 厘米，宽度不少于 11 厘米
圆柱形包裹		圆柱形邮件直径的 2 倍、长度之和不超过 104 厘米，长度不超过 90 厘米	圆柱形邮件直径的 2 倍、长度之和不少于 17 厘米，长度不少于 11 厘米

2. ePacket 跟踪查询

卖家可以登录中国邮政速递网站 http://www.ems.com.cn 或拨打客服电话 11183 查询 ePacket 的资费标准和物流环节。中国邮政未对 ePacket 做出承诺时限，这点需要卖家注意。

美国、澳大利亚和加拿大 ePacket 业务提供全程时限跟踪查询，但不提供收件人签收

证明；英国 ePacket 业务不提供投递确认信息，但能提供收寄、出口封发和进口接收信息。

由于 ePacket 业务不提供查单，也不承担邮件丢失、货物延误赔偿，因此对于一些价值较高的产品来说，不适合选择 ePacket。

3. ePacket 的速度优势

目前，ePacket 主要发往美国、加拿大、英国、澳大利亚、法国和俄罗斯。

国际 ePacket 在国内段使用 EMS 网络进行发运，并采用国际领先的电磁干扰（Electromagnetic Interference，EMI）电子报关系统进行通关。出口至美国的货物，由美国邮政通过其国内一类函件网（First Class）进行投递。出口至澳大利亚的货物，由澳大利亚邮政通过其国内挂号函件网（Register Mail Network）进行投递。一般情况下，货物能在 7~10 个工作日内完成妥投。出口至英国的货物，由英国皇家邮政通过其国内一类函件网（First Class）进行投递，包裹到达英国海关后将不再提供追踪信息。一般情况下，货物能在 7~9 个工作日内完成妥投。

（三）中国邮政大包

中国邮政大包包括航空大包、水陆运输大包、空运水陆运输大包。本书所提及的中国邮政大包仅指航空大包。

中国邮政大包服务是中国邮政区别于中国邮政小包的新业务，是中国邮政国际普通邮寄包裹三种服务方式中的航空运输方式服务，可寄达全球 200 多个国家和地区，适用于对时效性要求不高而重量稍重的货物。

重量在 2 千克以上，通过邮政空邮服务寄往国外的大邮包可以称为“国际大包”。国际大包分为普通空邮（Normal Air Mail，非挂号）和挂号（Registered Air Mail）两种。普通空邮费率较低，邮政不提供跟踪查询服务；挂号费率稍高，邮政可提供网上跟踪查询服务。

1. 中国邮政大包运送时效

根据目的地的不同，中国邮政大包的运送时效也有所不同，通常到亚洲临近国为 4~10 天，到欧美主要国家为 7~20 天，到其他国家和地区为 7~30 天。卖家可在 https://11185.cn/web/#/index 网站进行跟踪查询。

2. 中国邮政大包计费方式

中国邮政大包对包裹重量有限制，不能超过 30 千克（部分国家不能超过 20 千克），计费时不计算体积重量，没有偏远附加费和燃油附加费，其计费公式如下：

首重 1 千克的价格+续重 1 千克的价格×续重的价格=总额

此外，中国邮政大包需收 8 元/件的报关手续费用。

3. 中国邮政大包的优缺点

中国邮政大包是区别于中国邮政小包的新型业务，适合重量稍重且对时效性要求不高的产品。中国邮政大包具有如表 5-3 所示的优点和缺点。

表 5-3　中国邮政大包的优缺点

优点	成本低，且不计算体积重量，没有偏远附加费
	覆盖范围广，清关能力强，如俄罗斯和巴西
	运单操作简单、方便
缺点	部分国家限重 20 千克，最重也只能是 30 千克
	速度较慢
	查询信息更新不及时

4. 中国邮政大包体积重量限制

寄往各国包裹的最大尺寸限制分为以下两种。

（1）第一种尺寸：最长一边不超过 150 厘米，长度与长度以外的最大横周合计不超过 300 厘米。单边不超过 15 米，长度加长度以外的最大横周不超过 3 米（此最大规格是 30 千克货物）。

（2）第二种尺寸：最长一边不超过 105 厘米，长度与长度以外最大横周合计不超过 200 厘米。单边不超过 15 米，长度加长度以外的最大横周不超过 2 米（此最大规格是 20 千克货物）。

横周面积的计算公式：2 倍高度+2 倍宽度+长度。

（四）中国邮政小包

中国邮政小包即中国邮政航空小包（China Post Air Mail），又称“中邮小包”“航空小包”“空邮小包”，是指单件邮件重量小于 2 千克（寄往阿富汗的限重 1 千克），外包装长、宽、高之和不超过 90 厘米，最长边不超过 60 厘米，通过邮政空邮服务寄往国外的小包裹。

1. 中国邮政小包类型

（1）中国邮政平常小包（平邮）：只能通过面单条码用电话查询邮包在国内的状态。

（2）挂号小包：可以利用跟踪条码，跟踪邮包在大部分目的国的实时状态。

2. 运费计算

中国邮政平常小包和挂号小包运费的计算方式有所不同，挂号小包需要支付挂号费，而平邮则无须支付挂号费。

平邮的计费方式如下：

$$标准运费\times实际重量\times折扣=总额$$

挂号运费的计算公式如下：

$$标准运费\times实际重量\times折扣+挂号费\ 8\ 元=总额$$

3. 中国邮政小包体积重量限制

体积重量限制规定如表 5-4 所示。

表 5-4 中国邮政小包货物体积重量限制

<table>
<tr><th>包裹形状</th><th>重量限制</th><th>最大体积限制</th><th>最小体积限制</th></tr>
<tr><td>方形包裹</td><td rowspan="2">单件邮件包裹重量不超过 2 千克（至阿富汗的包裹重量不超过 1 千克）</td><td>单件邮件的长、宽、高之和不超过 90 厘米，长度不超过 60 厘米</td><td>至少有一面的长度不少于 14 厘米，宽度不少于 9 厘米</td></tr>
<tr><td>圆柱形包裹</td><td>圆柱形邮件直径的 2 倍、长度之和不超过 104 厘米，长度不超过 90 厘米</td><td>圆柱形邮件直径的 2 倍、长度之和不少于 17 厘米，长度不少于 10 厘米</td></tr>
</table>

4. 中国邮政小包的优缺点

（1）优点

①运费相对来说较低，这是最大的优点。

②网络覆盖范围非常广，基本覆盖全球。

③在海关享有“绿色通道”特权，因此清关能力很强。

④包裹本质上属于民用包裹，可邮寄的物品类型较多。

（2）缺点

①限重较低，只有 2 千克，寄往阿富汗的甚至只有 1 千克，包裹如果超过限重需要将其分成多个包裹邮寄。

②总体来说运送时间较长。

③跟踪查询不方便，许多国家不支持全程跟踪，官网只能跟踪国内部分，国外部分无法跟踪，卖家需要借助其他工具进行跟踪。

总体来说，中邮小包属于性价比较高的物流方式，适合单个包裹重量较轻、价格要求实惠且对时限、跟踪查询要求较低的产品。但是，由于中邮小包属于民用包裹，而海关对个人邮递物品的验放遵循“自用合理数量”的原则，即以亲友之间相互馈赠自用的正常需要数量为限，因此若是数量太大的产品则不宜选择这种方式。

5. 中国邮政小包使用注意事项

使用中国邮政小包时，需要注意以下几点事项。

（1）必须用英文将收件人的姓名、地址填写完整。

（2）客户须填写报关单上的内件物品、数量、重量及价格等内容。

（3）客户需在报关单上的寄件人签名处填写自己的中文姓名。

（4）货物包装要完整，不易损坏，包装袋外侧只能有地址标签，不能带有其他无关标识，易碎货物最好在外包装上贴上易碎品的标志，邮包正面中间位置应贴中国邮政跨境小包面单。

（5）在某些国家，如尼日利亚、意大利，平邮丢失不能获得赔偿，因此，最好选择用挂号或快式挂号邮件，丢失后可根据申报价格进行赔偿，但不会退还挂号费。

（五）新加坡邮政小包（递四方）

新加坡邮政小包是由新加坡邮政在中国内地的唯一合法代理——递四方速递公司针对2千克以下小件物品推出的空邮产品，可邮寄带电池商品，运送范围为全球。

1. 收货重量及尺寸限制

新加坡邮政小包的收货重量及尺寸限制如表5-5所示。

表5-5　新加坡邮政小包的收货重量及尺寸限制

货物形状	重量限制	最大体积限制	最小体积限制
方形货物	重量在2千克之内	长、宽、高之和不超过90厘米，长度不超过60厘米	表面尺码不得小于9厘米×14厘米
卷轴装货物		直径的2倍加上长度之和不超过104厘米，长度不超过90厘米	直径的2倍加上长度之和不少于17厘米，长度不少于10厘米

2. 基本运费

平邮的运费计算方法为：105元/千克+0.5元/件处理费。

挂号的运费计算方法为：715元/千克，挂号费为12元。

3. 运送范围及主要参考时效

新加坡邮政小包支持发往全球200多个国家和地区，有邮局的地方都可以到达（极少数国家或地区除外）。运费根据包裹重量按克计费，10克起计，每个单件包裹限重在2千克以内。

4. 新加坡邮政小包的优势

（1）价格低。相对于其他运输方式（如DHL、UPS、Fedex、TNT等）来说，小包服务有绝对的价格优势。

（2）速度快。到达多数国家的正常运输时间为7~15个工作日。

（3）安全性高。新加坡邮政提供的国际小包服务是世界认可的优质产品，掉包率低，既快速，又安全。

（六）其他邮政小包

除了以上介绍的几种邮政小包之外，还有其他小包渠道，如瑞士小包、瑞典小包等，它们也有不同的优势。

（1）瑞士小包：价格相对较高，但在欧洲国家的通关能力很强，在欧洲申根国家免报关，因此瑞士小包在欧洲线路的寄送上时效性较强。

（2）瑞典小包：与瑞士小包相比，其价格较低，在俄罗斯有较强的通关能力，且投递速度较快，因此是寄往俄罗斯首选的物流方式，有时可以寄送带电池的商品。

二、商业快递

商业快递是指商品通过国际快递公司进行物流配送。主要包括 UPS、TNT、FedEx、DHL 等。不同的国际快递公司具有不同的特点，在资费、服务、时效上也有所区别。

（一）UPS（United Parcel Service）

UPS 即联合包裹服务公司，是一家全球性的公司，也是世界上最大的快递承运商与包裹递送公司。

1. UPS 的业务类型

UPS 可以为客户提供五种保证确定时间和确定日期的全球快递服务，一般大部分货代公司都可以提供 UPS 的四种主要业务服务，即 UPS Worldwide Express Plus（全球特快加急服务）、UPS Worldwide Express（全球特快服务）、UPS Worldwide Express Saver（全球速快服务）、UPS Worldwide Expedited（全球快捷服务）。这四种业务服务中，在 UPS 货源单上，除了 UPS Worldwide Expedited（全球快捷服务）是用蓝色标记外，即所谓的“蓝单”，另外三种都是用红色标记的。但是，通常所说的“红单”是指 UPS Worldwide Express Saver（全球速快服务）。其中，UPS Worldwide Express Plus（全球特快加急服务）的资费最高，UPS Worldwide Expedited（全球快捷服务）的资费最低，速度也最慢。全球速卖通平台主要采用的是 UPS Worldwide Express Saver（全球速快服务）、UPS Worldwide Expedited（全球快捷服务），即通常所说的“红单”和“蓝单”。

2. UPS 的体积重量限制

UPS 国际小型包裹服务一般不接收超重或超过尺寸标准的包裹，否则要对每个超重、超长包裹收取相应的附加费（每个包裹最多收取一次超重、超长费）。货物体积重量的计算公式如下：

体积重量（千克）= 长（厘米）×宽（厘米）×高（厘米）÷5000

具体的体积重量限制标准如下：

（1）每个包裹的重量不得超过 70 千克。

（2）每个包裹的长度不得超过 270 厘米。

（3）每个包裹的长加周长之和不得超过 330 厘米。

3. 资费标准

卖家可登录 UPS 官网 https://www.ups.com/us/en/Home.page 查询相关资费和进行货物跟踪查询。在此有一点值得注意：一票多件货物的总计费重量取运单内每个包裹的实际重量和体积重量中的较大者，不足 0.5 千克的按 0.5 千克计算，超过 0.5 千克的按 1 千克计算。

4. UPS 的优缺点

（1）优点

①速度快，服务好。

②美国、英国、南美洲等线路具有绝对优势，比较适合发快件。

③货物可送达全球 200 多个国家和地区。

④提供在线发货，全国 109 个城市提供上门取货。

⑤可覆盖的国家和地区广，支持一票多件。

（2）缺点

①对托运货物有比较严格的限制。

②计算单件超重费、超长费。

③运费较贵，要计算产品包装后的体积重量。

（二）TNT（Thomas National Transport）

TNT 总部位于荷兰，是全球领先的快递服务商，为企业和个人提供快递和邮政服务。TNT 在欧洲、亚太、南美和中东地区拥有公路和航空运输网络。

1. TNT 服务类型

TNT 可以提供限时和限日快递服务，其中包括两种能够翌日送达的快递服务和经济快递服务。对于不太紧急的包裹或者较重的货物，可以选择限时和限日快递服务中的经济快递服务，如表 5-6 所示。

表 5-6　TNT 经济快递服务的服务类型及其特点

服务类型 特点	12：00 经济快递	经济快递
送达时效	指定工作日的中午之前送达	指定工作日下班之前送达
可寄物品	包裹和货物	包裹和货物
送达范围	25 个以上欧洲国家的主要城市	全球
货物限重	最多 500 克	最多 1500 千克

2. 资费标准

TNT 除了要收取基本运费，还要收取相应的附加费用，包括燃油附加费、偏远地区附加费、加强安全附加费。由于燃油价格不断波动，燃油附加费也会有所变动，可登录官网 https://www.tnt.com 查询。加强安全附加费是指 TNT 已经执行了额外的程序、活动和投资，为客户货物提供安全保护。为了抵消部分附加费用，所有货物均收取加强安全附加费。

TNT 对所有国际快递、经济快递和特殊快递服务货物均收取附加费，费率为每千克 0.05 欧元，每票最低 0.5 欧元，最高 10 欧元。

对于空运货物，附加费按照每千克 0.09 欧元收取。最低附加费基于 100 千克重量。它没有最大计费重量限制。

TNT 使用体积换算系数来计算货物是应按照统计重量还是体积重量收取费用，两者取其大。

3. TNT 的体积重量限制

TNT 对包裹也有体积重量限制：单件包裹的三条边的长度分别不能超过 240 厘米、150 厘米、120 厘米，单件包裹重量不得超过 70 千克。

体积重量超过实际重量的部分按照体积重量计费，计算公式如下：

体积重量（千克）= 长（厘米）×宽（厘米）×高（厘米）÷5000

4. TNT 的优缺点

（1）优点

①速度快，通关能力强，提供报关代理服务。

②无偏远派送费。

③信息更新快，可及时跟踪查询货物，遇到问题及时响应。

④纺织类大货运送到新西兰、西欧、澳大利亚有较大优势。

（2）缺点

①对货物限制较多。

②价格相对较高，要计算货物体积重量。

（三）FedEx（Federal Express）

FedEx（联邦国际快递）是一家国际性速递集团，提供隔夜快递、地面快递、重型货物运送、文件复印及物流服务，总部设于美国田纳西州。

1. FedEx 的服务类型

FedEx 分为联邦快递国际优先快递服务（FedEx International Priority，FedEx IP）和联邦快递国际经济快递服务（FedEx International Economy，FedEx IE），二者的区别如表 5-7 所示。

表 5-7　FedEx 的服务类型及其特点

服务类型	特点
联邦快递国际优先快递服务（FedEx IP）	运送时效快，一般为 2~5 个工作日 清关能力强 覆盖范围广，可达全球 200 多个国家和地区
联邦快递国际经济快递服务（FedEx IE）	相较于优先型服务价格更优惠 运送时效一般为 4~6 个工作日，比优先型服务慢 与优先型服务有同等的清关能力 可达全球 90 多个国家和地区

2. FedEx 的体积重量限制

体积限制为：单件包裹最长边不超过 274 厘米，（最长边+其他两边）×2330 厘米的重量不超过 68 千克，单件或者一票多件中的单件包裹超过 68 千克，也需提前预约。其中每件重量限制为：单票的总重量不超过 300 千克，超过 300 千克需提前预约；若一票多件，FedEx 的体积重量计算公式为：长（厘米）×宽（厘米）×高（厘米）÷5000。如果货物的体积重量比实际重量大，则按体积重量计费，具体的资费标准卖家可登录官方网站 https：//www.fedex.com/global/choose-location.html 进行查询。包裹的跟踪查询也可在其官网上进行。

3. FedEx 的优缺点

（1）优点

①适宜运送 21 千克以上的大件，到中南美洲和欧洲的价格较有竞争力。

②包裹一般在 2~4 个工作日可以送达。

③网络覆盖全，网站信息更新快，查询响应快。

（2）缺点

①价格较贵，需要计算货物的体积重量。

②对托运货物有较严格的限制。

③会收取偏远附加费、单件超重费、地址更改派送费。

（四）DHL

DHL 是全球知名的邮递和物流集团 Deutsche Post DHL（敦豪航空货运公司）旗下的公司。DHL 的业务遍布全球 200 多个国家和地区，是全球国际化程度最高的公司。

1. DHL 的体积重量限制

体积重量的计算公式为：长（厘米）×宽（厘米）×高（厘米）÷5000。计费时取货物的实际重量和体积重量二者中的较大者。

根据包裹寄往的国家不同，体积重量限制也有所不同。对寄往大部分国家的包裹，单件包裹的重量不得超过 70 千克，单件包裹的最长边不得超过 120 厘米，具体标准可登录官网 http：//www.dhl.com.cn.html 进行详细查询。

2. 运送时效

通过 DHL 运送的货物，一般从客户交货之后第二天开始的 1~2 个工作日就会有物流信息，参考妥投时效为 3~7 个工作日（不包括清关时间）。

3. DHL 的优缺点

（1）优点

①速度快，一般 2~4 个工作日可送达，到欧洲一般 3 个工作日，到南亚一般 1~2 个工作日。

②可送达的网点多，到西欧、北美有绝对优势。

③网站信息更新快，遇到问题可及时解决。

（2）缺点

①价格相对较高，要计算货物的体积重量。

②对货物限制较多。

4. 使用 DHL 的注意事项

选择使用 DHL 时需要注意以下三项。

（1）物品描述：寄件人不得寄送礼品或样品，申报商品时要如实填写商品品名和数量。

（2）申报价值：DHL 对商品的申报价值没有要求，客户可以自行决定填写金额，但是为了避免多交关税和罚金，最好填写货物的实际价值。

（3）收件人地址：在收件人地址中，有一些国家不接受 PO Box（Post Office Box）邮政信箱地址，因此，寄件人必须提供收件人的联系电话，且所有资料必须使用英文填写。

三、专线物流

专线物流一般是通过航空包舱的方式将货物运输到国外，然后通过合作公司对货物进行目的地国内派送。这种模式通常来说是针对需求量大、热门的路线，需要一定的货量来分摊成本。

（一）Ruston

Ruston 俗称“俄速通”，是由黑龙江俄速通国际物流有限公司打造的、针对俄语系国家的电商物流。2014 年 3 月，俄速通上线阿里巴巴速卖通；2015 年 1 月，俄速通上线敦煌网，成为被平台卖家广泛认可的对俄业务的物流专线服务商。

2015 年，俄速通陆续开通了乌克兰航线以及白俄罗斯航线，这也是俄速通继俄罗斯后开辟的其他俄语系国家。今后，俄速通还将陆续开辟更多的俄语系国家航线，实现对俄语系国家的物流全覆盖。

以下重点介绍俄速通在俄罗斯境内的服务类型，包括俄罗斯航空小包、俄罗斯大包、俄罗斯 3C 小包三种业务。

1. 俄罗斯航空小包

俄罗斯航空小包是黑龙江俄速通公司与阿里巴巴速卖通合作设立的、专门针对速卖通平台的物流模式，服务覆盖俄罗斯全境。

（1）包装与重量要求

俄罗斯航空小包可提供上门揽件服务，广东省、福建省、江苏省、浙江省、上海市等地可 5 件起免费上门揽收；小于或不在揽收区域范围内的，需由卖家自行发货至集货仓（见表 5-8）。

表 5-8　俄罗斯航空小包的包装与重量限制

包裹形状	重量限制	最大尺寸限制	最小尺寸限制
方形包裹	重量小于 2 千克	长、宽、高长度之和小于 90 厘米，最长一边长度小于 60 厘米	至少有一面的长度大于 14 厘米，宽度大于 9 厘米
圆柱形包裹		2 倍直径及长度之和小于 104 厘米，长度小于 90 厘米	2 倍直径及长度之和大于 17 厘米，长度大于 10 厘米

注：以上尺寸标准公差在 2 毫米之内。

（2）赔付保障

Ruston 专线物流商承诺：从包裹入库起 30 天后未收到包裹，且物流商不能确认货物状态；若从包裹入库后起算 60 天内未妥投（指俄买家所在地邮局收到包裹，并且信息可在俄邮网上查询到），且未有异常信息返回，直接认定为包裹丢失。

商家发现或怀疑货物丢失，可先联系物流商进行货物状态查询，如果查询确认丢件，物流商将按照该订单在速卖通的实际成交价但不超过 700 元为标准进行赔偿。

（3）俄罗斯航空小包的优势

俄罗斯航空小包具有经济实惠、送达范围广、运送时效快、全程可追踪等优势。

2. 俄罗斯大包

俄罗斯大包可送达俄罗斯全境，平均时效为通关后 20~30 个工作日，具体还需根据目的地是否为偏远地区和俄罗斯当地的情况而定。

（1）包装与重量要求

俄罗斯大包要求货物的外包装是无字干净纸箱，用无字胶带封口（见表 5-9）。

表 5-9　俄罗斯大包货物的体积重量限制

尺寸、重量	规格要求
最大尺寸限制	单边长、宽、高不超过 1.5 米，长、宽、高总和不超过 1.8 米
最小尺寸限制	最长边不低于 0.17 米，最短边不低于 0.12 米
重量限制	重量每箱最多不得超过 20 千克，货值每箱不得超过 200 欧元（如有超出，收货人收取货物时需要向俄罗斯海关缴纳相应的关税）

（2）赔付保障

对于在物流承运过程中发生的货物丢失，俄罗斯大包提供赔付保障。针对已购买保价货物和未购买保价货物有不同的赔付标准（见表 5-10）。

表 5-10　俄罗斯大包赔付保障标准

货物类型	赔付标准
已购买保价货物	如果整件货物丢失，按照货物购买保价进行赔偿，并退还运费
	如果货物部分丢失，按照丢失货物重量占总重量的百分比乘以保价进行赔偿，不退还运费
未购买保价货物	如果整件货物丢失，退还货物运费
	如果部分货物丢失，退还按丢失货物重量占总重量的百分比乘以运费的费用

（3）俄罗斯大包的优势

俄罗斯大包具有三大优势。

①价格优惠：以千克为单位计费，最大限重 20 千克，可以让买家花一次运费邮寄更

多的产品，解决买卖双方的烦恼。

②覆盖面广：境外递送环节全权由俄罗斯邮政承接，可送达俄罗斯全境。

③运送时效快：可在俄罗斯境内采用水、陆、空（部分地区）结合的特殊运输方式，保证包裹以最经济、最效率的方式送达买家手中。

3. 俄罗斯 3C 小包

俄罗斯 3C 小包最大的特点是可以邮寄带有手机电池、纽扣电池、化妆品等通常航空小包禁止邮寄的物品，且以百克为单位计费，最大限重 20 千克，可以让买家花一次运费购买到更多的产品。俄罗斯 3C 小包通常 16~30 天可到达俄罗斯目的地，35 天可到达俄罗斯全境。

俄罗斯 3C 小包要求货物要用干净的快递袋包装，封口处贴胶仅限制在刚好封口为止，不需按货物体积折叠快递袋，禁止使用透明胶带封口或对包装进行二次封缠。3 千克以上包裹需用白色布口袋包装。客户需将收件人信息和运单号贴在快递袋中心位置，标签大小不可大于 14 厘米×10 厘米。

包裹的最大尺寸限制为 425 毫米×265 毫米×380 毫米，超出尺寸需额外交付运费 40% 的超大费；重量最多不得超过 10 千克/件，保价最高限额 500 元/件。

（二）Special Line-YW

Special Line-YW 即燕文航空挂号小包，简称“燕文专线”，是北京燕文物流有限公司通过整合全球速递服务资源，利用直飞航班配载，由国外合作伙伴快速清关并进行投递的服务。

燕文航空挂号小包已开通拉美专线、俄罗斯专线、印度尼西亚专线。拉美专线直飞欧洲并在此中转，使得妥投时间大大缩短；俄罗斯专线实行一单到底，堪称无缝可视化跟踪。一般情况下，俄罗斯人口 50 万以上的城市最长 17 天可完成派送，其他城市最长 25 天可完成派送。印度尼西亚专线采用中国香港邮政挂号小包服务，并经中国香港地区中转，到达印度尼西亚的平均时效优于其他小包。

1. 资费标准

Special Line-YW 按克收费，经济小包最低收费标准为 10 克，相关详情可查询燕文物流公司官网。

2. 体积重量限制

Special Line-YW 单件包裹限重在 2 千克以内。

最大尺寸：非圆筒形货物：长+宽+高≤90 厘米，单边长度≤60 厘米。圆筒形货物：2 倍直径及长度之和≤104 厘米，单边长度≤90 厘米。

最小尺寸：非圆筒形货物：单件表面尺码≥9 厘米 x14 厘米。圆筒形货物：直径的两倍+长度≥17 厘米，长度≥10 厘米。

3. Special Line-YW 的优势

（1）时效快。Special Line-YW 可根据不同目的国选择服务最优质和派送时效最好的合作伙伴；在北京、上海和深圳 3 个口岸直飞各目的国，避免了国内转运时间的延误，并且和口岸仓航空公司签订协议保证稳定的仓位；全程追踪，派送时效在 10~20 个工作日。

（2）交寄便利。Special Line-YW 提供免费上门揽收服务，揽收区域之外的可以自行发货到指定揽收仓库。

（3）赔付保障。若包裹丢失或损毁则提供赔偿，用户可在线发起投诉，投诉成立后最快 5 个工作日完成赔付。

（三）Aramex

Aramex 即中东专线，是以专一的航线发到中东地区国家，或中东到中国门对门的快递服务。中东专线可通达中东、北非、南亚等地的 20 多个国家，在当地具有很大优势。

1. Aramex 的资费标准

Aramex 的标准运费由基本运费和燃油附加费两部分构成，其中燃油附加费经常有所变动，卖家可登录其官网了解相关详情。其运费计算公式如下：

运费 =（首重价格+续重价格×续重重量）×燃油附加费×折扣

Aramex 体积重量的计算方法如下：

体积重量（千克）= 长（厘米）×宽（厘米）×高（厘米）÷5000

计费时取实际重量和体积重量二者之间的较大值。

2. 体积重量限制

Aramex 快递对包裹的体积和重量分别有限制：单件包裹的重量不得超过 30 千克，体积不得超过 120 厘米×50 厘米×50 厘米。若单件包裹重量超过 30 千克，则体积必须小于 240 厘米×190 厘米×110 厘米。

3. Aramex 的优势

Aramex 快递是国际货物邮寄中东国家的首选，具有以下几点优势：

（1）运费较低，寄往中东、北非、南亚等国家在价格上非常具有优势，且无须附加偏远费用。

（2）速度较快，时效有保障，包裹寄出后 3~5 天即可投递。

（3）网络信息更新及时，包裹可随时进行跟踪查询。

4. Aramex 操作时的注意事项

Aramex 的操作比较复杂，需要注意以下几点事项。

（1）必须用英文填写运单上收件人的姓名、地址、电话、邮编、国家以及商品信息、申报价值、件数、重量等信息。

（2）单票货物申报不得超过 50000 美元。

（3）收件人地址不能是 PO Box 的邮政信箱地址。

（四）中欧班列

中欧班列（CHINA RAILWAY Express，缩写 CRexpress）是由中国铁路总公司组织，按照固定车次、线路等条件开行，往来于中国与欧洲及一带一路沿线各国的集装箱国际铁路联运班列。目前中欧班列铺划有西、中、东 3 条通道：西部通道由我国中西部经阿拉山口（霍尔果斯）出境，中部通道由我国华北地区经二连浩特出境，东部通道由我国东南部沿海地区经满洲里（绥芬河）出境。

1. 主要线路班列开行情况

目前，中国到欧洲的集装箱班列已经开通 11 条线路。典型线路有：

重庆—德国杜伊斯堡（渝新欧）：全程 11 000 公里，途经 5 国，运行时间约 15 天。

成都—波兰罗兹（成新欧）：全程 9965 公里，运行时间约 14 天。

郑州—德国汉堡（郑新欧）：全程 10 245 公里，运行时间约 15 天。

此外，还有西安、苏州、武汉、广州、长沙、合肥等城市，也开通了直通欧洲的班列。

2. 中欧班列的资费标准

中欧班列详细资费标准请参考中欧铁运物流有限公司官网。中欧班列运输到波兰及其他不同目的地的费用可参见中欧班列运输网。

3. 中欧班列的优点

（1）直达班列，相对于国际联运省去了换装的时间，更加安全便捷。

（2）全程使用标准海运集装箱，箱源优先保障。

（3）运输时间短，经济便捷。

（4）政府扶持力度大。

铁路专线物流相比海运更安全，可大幅度缩短中欧距离和运输时间（比铁海联运节约 20 天左右）。随着中国与“一带一路”沿线国家签署更多的便捷通关协议，铁路运输效率有望进一步提高。但是与海运相比，目前铁路专线物流还存在通道少、经营垄断性强、市场化程度低、承运和转运手续繁杂、运费高等问题。

四、海外仓

海外仓是近几年兴起的一种跨境仓储物流模式。海外仓储既可以是自建的，也可以是租赁的。

（一）海外仓的概念

海外仓又称海外仓储，是指由网络外贸交易平台、物流服务商单独或合作为卖家在物品销售目的地提供的货品仓储、分拣、包装、派送一站式控制与管理服务。确切来说，海外仓储应该包括头程运输、仓储管理、本地配送三个部分，即卖家将要销售的货物存储在当地的仓库，当有买家需要时，仓库立即作出响应，并及时对货物进行分拣、包装以及递送。

头程运输阶段，商家可以通过海运、陆运、空运或者联运将商品运送至海外仓库。仓储管理理阶段，商家通过物流信息系统，远程操作海外仓储货物，实时管理库存。本地配送阶段，海外仓储中心根据订单信息，通过本地邮政或快递将商品配送给顾客。

（二）海外仓的费用

使用海外仓需要支付一定的海外仓储费用。主要包括头程费用、仓储费、处理费、当地配送费用，另外还有关税、增值税等费用。

1. 头程费用

头程费用是指从本国境内把货物运送至海外仓库所产生的费用，主要包括空运、海运散货、海运整柜、当地拖车等费用。如果采用海运货轮运输的方式，有集装箱拼箱和集装箱整箱两种。集装箱拼箱方式以实际体积计算运费，集装箱整箱方式以箱为单位计算运费。

2. 仓储管理服务费

仓储管理服务费主要包括仓储费和订单处理费两个部分。仓储费是货物储存在仓库中产生的费用。如果租用第三方物流公司的仓库，通常会按周收取费用，以提高产品的周转率。订单处理费是买家下单后，仓库完成订单拣货打包而产生的费用。通常会根据处理的订单数量、体积及重量划分为不同的价目表。

3. 当地配送费用

当地派送费用也称为二程派送费用，是指买家下单后，其货物由海外仓库打包配送至买家地址所产生的费用。由于各国物流公司的操作不尽相同，该费用取决于配送的方式，以具体国家具体物流公司的派送价格和规则为准。

4. 税金

税金指货物出口到某国，按照该国进口货物政策而征收的一系列费用。像有些国家征收的税金不仅有进口关税，还有一些特定的费用，如增值税。

（三）海外仓的优势

1. 优势

用传统外贸方式走货到仓，可以降低物流成本。相当于销售发生在本土，可提供灵活可靠的退换货方案，提高了海外客户的购买信心。发货周期缩短，发货速度加快，可降低跨境物流缺陷交易率。此外，海外仓储可以帮助商家拓展销售品类，突破“大而重”的发展瓶颈。

2. 劣势

不是任何商品都适合使用海外仓储，使用海外仓储的商品最好是库存周转快的热销单品，否则容易压货，存在货物滞销的风险。同时，海外仓储的运营维护成本较高，因而对商家在供应链管理、库存管控、动销管理等方面提出了更高的要求。

第二节　跨境电商物流中的通关与报关

通关与报关是跨境电商物流中必不可少的一个环节，产品在进出关境时，由所有人或其代理人向海关申报，办理有关手续，通过海关查验并放行后才能顺利进入目的国，再通过物流送达买家手中。

一、通关与报关的基本流程

跨境电商企业可以通过通关服务平台实现通关一次申报，同时海关、税务、检验检疫、外汇、市场监管等部门也可通过通关服务平台获得跨境电商产品信息，并对产品交易实现全流程监管。

一般来说，跨境电商出口报关需要经过六个步骤：

（1）跨境电商企业在跨境电商服务平台上备案。

（2）货物售出后，电商、物流、支付企业向跨境电商服务平台提交订单、支付、物流三单信息。

（3）跨境电商服务平台完成三单比对，自动生成货物清单，并向中国电子口岸发送清单数据。

（4）货物运往跨境电子商务监管仓库。

（5）海关通过跨境电商服务平台审核，确定单货相符后，货物放行出口。

（6）跨境电商企业凭报关单向国税局申请退税。

电子商务企业或其代理人应提交《中华人民共和国海关跨境电子商务零售进出口商品申报清单》（以下简称《申报清单》），出口采取“清单核放、汇总申报”的方式办理报关手续。所谓“清单核放、汇总申报”，是指跨境电商零售商品出口后，电子商务企业或其代理人应当于每月 10 日前（当月 10 日是法定节假日或者法定休息日的，顺延至其后的第一个工作日，第 12 月的清单汇总应当于当月最后一个工作日前完成），将上月（12 月为当月）结关的《申报清单》依据清单表头同一收发货人、同一运输方式、同一运抵国、同一出境口岸，以及清单表体同一 10 位海关商品编码、同一申报计量单位、同一币制规则进行归并，汇总形成《中华人民共和国海关进出口货物报关单》向海关申报。

《申报清单》《中华人民共和国海关进出口货物报关单》应当采取无纸化作业方式进行通关申报。

《申报清单》的修改或者撤销，参照海关关于《中华人民共和国海关进出口货物报关单》修改或者撤销的有关规定办理。

（一）申报

发货人根据出口合同的约定，按时、按质、按量准备好货物后，向运输公司办理租船订舱手续，准备向海关办理报关手续，或委托专业（代理）报关公司办理报关相关手续。

若委托专业（代理）报关公司代理申报，卖家应该在货物出口之前在出口口岸就近向专业（代理）报关公司办理委托报关手续。接受委托的专业（代理）报关公司向委托单位收取正式的报关委托书，报关委托书以海关要求的格式为准。

提前准备好报关用的单证能够保证出口货物的顺利通关。一般来说，报关所需的单证包括出口货物报关单、托运单（即下货纸）、发票、贸易合同、出口收汇核销单以及海关监管条件所涉及的各类证件。

在申报的时候，需要注意两点事项：出口货物的报关时限为装货的24小时以前，不需要征税费；查验的货物，自接受申报起1日内办结通关手续。

（二）查验

查验是指海关对实际货物与报关单、证进行核对，查验申报环节所申报的内容是否与单、证一致，并查证是否存在瞒报、伪报和申报不实等问题。海关通过查验可以对申报审单环节提出的疑点进行验证，为征税、统计和后续管理提供监管依据。

海关查验货物后，要填写验货记录，内容包括查验时间、地点、进出口货物的收发货人或其代理人名称、申报货物情况、货物的运输包装情况（如运输工具的名称、集装箱号、尺码和封号）、货物名称、规格型号等。

需要查验的货物自接受申报起1日内开出查验通知单，自具备海关查验条件起1日内完成查验，除需缴税外，自查验完毕4小时内办结通关手续。

根据《海关法》的有关规定，进出口的货物除国家另有规定外，均应征收关税。关税由海关依照海关进出口税则征收。需要征收税费的货物，自接受申报1日内开出税单，并于缴核税单2小时内办结通关手续。

（三）放行

对于一般出口货物，发货人或其代理人向海关如实申报，并如实缴纳相关税款和费用后，海关会在出口装货单上加盖“海关放行章”，出口货物的发货人凭此装船起运出境。

若申请出口货物退关，发货人应当在退关之日起3天内向海关申报退关，经海关核准后方能将货物运出海关监管场所。

海关放行后，在出口退税专用报关单上加盖“验讫章”和已向税务机关备案的海关审核出口退税负责人的签章，退还报关单位。报关单的有关内容必须与轮船公司传送给海关的舱单内容一致，如此才能顺利地核销退税。对海关接受申报并放行后，由于运输工具配载等原因，部分货物未能装载上原申报的运输工具的，出口货物发货人应及时向海关递交《出口货物报关单更改申请单》及更正后的箱单发票、提单副本进行更正，这样报关单上的内容才能与舱单上的内容一致。

二、一达通外贸综合平台的通关服务

深圳市一达通企业服务有限公司是阿里巴巴旗下的外贸综合服务平台，也是我国专业服务于中小微企业的外贸综合服务行业的开拓者和领军者，为中小企业提供专业、低成本的通关、外汇、退税及配套的物流和金融服务。

一达通外贸服务通关服务快捷简单；外汇服务安全高效、结算快、成本低；退税服务合规办理，最快3个工作日到账。

（一）一达通准入条件

一达通平台对申请企业、出口产品以及开票人资质均有一定的要求，只有符合要求才可享受一达通服务。具体要求如表5-11所示。

表 5-11　一达通准入条件

项目	具体要求
企业类型	非境外（中国香港、中国澳门、中国台湾地区除外） 个人或非出口综合服务尚未覆盖地区企业（如福建莆田等）
出口产品	出口的产品在一达通可以出口的产品范围内
开票人资质	与一达通签约的企业注册地在浙江省的，开票人要求为： ①生产型工厂具有一般纳税人资格且一般纳税人认定时间大于等于 6 个月 ②委外加工型企业，需具有一般纳税人工厂资格，具备出口产品的生产线，具备最后加工的环节
	与一达通签约企业注册地在福建省的，开票人要求为： 生产型工厂，具有一般纳税人资格，一般纳税人认定时间大于等于 1 年
	与一达通签约企业注册地在河南省的，开票人要求为： 生产型工厂，具有一般纳税人资格，一般纳税人认定时间大于等于 2 年
	与一达通签约企业注册地在其他省份的，开票人要求为： 生产型工厂，具有一般纳税人资格，一般纳税人认定时间大于等于 2 年，且开票人注册地非内蒙古赤峰巴林右旗、福建莆田、天津武清区（武清区的自行车及其零配件、电动车及其零配件企业除外）；海关（HS）编码是 61 章的产品开票人，需满足一般纳税人认定时间满 2 年

（二）开通一达通的方法

用户可以登录 https://onetouch.alibaba.com/home/product/onetouch 报名后申请开通一达通。

图 5-1　阿里巴巴一达通网站页面

如果用户有阿里巴巴国际站账户，则可以在申请一达通服务时直接输入国际站账户和密码登录，根据页面提示留下自己的联系方式等信息，会有客户经理联系你处理相关事宜。如果你没有阿里巴巴国际站账户，可以先免费注册阿里巴巴国际站，然后再登录到一达通平台申请一达通服务,后续流程同上。

如果提交后长时间没有反馈，用户可通过在线人工提交公司信息加急处理。

（三）一达通服务流程

一达通外贸综合服务平台可以为外贸企业提供通关、外汇、退税等一系列服务，针对不同性质的出口企业，一达通的服务流程有所不同。

（四）一达通通关服务流程

客户通过一达通通关时，首先联系拍档（一达通对接人）告知自己的需求，自行在下单系统自助下单或委托拍档（一达通对接人）辅助自己下单，核对下单及出货信息后选择“提交订单”，按系统指引签署（出口服务委托函），随后一达通安排通关（或下载报关资料安排自行报关），通关放行。

以下分享一些关于一达通通关服务的常见疑问及解答。

（1）订单被退回怎么办？

如果客户提交的申请订单不符合要求，将会被一达通退回，此时客户需要查看退单原因，配合修改或提供相关资料再次提交。

（2）订单在审核中如何处理？

订单审核包括产品审核和开票人审核两项。在产品审核中，客户在确认产品准入结果时要注意查看是否有修改原提交内容的情况。如果客户对准入结果存在异议，可在系统中单击“不认可”，系统后台会在 2 小时内安排专人进行处理。对于开票人审核系统设置有加急通道，因特殊原因需加急处理的客户，可以联系一达通运营顾问为自己安排优先审核。

（3）订单显示风控暂停怎么办？

订单显示风控暂停后，客户需等待后台人工审核。如果客户收到 APP 任务，则需要完成监装任务后提交系统，后台会受理核单。订单被风控暂停涉及多方面的原因，口岸、海关敏感产品、商品编码、价格、重量等因素触碰到风控规则，则需要安全服务或人工重点审核。

（4）自行安排报关如何操作？

客户在一达通系统下单后，订单操作系统到了“待报关”环节。

①无纸化报关订单：客户可以自行下载报关资料进行申报。

②有纸化报关订单：一达通会根据客户填写的寄单地址寄出报关资料，快递单号会显示在订单里，请收件方注意查收邮件。

（5）通关办理完毕是否表示已经通关放行了？

只有海关已经放行的订单才表示通关办理完毕。海关放行半个工作日系统会自动抓取报关单；若放行后 1 个工作日，系统还未办理完毕，客户可手动上传报关单至系统。

三、被海关暂扣物品的处理

遇到国际快递货物被扣关时不要太紧张，首先要了解国际快递货物被扣关的原因，因为每个国家、地区的海关条例都有所不同。当遭受扣货、扣关时，相关海关部门会向发件人或收件人出具一份说明，说明扣货的原因，发件人或收件人必须配合海关提供相关的文件。

国际快递货物被海关扣关或者不允许清关存在以下原因，应按海关要求进行处理：

（1）货物品名填写不详细、不清楚，需重新提供证明函，具体说明货物的品名及其用途。

（2）货物申报价值过低（海关有理由怀疑逃税）。

（3）国际快递货物单、证不齐全，需要提供必需的单、证，如进口许可证、3C 认证。

（4）敏感货物：属于进口、出口国家禁止或者限制进口、出口的物品。货物一旦被扣关，请发件人或收件人尽量配合海关，提供相关的文件。一般情况下，海关会对货物进行评估，只要与发件人或收件人的陈述相符，办理完清关手续，即可放行。

此外，卖家要做好相关工作，尽量避免产生海关扣货的情况。

（1）选择安全的递送方式，如航空挂号小包和 EMS。EMS 即使被海关扣货，仍能免费退回到发货地点。

（2）了解各国政策，如澳大利亚虽然通关容易，但是电池类产品是海关不允许的，因此电池或者带电池的产品，尽量不发往澳大利亚。如果一定要卖带电池的产品，可以给客户说清楚不发电池，只发产品。

（3）越重的包裹被海关扣货的可能性越大。

（4）不同产品被海关扣货的概率不同，如电子产品被扣的概率相对较高。

第三节　海外仓及其选品定位与思路

海外仓是跨境电商交易过程中会接触到的一种仓储物流模式。跨境电商平台以及一些仓储公司也针对跨境电商推出了很多相关服务，很多卖家也都开启了海外仓储。

一、海外仓发展概况

近些年来，海外仓在跨境电商出口业务发展中的作用日益受到重视。2020 年 8 月《国务院办公厅关于进步做好稳外贸稳外资工作的意见》（国办发［2020］28 号）中明确指出，“充分利用外经贸发展专项资金、服务贸易创新发展引导基金等现有渠道，支持跨境电商平台、跨境物流发展和海外仓建设等。鼓励进出口银行、中国出口信用保险公司等各类金融机构在风险可控前提下积极支持海外仓建设”。

2021年7月《国务院办公厅关于加快发展外贸新业态新模式的意见》（国办发［2021］24号）中也明确提出要推进海外仓标准建设，到2025年，依托海外仓建立覆盖全球协同发展的新型外贸物流网络；要培育一批优秀海外仓企业，鼓励传统外贸企业、跨境电商和物流企业等参与海外仓建设，提高海外仓数字化智能化水平，促进中小微企业借船出海，带动国内品牌双创产品拓展国际市场空间。

2021年12月，商务部在国新办新闻发布会上表示，我国海外仓数量已经超过了2000个，大约是2019年的2倍，总面积超过了1600万平方米。其业务范围辐射全球，其中北美、欧洲、亚洲等地区海外仓数量占比近90%，并且仍然保持着较快的增长速度。

二、卖家自建海外仓

卖家自建海外仓是指具有一定资金实力和客户基础的大卖家在海外自行建立仓储，仅为自身销售的商品提供仓储、配送等物流服务，并由卖家负责头程运输、通关、报关、海外仓管理、拣货、终端配送等一系列工作。

自建海外仓的优势是卖家可自己掌控仓库系统操作、通关、报税、物流配送等环节，物流时效稳定，客户体验好，利于本土化经营。但也有一定的劣势，如建仓成本高、建仓过程复杂，需要聘用海外员工，经营管理要求高等。

卖家自建海外仓比较重要的是选址问题，选址时要遵循靠近交通枢纽、靠近经济发达地区以及多仓布局等原则。卖家自建海外仓的代表企业有环球易购、兰亭集势、米兰网、大龙网、纵腾网络等。

三、电商平台自建仓库

为了提升自身竞争力，为卖家和买家提供更好的服务，一些跨境电子商务平台建立了海外仓，全球速卖通和亚马逊就是其中的代表。

（一）FBA

FBA的全称是Fulfillment By Amazon，中文名为“亚马逊物流”。它能够帮助卖家处理客户服务等日常琐事。参加FBA的卖家可以将其库存中的部分产品或全部产品运送到亚马逊的仓库中，由亚马逊代理销售，并负责产品的配送和相关的客户服务，同时也支持退货服务。

1. FBA服务流程

FBA是由亚马逊提供的包括仓储、拣货打包、派送、收款、客服与退货处理的一条龙式物流服务。

在选择头程运输物流商的时候，需要卖家注意一点，最好选择FBA的合作商，因为FBA入仓需要预约。DHL、UPS、FedEx、UFFS 4家物流商有固定的入仓时间，不需要与仓库预约，而其他物流公司需要提前在网站上预约，并且只有在预约的时间内送货，仓库才收货，非预约时间内仓库不会收货。

2. FBA 包裹尺寸规格

FBA 中对产品尺寸规格的要求分为标准尺寸（Standard - Size）和超大尺寸(Oversize)，两者又可继续划分，标准尺寸又分为小标准尺寸（Small Standard-Size）和大标准尺寸（Large Standard-Size)；超大尺寸又分为小超大尺寸（Small Oversize)、中超大尺寸（Medium Oversize)、大超大尺寸（Large Oversize)、特殊超大尺寸（Special Oversize)。

3. FBA 费用构成

FBA 的费用包括配送费和仓储费两大部分，其中配送费包括订单处理费（Order Handling)、分拣包装费（Pick & Pack)、重量处理费（Weight Handling)、仓储费(Storage)。以上费用标准是指货物从美国仓库到顾客手中的费用，FBA 头程运输（卖家将货物从中国运到美国仓库）的费用需要具体咨询 FBA 头程运输合作商。

4. FBA 的优缺点

作为一个全程的物流服务，FBA 具有其自身的优点和缺点（见表 5-12)。

表 5-12　FBA 的优缺点

优缺点	具体表现
优点	提高 Listing 排名，提高客户的信任度，帮助卖家成为特色卖家和抢夺购物车，进而提升销售额
	物流经验丰富，仓储遍布全球，管理职能化
	仓库大多靠近机场，配送速度快
	拥有亚马逊专业客服，可帮助卖家减轻客服压力
	由 FBA 引起的中、差评符合亚马逊移除中、差评的政策，有助于改善账户表现
	对于单价超过 300 美元的产品可免费
缺点	一般来说，费用偏高（尤其是非亚马逊平台的 FBA 发货）
	灵活性差，其他第三方海外仓可以由中文客服处理一些问题，而 FBA 只能用英文与客户沟通，且邮件回复通常不太及时
	FBA 仓库不为卖家的头程发货提供清关服务
	如果前期工作没有做好，标签扫描出现问题会对货物入库造成影响，甚至无法入库
	使用美国站点的 FBA，退货只支持美国地区

（二）速卖通海外仓

2015 年 2 月 6 日，全球速卖通开通了海外仓储。速卖通海外仓储能够为全球速卖通平台上的卖家提供境内揽收、境内验货、出口清关退税、国际空海干线运输、进口清关、送仓、海外仓储管理、海外仓储发货、本地配送、物流纠纷处理、售后服务等一站式服务。

可以帮助卖家拓展销售品类，提升曝光转化，扩大销量，缩短运输时长，降低物流成本，还能为卖家提供退换货服务，来完善售后服务环节。

1. 速卖通海外仓发货地

速卖通海外仓地区辐射北美、欧洲、澳洲，具体包括美国、俄罗斯、澳大利亚、印度尼西亚、英国、法国、德国、意大利、西班牙共 9 个国家。虽然只有 9 个国家，但是海外仓的商品除了设置发货到海外仓本土范围，还可以设置发货到这些国家相应的辐射地区。

2. 速卖通海外仓设置流程

在速卖通平台，卖家选择的海外仓发货地必须是卖家在该地已经拥有备货，卖家只有已备货到了海外，才能向速卖通申请成为海外仓卖家。

主要流程有：备货到海外、申请成为海外仓卖家、开通海外仓发货地设置权限、编辑商品、新增海外发货地、在运费板块中添加海外发货地。

四、第三方海外仓

目前，海外仓主要有两种：自建仓、租用仓。自建仓需要有强大的实力和资金支持，门槛较高，因此，提供“现成服务”的第三方海外仓成为很多卖家的选择。跨境电商卖家与第三方海外仓的合作方式有两种：租用和合作建设。卖家采取租用的方式，会产生操作费用、物流费用、仓储费用，成本较高；而合作建设则只会产生物流费用，成本较低。

（一）第三方海外仓与 FBA 对比

与 FBA 相比，第三方海外仓具有一定优势。

1. 选品范围

FBA 对产品的尺寸、重量、类别有一定的限制，比较适合体积小、利润高、质量好的产品。而第三方海外仓选品范围则更加广泛，即使是体积大、重量大的产品也能找到合适的海外仓。

2. 提供头程清关服务

FBA 不为卖家提供头程清关服务，而一些第三方海外仓服务商会为卖家提供头程清关服务，甚至还会提供代缴税金、派送到仓一条龙服务。

3. 对货物入仓前的要求较宽松

第三方海外仓的入库要求较为宽松，有的服务商还会提供上架前整理、组装货物的服务。

4. 货物集中管理

FBA 要求卖家在发货前贴好外箱标签及产品标签，如果外箱或产品标签有破损，卖家需将其整理好后才能入仓。FBA 是默认分仓，卖家的货物往往会被分散到不同的仓库，而第三方海外仓一般是将货物放在同一个仓库中进行集中管理。

5. 适用范围广

FBA 仓储只向亚马逊平台上的卖家开放，而第三方海外仓则向所有的跨境电商卖家开放。此外，第三方海外仓还具有中转的作用，如果卖家同时使用第三方海外仓和 FBA，在销售旺季可以直接从第三方海外仓向 FBA 仓发货，节省国内发货时间。

虽然第三方海外仓存在诸多优势，但是其缺点也是不容忽视的。例如，第三方海外仓无法为卖家提供产品推广服务，需要卖家自己通过站内、站外推广来增加曝光度；第三方海外仓不能提供售后与投诉服务，无法消除买家留下的中、差评。此外，将货物存放在海外仓存在一定的潜在安全风险。

（二）第三方海外仓服务商

出口易是一家专业的国际仓储与配送物流服务的运营商，也是中国首家专注于海外仓储及配送服务的物流服务提供商。其海外仓配送范围覆盖北美、欧洲、澳洲全境，对货物没有体积、重量限制，且能使货物避免遭受旺季航路不畅的影响，能够让卖家实现海外本土化销售，进行实时的库存管理与监测。

1. 资费计算方法

出口易的海外仓有美国仓库、英国仓库、德国仓库、澳洲仓库、加拿大仓库、俄罗斯仓库。其资费计算方法如下：

总价格=头程运费+税金+仓储及处理费+二程运费

2. 操作流程

卖家根据市场预测进行备货并将这些货物交给出口易，出口易通过海运、空运等快递方式将卖家的货物运送至海外仓库。当海外买家购买产品后，卖家在出口易物流管理系统下单，填写需要配送的商品、买家的联系方式和选择本地配送方式，出口易根据卖家的订单要求对卖家海外仓库中的产品进行海外本地配送，将产品送至海外买家手中。

五、海外仓选品定位与思路

（一）海外仓选品定位

1. 高利润、低风险

日用快销品，与海外仓本地需求相适应，以及需要快速送达的产品（母婴用品、工具类产品、家居用品）。

2. 低利润、低风险

在国外市场热销、适合批量运送、均摊成本的产品（3C 配件、长效标品类、爆款服饰）。

3. 高利润、高风险

体积大、超重的大件物品，国内小包无法运送或费用太高的产品（户外用品、家具、灯具、大型汽配）。

4. 低利润、高风险

国内小包、快递无法运送的产品（带锂电池、液体类产品）。

通常来说，高利润、低风险类产品以及高利润、高风险类产品适合选择使用海外仓；低利润、低风险类产品和低利润、高风险类产品则不太适合选择使用海外仓。

（二）海外仓选品思路

1. 选择国家

尽量选择可以辐射周围市场的国家建立海外仓。例如，在美国设海外仓，其发货国除了美国，还可以辐射加拿大、墨西哥、巴西、智利。卖家也可以通过参考选品专家中的热销词来选择海外仓地址。

2. 了解市场

开展有针对性的市场调查，通过当地电商平台来了解当地买家的的购物习惯以及当地的市场需求。

3. 开发产品

了解了海外市场的需求后，在国内寻找类似的产品进行开发。开发产品的参考指标包括产品的单个销量、单个毛利及毛利率、月毛利、单个到仓费用、成本收益率。

4. 选择产品

参考数据纵横中选品专家的热销词、热搜词来选择产品。要重点关注成交指数小、购买率小、竞争指数小的产品词。

第四节　跨境电商物流面临的困境及对策

跨境电商的发展与跨境物流的发展是相辅相成的，跨境物流的发展能够在很大程度上推动电子商务的发展，跨境电商的发展也拓展了跨境物流的发展空间。但是，就目前的形势来说，跨境物流的发展制约着跨境电商的发展。

一、跨境电商物流面临的困境

跨境电商的成功交易离不开贸易流、资金流、信息流、物流的有机组合。就目前中国跨境电商的迅猛发展规模来说，发展较慢的跨境电商物流无法满足其发展需求，仍然面临着一些难题。

（一）物流成本较高

跨境电商交易涉及跨境贸易和跨境物流，且物流环节更加复杂，包括国内物流、国内海关与商检、国际物流、国外海关与商检等多个环节。由于国内外语言、习俗、技术、政策等环境缺乏协同，各个环节要想实现无缝衔接存在较大困难。此外，海关和商检在操作上存在更大的难度和风险，无形中增加了跨境电商的物流成本。

（二）物流周期长

有关调查显示，跨境物流是引发客户不满的主要原因，物流周期长更是客户抱怨的重灾区。由于跨境电商具有产业链长、环节更加复杂的特点，再加上清关、商检的周期，使得跨境电商的物流要比国内电商物流花费更多的时间。在跨境物流中，运输和配送则需要花费更多的时间，最短需要十几天，最长则需要数个月，遇到购物旺季，如“双11”、圣诞节等时期，则需要的时间更长。过长的运输、配送时间不仅极大地考验着海外客户的耐心，也严重制约了跨境电商的进一步发展。

（三）不同国家政治环境、文化、法律等风险

跨境电商涉及跨境交易，必然会受到国外政治政策、知识产权、消费习惯等因素的影响。政局动荡、国外贸易壁垒、税收政策、宗教信仰等诸多因素都会深刻影响跨境电商物流的运输和配送。

（四）包裹无法实现全程追踪

得益于中国电商物流的高速发展，国内物流基本可实现包裹实时追踪查询。而跨境电商要跨越境内和境外两个阶段，包裹出境后很多就无法追踪。送往物流发达的英语系国家的包裹信息可以凭借单号在相关的英文网站获得，但是对于一些小语种国家以及物流不发达、政局不稳定的国家来说，查询物流信息就异常困难。

（五）退换货难以实现

退换货是电子商务中不可避免的问题，然而在跨境电商中，物流环节多，涉及面广，卖家无论选择邮政包裹、商业快递还是专线物流，都无法实现退换货服务。

（六）清关困难

与国内电商物流相比，出口跨境电商物流需要通过出口国海关和目的国海关两道海关关卡。货物在通过目的国海关时常常会出现海关扣货查验的情况，一般会出现三种处理结果：商品被没收、货物退回发件地和补充文件资料再放行。商品被没收和货物退回都会给卖家带来巨大损失，而补充文件资料再放行则会使配送时间更长，可能会引起买家不满，从而遭受投诉甚至拒付。

（七）包裹破损甚至丢包

在跨境物流中，从揽件到买家收到货物，往往要经过多次转运，因此很容易出现包裹破损的现象，而且无论何种物流，都存在一定的丢包率。这些都会降低消费者的购物体验，而且也增加了卖家运费成本、货品丢失以及买家流失的损失。

二、跨境电商物流发展对策

由于跨境物流面临着诸多困境，在一定程度上限制了跨境电商的发展，因此，做好跨境电商物流模式创新，促进跨境物流与跨境电商协同发展是保证跨境电商快速发展的重要条件。

（一）加强跨境物流与跨境电商的合作

跨境物流要在网络技术、硬件资源、供应链整合等方面加强与跨境电商的合作。通过整合供应链，在仓储、包装、运输路线等方面，物流与电子商务协同合作，不仅能满足电子商务发展的需求，更能在一定程度上缩短物流时间、降低物流成本、减少物流货损。

（二）强化跨境物流网各个环节协同合作

与国内物流相比，跨境物流更加复杂，从细化的角度来说，跨境物流包括接单、收

货、仓储、分类、编码、理货、分拣、转运、包装、贴标、装卸等环节。此外，还会涉及支付、报关、纳税等，整个物流流程涉及多个国家、多个企业间的合作。因此，这就需要加强多国之间、物流节点的各企业之间的沟通合作，通过导入协同意识，强化商品分类、包装、运输等的配合，进而推动跨境物流网的协同发展。

（三）采用多元化物流模式

随着跨境电商的发展，多元化物流模式的发展与共用拓宽了跨境物流的应用范围。采用多元化的物流方式，可以多角度弥补单一物流模式某方面的劣势。针对不同国家、不同商品配合使用合适的物流，更能凸显各种物流模式的聚合效应，进而缩短物流周期，降低物流成本，提高客户的购物体验。

【商业案例】成为海外仓巨头企业，他们做对了什么？

截止目前，第四届海外仓两会暨2021全球跨境资源万人盛典，已经突破10600卖家报名，其火爆程度，刷屏跨境圈。其中，“海外仓”的热度持续飙升，后台数据显示，已有上千位物流商留言关注2021年海外仓的趋势，以及希望从海外仓巨头身上学习经验。鉴于此，跨境眼观察采访了跨境电商海外仓两大巨头企业，希望给予海外仓企业关于2021年的布局思考。

一、海外仓巨头的成长路径

跨境眼观察：有时选择比努力更重要。在中国海外仓发展历程中有三个阶段：1.0、2.0、3.0阶段，贵司如何把握其中的契机，做到今天的成绩？

纵腾集团副总裁李聪：在1.0阶段，纵腾仍是跨境电商卖家的身份，为了保障客户体验，有了海外仓发货的需求。但由于海外仓行业处于前期上升期，有经验、有余力的经营主体并不多，于是从2008年开始自建海外仓。手握“海外仓”这一兵器，纵腾在业务订单量和服务水平有了质的飞跃，电商业务快速发展。

2014-2019年的2.0阶段，跨境行业转B2C的势头凶猛，亚马逊等平台的崛起，FBA让海外仓成为标配；同时，不管是中小型还是大型卖家，在铺货模式与垂直品类+品牌的模式竞争中，优势不再，很多大卖家纷纷转型。纵腾也开始转型，尝试了进口电商、物流、海外仓，并在2016年前后确认了以海外仓为主的转型方向，谷仓成立。

完成了向物流服务商转型的纵腾，2017年完成欧美海外仓布局，2018年拿到A轮融资，将云途物流纳入矩阵，海外仓+专线的业务版图形成。2019年，B轮融资之后，明确了跨境电商基础设施服务商的企业定位，走上发展快车道。

3.0阶段，在疫情的大背景下，跨境物流行业极速狂奔，纵腾也抓住了这次契机，2020年完成C1轮5亿元融资。同时，在2020年70万㎡+海外仓的基础上，新增海外仓面积30万㎡+，成为中国跨境电商行业首家迈入百万级别的海外仓企业。

如何把握海外仓发展契机，我认为有三点比较重要：

第一，我们相信跨境电商行业未来发展空间巨大，时间够长，空间够大，能做的事情够多，十年估计都干不完，对未来有支撑的资本性投入就大胆去做；

第二，大胆试错、小步快跑，抓住契机抓紧落实，不要瞻前顾后；

第三，把客户和市场的需求放在第一位，务实真诚地对待客户，提前预测、讨论问题、解决问题，争取共赢的机会。

万邑通集团副总裁 Tiger Wang：海外仓 1.0 阶段，仅仅提供了一个非常粗放、简单的海外存储+发货的功能，订单流、货物流、现金流经常存在不匹配的情况，同时在海外的关务和税务上，存在很多灰色操作。

万邑通在 2014 年完成全球仓库部署后，在整个行业率先开启了海外仓 2.0 的概念，海外仓不再仅仅是一个仓库，而是协助客户进行海外本地化合规与营销的支点——从往海外发货前的商品注册，评估进出口关务的要求与标准，海外仓库内的多种标准化增值服务，三流合一的系统化对接与操作，清晰的库存周转与管理数据等，给卖家提供更为精细化的运营与管理服务。

2019 年，万邑通海外仓开始细分到不同品类下的差异化服务，不同 SKU 的差异化管理，搭配海外品牌推广的营销式履约服务，整合线上线下不同交易特性的混合库存管理机制。真正帮助客户做到从上游到下游的全链条供应链缕顺，进而从管理开始降本增效，提高竞争力。

到现在的海外仓 3.0 时代，不再仅仅看仓库面积大小。海外仓如同制造业工厂一般有着复杂的操作流程与动线，透过缜密的系统以及细颗粒度的数据，才能真正将海外仓服务做到质量稳定，时效稳定。

2021 年，万邑通会在英国、德国、美国新增仓库，同时明确区隔了专门操作中小件商品的海量 SKU 全自动化仓库，以及支持行业趋势的大件商品仓库，在科技化，系统化，数据化上再做质的提升。

二、回归卖家需求：如何解决备货之痛?

跨境眼观察：在大量备货海外仓的趋势下，给卖家什么样的建议?

万邑通集团副总裁 Tiger Wang：一方面，卖家采用海外仓备货的模式，链条很长，与海外仓服务商共同协作制定计划，同时定期复盘，才能真正把海外仓用好。例如备货前，卖家要与海外仓一起从 SKU 数量、货型尺寸、货量、发货频次、周转目标、系统对接与数据需求等，共同制定备货计划。

另一方面，从整体趋势看，海外的消费者对于收货速度的期望会持续提高，建议适合海外仓备货的卖家，尽早尝试布局海外仓，但备货必须匹配选品和供应链来整体决策。

更重要的一点是，跨境电商已经真正进入成长期，各类型企业开始启动跨境电商模式，未来线上 B2C 的竞争会回归本质。如何从商品、供应商、设计、品牌、组织管理、财务合规等提前规划，是我们要共同面对的挑战，也是大家各显神通，创造出不同成果的契机。

纵腾集团副总裁李聪：卖家与运输企业，海外仓企业、专线物流企业要加强业务协同，建立长期的、稳定的合作关系。

首先，从淡季开始合作，优化合作细节，为旺季有充足的航班和库容做好提前准备，并做到货量预先通报，只有稳定的物流渠道，才能保证运营的健康质量。

其次，要多方面考虑市场变动因素，采用适宜的周转率和备货规模，客观评估直发与海外仓发货的优缺点，兼顾平衡，保证全供应链能力与物流各环节能力协调一致。

同时，卖家要更多关注物流细节，不能只盯着报价单来比价。只有了解物流运营，才知道怎么改进自己的供应链体系，选择最合适的供应链。只有供应链深度协同，才有可能提升供应链水平。

最后，卖家需要多和海外仓企业沟通需求和痛点，一起想办法解决优化作业层面和经营层面的问题，海外仓企业也要多做卖家的“合作伙伴”，而不仅仅是乙方。

三、海外仓和专线的格局之争？

跨境眼观察：海外仓和专线的格局如何？整个跨境电商物流的格局如何？

纵腾集团副总裁李聪：海外仓的大发展促使专线物流企业更加重视时效性建设，努力缩小与海外仓配送在时效方面的差距。特别在航空运输、当地分拣枢纽及配送渠道、配送网络建设上都会加大建设力度，为解决未来几年海外仓的配送瓶颈奠定基础。专线物流快递化的趋势会越来越明显，但是这个过程会比较漫长，中短期内不易察觉显著变化。

从需求来看，专线的包裹量还是占大头，疫情之后的新常态，大家还是会从应激反应中回撤。建议适合走专线的卖家没必要海外仓备货，短时间内，海外仓的库容增长有限，不如静观其变。

此外，很多新兴市场对专线需求猛增，自建站对专线的需求也在提升，他们对时效的追求也有明确提升。所以，海外仓与专线，要根据各自市场定位和特点，选用合适的供应链路径。

万邑通集团副总裁 Tiger Wang：由于库存可以留在中国境内，专线可以满足的 SKU 更多，但是商品单价一般更低；而海外仓更适合主力商品、高单价商品、大件商品和重货，就像便利超商与大卖场在线下并存的场景，海外仓与专线也是相辅相成的。

专线与海外仓搭配的好，可以满足卖家对不同的品类、SKU、单价，进行更为有效的营销组合。同时，在不同的商品生命周期中，专线与海外仓也扮演了不同的角色。

四、海外仓趋势：远未饱和 VS 回归竞争新常态

跨境眼观察：您认为 2021-2023 年的海外仓竞争态势如何？

万邑通集团副总裁 Tiger Wang：2020 年，新增了很多海外仓，我认为这是非常好的趋势，事实上，目前海外仓完全属于供不应求的状态。

未来几年，先不论其他国家，在中国就会有很多其他行业的企业进入出口跨境电商领域。因此跨境物流市场还远远未达到饱和，尤其现在很多海外仓仅提供海外中转业务，没有提供真正的 B2C 履约服务。

而且越多的海外仓进入这个领域，对于促进同行之间的质量提高、给客户更好更多的选择，是非常好的现象与趋势。

资料来源：跨境眼　跨境眼观察　2021-04-14　经删减处理

案例思考：

万邑通和纵腾集团的海外仓是如何成长的？物流企业布局海外仓对跨境电商行业的发

展有什么影响？

课后习题

一、单选题

1. （　　）是中国邮政为适应国际电子商务寄递市场的需要，为中国电商卖家量身定制的一款全新经济型国际邮递产品。

A. 专线运输　　B. 国际 e 邮宝

C. 国际快递小包　　D. 国际商业快递

2. 国际 E 邮宝只适合（　　）以内的货物。

A. 5kg　　B. 4kg　　C. 3kg　　D. 2kg

3. 下列选项中，不是中邮大包的特点的是（　　）。

A. 成本低　　B. 通达国家多

C. 运单操作简单　　D. 查询信息更新快

4. 在下列国际小邮包服务中，具有"价格相对较高，在欧洲国家的通关能力强，在欧洲申根国家免报关"特点的是（　　）。

A. 中国香港小包　　B. 新加坡小包

C. 瑞士小包　　D. 中国邮政

5. 哪个公式可以正确计算 DHL 包裹的体积重？（　　）

A. 长×宽×高（cm）/5000　　B. 长×宽×高（cm）/6000

C. 长×宽×高（m）×200　　D. 长×宽×高（cm）/200

6. 能够实现集中大批量货物到达某一指定国家或地区，并产生一定的规模效应，是哪一种跨境物流模式？（　　）

A. 邮政小包　　B. 国际专线　　C. 国内快递　　D. 国际快递

7. 在跨境电子商务常见的国际物流中，时效性较快的是（　　）。

A. 邮政小包　　B. 邮政速递　　C. 商业快递　　D. 专线物流

8. 电子商务出境货物运抵海关监管场所装货（　　）前，按照已向海关发送的订单、支付、物流等信息，如实填制《货物清单》，逐票办理货物通关手续。

A. 4 小时　　B. 12 小时　　C. 24 小时　　D. 3 天

9. 通过事先建设或租赁仓库，以空运、海运、陆运或国际多式联运的方式先把货品运送至当地仓库，接到客户订单后再直接发货的物流方式是（　　）。

A. 邮政包裹　　B. 国际快递　　C. 物流专线　　D. 海外仓

10. 海外仓的成本=头程费用+仓储及处理费+本地配送费用；其中头程费用指的是（　　）。

A. 客户货物存储在海外仓库和处理当地配送时产生的费用

B. 货物从中国到海外仓库产生的运费

C. 对客户商品进行配送产生的本地快递费用。

D. 以上都不正确

二、多选题

1. 国际大包分为普通空邮和挂号两种，下列选项中是挂号的特点的是（　　）。

A. 费率较低

B. 费率较高

C. 邮政不提供跟踪查询服务

D. 邮政可提供网上跟踪查询服务

2. 中邮小包的优点是（　　）。

A. 运费经济，便宜

B. 国内中邮货代服务发达

C. 运输时间短

D. 走邮政包裹通道，可以最大程度的避免关税

3. 以下快递中属于商业快递的是（　　）。

A. EMS　　B. TNT　　C. UPS　　D. DHL

4. 阿里巴巴一达通所提供的基础服务中的出口综合服务包括（　　）。

A. 通关　　B. 外汇　　C. 退税　　D. 融资

5. Amazon 的 FBA 物流提供（　　）服务。

A. 仓储　　B. 拣货打包　　C. 派送　　D. 客服与退货处理

三、判断题

1. 相比于国内运输，跨境物流运输在运输对接、转运过程中的不确定性因素更高。（　　）

2. 邮寄大批量货物、货品较为贵重或要求高时效性选择应该选择邮政包裹物流方式。（　　）

3. 中邮小包的优点是运费经济、便宜，运输时间短，可以送达全球各个邮政网点。（　　）

4. 国际物流运费计算有实重和体积重两种方法，客户可以自行选择一种进行计费。（　　）

5. 商业快递共同点是费用较高。（　　）

6. DHL 的优点是价格便宜，时效快适宜走小件。（　　）

7. 专线物流的共同特点是运费比比普通邮政包裹便宜，清关能力比普通邮资包裹强，但运达速度慢。（　　）

8. 阿里巴巴旗下一达通是跨境电子商务第三方外贸服务平台企业。（　　）

9. 对于库存周转快、不易积货的热销单品，可建立海外仓。（　　）

10. 当前，物流已不再是制约跨境电商发展的重要因素。（　　）

四、简答题

1. 跨境物流选择使用中国邮政小包，需要注意哪些事项？
2. 简要说明商业快递中 TNT 的优缺点有哪些？
3. 跨境电商的出口报关，通常需要经过哪些步骤？
4. 第三方海外仓存在的缺点主要有哪些？
5. 目前，跨境电商物流面临着怎样的困境？

项目六　传统企业向跨境电商转型

跨境电商来袭，传统外贸格局将面临重新洗牌。这对传统商业模式而言，无疑又是一次巨大的冲击。被波及的任何一个行业，如果忽视这种力量的冲击，那么就可能丧失模式转变所带来的发展机会和红利。

互联网的飞速发展让信息传播的速度和信息处理能力都得到了迅猛提升，与此同时，它也为各行业的人们实现信息对称提供了超越时空的能量。基于互联网所带来的这种能量和能力，无论是国内贸易，还是跨境贸易，其原来的贸易格局都将实现前所未有的改革和创新。

在国内贸易领域，淘宝等电商平台已经让我们看到了这种颠覆传统的创新与改变，它不仅让传统的百货式、商铺式贸易模式黯然失色，甚至退居次席，更是改变了无数消费者的购物方式和生活方式。

而现在，跨境电子商务也正在借助这股力量，改变和颠覆传统的外贸模式。通过互联网，跨境电商将在一定程度上绕过进出口商，实现企业与消费者的直接对接。由此，传统外贸格局中的众多行业也将面临着前所未有的重大改变，甚至是重新洗牌的局面。

（一）进出口行业

从中国国内电商平台淘宝等的发展历程与成功经验来看，众多业内人士都预判跨境电商会像曾经的国内电商一样给传统的交易模式带来巨大的冲击，而已经沿袭了几百年的传统进出口行业也正站在“改朝换代”的时间节点上。

而从近年来跨境电子商务的发展趋势来看，它也“不负众望”，已经成为推动中国外贸增长的一股不可忽视的力量。统计数据表明，2017 年，通过海关跨境电商管理平台的零售进出口总额达到 902.4 亿元，同比增长 80.6%。而且据不完全统计，我国境内已有 5000 多家平台企业，而在这些平台上经营跨境电商业务的外贸企业则有 20 多万家。对此，敦煌网 CEO 王树彤曾表示：“下一个十年会是跨境电商的十年。”敦煌网作为中国跨境电商的先行者，其客户遍布 100 多个地区和国家，平均 3 秒就会产生 1 个订单。

再以东莞为例，东莞是中国的一座重要的进出口贸易城市，其进出口总量一直名列前茅。据统计，在 2013 年，其国际邮政小包统计数量已经达到全国之最，俨然已经成为国内跨境电商业务量最大的城市之一。在启盈国际快件中心，2017 年“双 11”期间出口的跨境电商商品票数达 800 万票，日均商品票数为平时的 5～10 倍，每日监管车辆数为平时的 2～3 倍。而 2017 年 9 月底刚正式运营的东莞国际邮件互换局兼交换站，出口国际小包单日量突破 61 万件，单日业务量仅次于深圳，排名全国第二。

东莞拥有跨境电商企业 5000 多家，涵盖销售、物流、平台、运营服务等各业务环节，超过 7000 家工厂从事跨境电商交易。

2016 年，东莞邮政发出跨境电商国际小包 7097 万件，同比增长 106%，总量位居全国第四。

（二）实体行业

受到跨境电商的冲击，传统经营外贸的实体行业、批发行业也受到了巨大影响。传统销售路径已经存在了很多年，其一直沿袭着“厂家进货→分销商代理分销→外贸订单出柜→结算返单→利润分配”的道路，而如今深谙传统渠道的经销商也都嗅到了不好的味道。而传统外贸模式因为跨境电商的发展，其前景也开始变得模糊不清了。比如义乌，以前有很多经销商到这里批发货物，而现在大家都反映经销生意越来越难做了。传统的经销模式以及开实体店零售的模式已经很难生存，只有开启“网店求生”的模式，将更多的精力放在国内最大的几个交易平台上，才能找到出路。

调查显示，国内跨境电商对实体店的业务冲击已经非常明显。以义乌市优圣日用百货商行为例，至 2014 年 8 月，这一年其生产的圣诞帽在阿里巴巴上就达到了 46 万件的销售额，而这个数额需要一个门店卖两年才能完成。虽然对优圣来说，阿里巴巴的线上走量还只有全部销售额的 1/3 左右，但是其发展速度和未来前景确是显而易见的。义乌优圣日用百货负责人表示：“除了国内的线上销售，出口的线上外销目前还是依靠速卖通、外贸公司的走单，下单时间也比线下订单晚 3 个月，一般在每年的 6~10 月。”

（三）物流行业

2014 年，在中国国际货代物流发展论坛上，对外经贸大学国际商务研究中心主任王健明确指出：跨境电子商务的发展将会为国际快递领域带来巨大的发展机会，除此之外，跨境电商的海外仓经营方式也会为仓储和物流行业带来新鲜的发展血液。

在这种大好形势的影响下，跨境电商物流注定将迎来新的发展机遇，在这个过程中，传统物流企业的转型升级也是显而易见的。在未来，物流业以及与跨境电商相关的所有业务都将集中到一个平台，实现高度的集约化。对此，王健表示：“这个平台将把货物的跟踪、库存管理，乃至运输方式的整合、签单、数据交换、融资、数据库都融入其中。只有这样，才能给货主提供‘超越一站式服务’，也叫‘单一窗口服务’，并带来超乎寻常的客户体验和最好的服务。同时，这些平台也可以达到集合效应，并由此演化出各种新的收入模式，比如融资和数据服务。这都是在电子商务的发展引领下，物流服务的未来发展方向。”

现在跨境电商行业已经有了这样的共识：发展跨境电商业务，物流行业必须要先行！物流也是跨境电商领域中重要的组成部分，做好物流管理，对中国跨境电商的未来也许会产生不可估量的巨大作用。如今，国内外其他的外贸电商巨头也纷纷将目光放到了供应链整合和物流强化方面。例如，大龙网发力在海外建仓，出口易在英国、德国等地建物流仓，阿里巴巴通过收购深圳一达通企业服务公司实现海外布局，中国制造网跑到美国开设海外仓，等等。这些都在告诉我们一个事实——中国电商在物流和供应链环节所下的血本是越来越大了。

（四）制造业

随着原材料价格优势和人力成本优势的逐渐丧失，中国制造业也正面临着尴尬的境地。与此同时，海外发达国家的消费者因为受到全球金融危机的影响，其消费能力依然不怎么坚挺。在这种大环境下，PayPal 渠道部总经理严玎指出：跨境电子商务可以帮助中国制造业实现“转型”。

跨境电商能够越过诸多的中间环节直接将商品送到海外顾客手中，这也就意味着流通成本将大大降低，从而为制造商赢得更多的利润空间。对此，严玎还表示：“像纺织服装类产品，定价通常可提升 1 倍以上，而且利用电子商务虚拟交易的特点，能够快速开拓新市场。”

对于跨境电商对中国制造业将会产生的积极影响，阿里巴巴 B2C 国际事业部高级产品专家田阳也是心怀期待。他认为：“现在世界上很多国家经济发展很快，需求日益增大，必须是也只能是中国，有这样的能力为他们提供商品。”

eBay 曾发布一份名为《大中华区外贸电子商务报告》的调查报告，报告显示目前排名前五位的热销产品有服装及配饰、首饰、电子产品、手机及配件、汽车配件。而在这些商品品类中，中国制造业都有一定的优势。中国商户跨境电子商务出口的主要目标市场在美国、英国等发达国家，而在乌克兰、巴西、俄罗斯、阿根廷等国家也有一定的市场潜力。

对于中国制造业面临的尴尬，出口易全球直销事业部总监高灿曾举例说：“说起苹果的成功，离不开中国制造；但面对苹果的成功，中国制造又极其尴尬……iPhone3S 8G 手机市场售价为 329 美元，其中成本 179 美元，日本分成 34%，德国分成 17%，韩国分成 13%，但中国只能分成 3. 6%，即 6 美元，剩下的 150 美元，占总价的 46%，都被苹果自己的设计和流通渠道占据。”而现在因为跨境电商领域的迅猛发展，行业人士都希望在新的发展局势和机遇下，“中国制造”能够改变处于世界制造产业链下游的局面，利用互联网的力量实现破局。

对于这些面临着跨境电商大力冲击的行业而言，未来既是机遇，又是挑战。当然，建构跨境电商可能要比国内电商还要艰难很多，无论是对商户、企业而言，还是对电商平台来说，未来之路都不可能是平静的。

他们不仅要克服各国因为文化、法律、政治等方面的不同而带来的各种风险，还要构建一个与跨境电商相关的信用体系。只有这样，才能真正实现跨境电商的长远、平稳发展。另外，在国内，涉及工商、质检、保险、财税、商务、海关、银行等众多领域和部门的种种难题也在等待着跨境电商的先行者们去一一探索和解决。

然而，无论有着怎样的局限性，跨境电子商务都即将迎来一个发展的春天，这一点是有目共睹的。2013 年，国务院办公厅曾下发《关于促进进出口稳增长、调结构的若干意见》，明确提出跨境电子商务是我国外贸发展的新方式，也是中国企业提高品牌竞争力、开拓海外营销渠道的新途径，而我国的外贸也将借此实现新的转型升级。

第一节　传统外贸企业应对跨境电商

2013年，跨境电商逐渐成为传统企业追逐的对象，尤其是部分传统企业选择以跨境电商为突破口成功实现了战略转型，为其他企业树立了良好的范例。再加上国家出台相关政策大力支持传统企业向跨境电商的战略转型，激发了传统企业家们的激情，无数的传统企业对跨境电商跃跃欲试。但苦于这方面人才和运营经验的缺失，他们心有余而力不足。

许多想要在跨境电商领域有所作为的企业家们在近年来几乎遇到了同样的困境：中小卖家的数量急剧上升，卖家之间掀起了严重的价格厮杀战，许多品牌遇到了危机，在跨境电商方面缺乏统一标准的服务等。

在原来10元买进，10美元卖出的营销模式中，企业家们根本不必考虑如何对企业进行精细化运营来获取利润的问题，但在发展跨境电商上，企业之间的激烈竞争使得企业必须要提升产品的质量和服务的水平，这也就沉淀出了传统企业应该学习和借鉴的一些东西。

下面将总结一下电商B2C企业的些许运作经验，希望给那些想要跨入跨境电商领域的传统企业家们一些启发和借鉴，如图6-1所示。

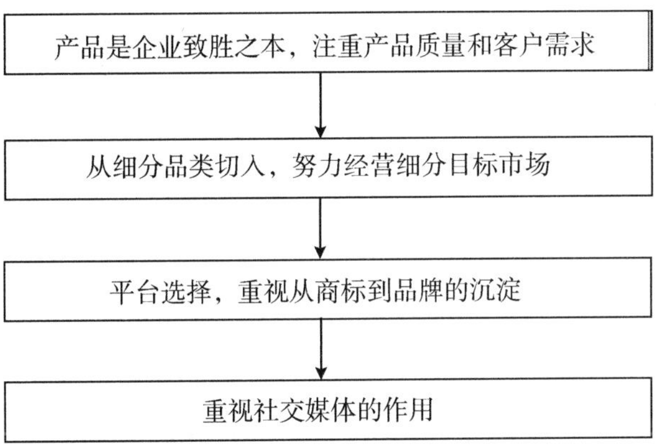

图6-1　传统外贸企业应对跨境电商的四条措施

一、产品是企业制胜之本，要注重产品质量和客户需求

跨境电商与传统外贸在产品采购方式上有着较大的差异。在跨境电商中，产品采购一般是少量、多次，交货时间短；而在传统外贸中，一般传统企业都是接收原始设备制造商（Original Equipment Manufarcturer，OEM）订单，数量、金额大，交货时间长。就目前国内的传统企业来看，广东的跨境电商环境相对比较成熟，因此位于珠三角地区的企业更能满足电商企业的采购需求；而许多浙江的企业，由于对跨境电商没有一个正确的认识，因此仍然要求电商企业需要有较大的订单量。

通常来说，大多数电商企业在产品采购上都经历了一个从小订单到大订单的发展过程。小订单只是市场试水，而大订单则是在积累了一定的销售经验和市场经验之后的回报。事实上，有很多企业并没有正规的跨境电商团队，也没有自己建网站或开网店，但是他们将自己的产品供应给一些比较大的卖家，也获得了比较可观的收入。与此同时，在新的时代环境下，他们及时更新了自己的订单观念，为了满足更多小卖家的订单需求，为他们提供了小额批发的优惠条件，进一步扩大了自己的销售市场。

传统企业特别是其中的制造业企业，在产品创新和研发方面有较大的优势，但是却缺乏感知零售终端客户对产品体验的能力。因此，要想在自己产品的基础上开拓跨境电商市场，就必须在保证产品质量的前提下，加强产品的调研工作，了解客户对产品使用的体验。

产品调研的内容主要包括产品的性能、竞品情况（顾名思义也就是竞争对手的产品的相关情况）、主要的市场、国外及本土竞争对手情况、同类产品的优缺点等。

如果从产品运营的角度来看，Amazon 是最佳的跨境电商平台。Amazon 以客户为中心，鼓励客户将自己真实的购买体验留在产品的销售页面上，积累的购买体验多了之后就会形成产品的口碑。

一个产品要想有良好的口碑就必须有质量的保证，而一个质量过硬的产品如果是同类产品的升级版，并且有其他同类产品没有的功能优势，这将会成为产品的核心竞争力，进而提升企业竞争力。在这一方面做得最好的就是美国的 C&A Marketing，这家公司有很多种产品，也拥有 100 多个买手，每一个买手负责一个产品的种类，他们要时时关注最新的流行信息，在 Amazon 和各个社交媒体中寻找客户对某种产品的功能需求，然后满足客户的不同需求。比如说防水蓝牙音箱的研发，就是为了满足客户在洗澡时依然能够感受音乐动感的要求。

因此，传统外贸企业要想在跨境电商领域有所作为，就必须在加强自己的产品研发能力之外，借助零售渠道的客户反馈或者互联网中的信息了解客户的需求，不断改进自己的产品，打好传统企业成功实现跨境电商的根基。

二、从细分品类切入，努力经营细分目标市场

现在许多传统企业在向跨境电商跨越的道路上都遇到了同一个分岔路口：是做大卖场还是经营专营店？抑或是自己建立跨国 B2C 网站还是在 eBay 和 Amazon 平台上建立自己的店铺？是产品品类越多越好还是专注于一个品类为好？

事实上，这个问题在淘宝出现的时候已经被提出来并且讨论过很多次了，前几年还专门讨论了国内垂直电商何去何从的问题；但是就目前来看，国内的垂直电商似乎已经到了衰落期。不过，如果站在消费者的角度来看，相对于一家既卖手机又卖矿泉水的店铺，相信消费者更愿意去一家专门卖手机的店铺去买手机。

对于这个问题，其实答案并不是绝对的。一般观点认为，如果固定了产品销售的种类，就等于限制了销售规模，因为单个品类的市场确实要比多个品类的市场小得多，这也

是很多采销型卖家不断扩充产品类目的主要原因。

其实，采销型卖家不断扩充类目还有一个重要原因就是大部分产品都入驻了销售平台。当前大多数中国卖家都进驻了 Amazon、eBay 和阿里巴巴全球速卖通。在这些平台上，消费者要想买产品就会通过搜索功能直接进入产品购买的网页，而不是进入卖家店铺。

消费者会通过对不同页面上的产品功能和价格进行比对，然后选择出最佳产品。大多数消费者并不在乎这家店铺是否还在经营其他产品。因此，除非平台上的商户在店铺标志和客户维护上有较强的竞争力，否则大多数店铺都会选择以扩充类目的方式来扩大市场范围，获取更多的利润。

在这种情况下，更多的卖家为了有更广阔的利润空间，都会选择尽力做好首页和标题，提高店铺表现，设计更多的产品页，以增加客户的点击率。而想要更多的产品页，则必须扩充产品的类目，于是平台商户大都走上了扩充类目的道路。

到底是做大卖场还是做专营店？这个问题各有各的道理。传统外贸企业在进入跨境电商初期应该选择垂直类目，因为垂直类目在运营、客服、产品、库存等方面的低成本投入与品类扩张可能会带来大幅销售额增长的诱惑相比，显得更实在些。

在确定了传统外贸企业从细分品类切入跨境电商之后，接下来讨论一下传统外贸企业的细分目标市场。

一部手机在不同的国家有不同的网络制式，一台电器在不同的国家有不同的适用电压，因此就这一点来看，产品生产者或者销售者就可以对目标市场进行细分，在细分的目标市场上销售适合消费者使用的产品。

即便是相同的产品，在不同的国家也会产生不一样的使用习惯和使用体验。比如你要销售一个手电筒，在沿海国家潜水运动爱好者面前，你就要重点介绍手电筒的防水性能；而在内陆国家户外运动爱好者面前你就要重点介绍手电筒的耐摔、防震功能。简而言之，就是要把握消费者使用产品的场景，做到有针对性地销售。

是否了解产品使用的场景，决定了传统企业是否可以满足用户的需求。因此企业要重视对目标市场的用户特点的研究。

想要进入跨境电商的传统企业大致可分为三类：第一类是有多年 OEM/ODM（Original Design Manufacturer，原始设计制造商）经验的工厂；第二类是专门从事传统 B2B 外贸的外贸企业；第三类是没有任何产品生产和贸易经验的企业，只是因为看好跨境电商的前景而想横插一脚的。

对于前两类企业，因为它们已经积累了多年的生产和贸易经验，因此对于产品的出口标准和目标市场都非常清晰，这些对于传统外贸企业向跨境电商领域跨越的目标市场的选择具有非常重要的参考价值。

在产品类目的选择上，对于第一类传统外贸企业，它们拥有强大的产品和供应链资源，但是产品的数量是制约其跨境电商发展的主要因素，因此，这些企业可以选择整合供应链上下游企业的产品。比如说一家生产 LED（Light Emitting Diode，发光二极管）灯泡的企业，可以对上游的 LED 驱动产品或者与 LED 有关的智能家居产品进行整合。只要企业产品的质量过硬，选择对产品进行整合而不是盲目地扩张产品类目，对于传统企业向跨境电商的转型也具有重要的意义。

三、平台选择，重视从商标到品牌的沉淀

传统企业做好了产品、选好了市场之后，接下来就该面临选择何种平台的问题了。就目前来看，可供选择的跨境电商平台主要有三个：阿里巴巴速卖通、eBay 和 Amazon。

阿里巴巴全球速卖通实质上是外贸版的淘宝，功能就是帮助批发商更方便地找到合适的货源。此平台适用于体积比较小、附加值比较高的产品，比如数码产品、手机及配件、化妆品、首饰等。速卖通以比较强势的姿态迅速在跨境电商领域崛起。

eBay 是一个可以让全球民众上网买卖物品线上拍卖及购物网站，主要涉及的产品包括家具、收藏品、电脑、车辆等。eBay 自成立以来就一直保持着良好的发展势头。

Amazon 是全球商品种类最多的网上销售商，经营的产品包括影视、音乐和游戏、数码下载、电子和电脑、食品、服饰、汽车等产品。Amazon 的进入门槛是最高的，但也是最能做出利润的平台，许多小卖家们对于入驻 Amazon 平台跃跃欲试。

那么在这三个平台中，哪个更能够让企业稳稳当当地赚钱呢？

对于想要做跨境电商的传统企业来讲，如果他们想要做“倒货郎”，从批发市场拿货转手赚 10%的利润，那么就可以选择 eBay 和速卖通。但是如果想要做细分类目的产品，瞄准细分目标市场，做可持续发展的跨境电商，那么 Amazon 就是最佳选择。之所以选择 Amazon 作平台，最重要的一点就是 Amazon 可以做产品的沉淀。

产品的沉淀主要包括两个方面：一方面是在产品功能、用户需求满足和产品设计上的沉淀，另一方面就是产品从商标到品牌的沉淀。

为什么 Amazon 可以做产品的沉淀，而其他两个平台就不能做呢？

（1）Amazon 中包括对产品的评论内容，这部分是 Amazon 生态体系中至关重要的一部分。产品评论的内容反映了客户对产品的真实体验。在产品评论中还会包括由客户提供的图片、视频资料等，为其他客户提供参考，也可以让卖家根据客户的产品反馈意见找到自身产品的缺陷，不断改进自己的产品。

（2）Amazon 对自有品牌产品有着严格的保护政策。现在许多做跨境电商的企业都曾经历过同质化竞争的阶段。所谓“同质化竞争”，就是指同一种类但不同品牌的产品在外观设计、使用价值、功能、营销手段等方面相互模仿，以至于产品在技术含量以及使用价值上逐渐趋同的现象。

许多企业为了避免这种同质化竞争，便开始注册国外商标。在 Amazon 上，只要你有质量过硬的产品、商标和市场，Amazon 就会为你提供更多便利。因此，许多传统企业会选择用有商标的好产品入驻 Amazon 的方式来进军跨境电商。

在 Amazon 上有一条自主品牌产品 Listing，如果产品销售一直保持良好的势头，这些有商标的产品就会沉淀成为口碑，最后就会慢慢变成一个小小的品牌了。

四、重视社交媒体的作用

许多传统企业在进军跨境电商时都会有如下困惑：

（1）为什么一样的产品，一样的价格，别人却比我卖得好？

（2）我的价格明明比他低，为什么他却卖得比我好？

（3）我产品的性价比明明比他的高，为什么却卖得不如他的好？

eBay 研发出了一种市场调研软件——Terapeak，可以让 eBay 的卖家利用 eBay 的真实市场数据，获得竞争对手的销售信息，以便寻找更多的销售机遇，如图 6-2 所示。在过去的几年时间里，中国卖家们利用 Terapeak 早已经将竞争对手的销售信息了解得一清二楚，再加上百度和阿里巴巴的帮助，国内几乎找不到卖家们不能卖的产品了。

图 6-2　eBay 唯一的市场调研软件——Terapeak

其实这就是企业进行产品类目扩张的问题。事实上，这种产品类目的扩张很多是基于跟风而产生的。简单来说，就是看到别人卖什么东西获得了较高的利润回报，自己也去卖。这样就使得本该有市场潜质的产品变成了泛滥的产品，产品之间展开价格厮杀，产品的利润也变得越来越低。

那么在同质化竞争的环境下，企业除了提升店铺表现和产品页面的专业程度外，还能做什么呢？还应该做好流量推广的工作，也就是通过论坛、书签、SNS（Social Networking Services，社交网络服务）等推广渠道来获得流量和订单。一个产品的外观和功能或许是可以抄袭和模仿的，但是一家企业的运营和推广能力却是无法复制的。在过去产品竞争并不激烈的阶段，店铺之间的竞争只在于选品角度。在平台上销售产品，大部分都是“自动波”销售，只要你的店铺中有热销的产品，你就能卖出产品。

但是在现在竞争如此激烈的时代，一家店铺的运营和推广能力对产品的销量同样有着决定作用。因此，当研究竞争对手的平台店铺销量的时候，在关注它们选品能力的同时，还要注意它们的运营和推广能力。

在推广渠道上，大家都非常熟悉SEO、论坛、书签等，但是这里针对想要进军跨境电商的传统企业们要介绍的社交媒体主要是Facebook、Twitter等渠道。社交媒体对于跨境电商的作用主要有两个：一个是推广功能，另一个就是信息收集功能。

在推广上，产品首先要有一个唯一并且可辨识的商标和型号，然后在社交媒体上通过发帖、测评以及用户讨论等方式扩大产品的影响范围。

在信息收集上，就是要结合产品本身，通过各种渠道去了解客户对于同类产品功能、设计以及服务上的要求，并根据客户的需求及时改进自己的产品，甚至实现对目标客户推送产品促销信息。

第二节　中小企业进军新兴市场

2014年，eBay集团发布了《2014年大中华区跨境电商零售出口产业发展趋势报告》。在这份报告中，将2013年大中华区跨境电商零售出口增长最快的市场定义为跨境电商的新兴市场。这些新兴市场包括德国、加拿大、法国、俄罗斯、巴西、以色列、阿根廷等国家和地区。其中增长最快的是阿根廷，增速达到了130%；其次是以色列，增速为78%。

对中国的跨境电商企业而言，全球范围内轻工业欠发达的新兴市场一直都是其至关重要的“战场”。从位于沙漠绿洲中的阿联酋等中东国家到身处太平洋深处的诸多岛国，从南半球的巴西等南美国家到横跨欧亚大陆的俄罗斯……这些地方已经渐渐成为全球跨境电商的新兴市场，在这些地方越来越多的网购者通过互联网跨境从中国买走一件件商品。

在该报告中可以看到，2013年大中华区跨境零售出口总交易额排名前15位的目的地市场依次为美国、英国、澳大利亚、德国、加拿大、俄罗斯、法国、巴西、以色列、西班牙、挪威、阿根廷、意大利、希腊和瑞典。

在美国、德国、英国、澳大利亚等成熟市场，因为整体商业文明规范程度较高、消费习惯相对成熟、跨境网购观念普及、物流配套设施完善等各方面的优势，这些国家依然是大中华区卖家开展跨境电商市场的业务重镇。不过，相对于这些成熟市场而言，新兴市场的增速也是非常引人注目的。

eBay大中华区首席执行官林弈彰认为：在新兴市场国家，大中华区的跨境电商零售出口之所以会出现这样强劲的增速，主要是因为新兴市场国家电商的发展、人们对电商观念的改变以及当地商品供应的不足。

在eBay集团发布的《2014年大中华区跨境电商零售出口产业发展趋势报告》中，还列出了销售额增速最快的三个品类，即家居园艺、汽配和时尚类产品。在这里，我们先看一个汽配类产品的案例。

对新兴市场而言，之所以选择通过跨境电商交易平台到中国购物，一个重要原因就是“物美价廉”，而新兴市场对中国汽配产品的肯定也是这个原因。波索来自阿根廷，是法布里帕塔哥尼亚责任有限公司的一位采购员，他在该公司有6年的工作经验。在2013年，他无意中在网站上浏览到中国的汽配产品，因为产品价格优惠、性价比较高，他开始持续关注中国的汽配产品。此后，波索开始搜索各个跨境电商平台上面的厂家、商品、价格等资料，经过多方调查和对比之后，他最终选择了世界工厂网西班牙语站。

首先，平台网站上大气的设计风格、专业的网站设计、雅致的版面就让波索眼前一亮；世界工厂网全面的建站系统，包含了英语、西班牙语、法语、俄语、日语、阿拉伯语6大语种，这让他觉得沟通起来很方便；网站上汽配制造商良好的质量和价格保证、30万家汽配制造商的数量优势，以及流畅的采购流程，也让波索感觉很满意。最终，他在进行了小批量的试货之后，决定将世界工厂网定为公司长期的采购平台。

至于世界工厂网，它是一个基于免费使用的新型B2B平台、全球领先的大型电子商务互动平台。它致力于为实体型生产企业提供电子商务平台服务，为贸易商、商务服务企业、制造工厂等提供沟通服务平台。用户可以很快在网站上建立自己的网上商铺，通过网上商铺和海外客户直接对话。从2009年1月底上线以来，它已经囊括了国内的600多万家贸易商和50多万家实体工厂，成为了国内知名的跨境出口的低成本采购平台。

就像案例中世界工厂网与波索的对接一样，在新兴市场有很多采购商和终端消费者正在加入中国跨境电商的领域。这对中国的众多中小企业而言，是一个很好地跨入跨境电商领域的市场机遇。对于新兴市场未来的发展潜力，市场研究机构eMarketer也作出大胆预测：2020年全球B2C电子商务销售额将达到20.3%的高速增长，而迅猛发展的新兴市场将成为其增长的主要推动力。目前，在中东、非洲、中东欧、拉丁美洲等地区，电子商务的渗透率虽然还比较低，但是未来的成长空间却很大。

林弈彰预计：在网购模式逐渐渗透、国家政策不断扶持，以及传统外贸加速转型等因素的影响下，大中华区跨境电商零售出口产业在未来几年依然会保持惊人的增长速度。在这种形势下，新兴市场也将会成为很多中小企业进军跨境电商领域的市场选择。那么，对于中小企业而言，应该如何成功打进新兴市场呢？需要注意的七个问题如图6-3所示。

图6-3　中小企业做跨境电商需要注意的七个问题

（1）物流：选择一家合适的合作物流公司。

中小企业在选择物流公司进行合作时，要从三个方面去衡量这个物流公司是否合适。

①看物流公司的发展历史：最好是选择有一定的经营历史、信用度较高的物流公司。

②看公司的服务渠道是否全面：根据不同货物的重量、体积、包装等选择不同的物流方式，比如小包一般是限制在2千克以内的。如果选择的物流公司具有全面的服务渠道，无论是哪种规格的包裹都能给出良好的服务，那么就不需要再联系其他物流公司了。而且一般情况下，在一个物流公司发货越多，享受的优惠就越多。

③看物流公司给出的价格：跨境电商中高昂的物流成本会严重压缩卖家的利润，所以

物流的价格也是很重要的。不过，卖家也不能只注重物流价格，而忽视了服务质量和顾客体验。若出现丢包、操作异常、派送时效不稳定等状况，往往会影响顾客的再次购买率。

（2）仓储：海外仓储有风险。

首先我们要明确一点，海外仓储并不适合所有的商品，一般那些易碎、体积大、价格高或者传统渠道不能走的商品会走海外仓。

想做海外仓的企业，要有较强的抗风险能力，以及雄厚的资金支持。因为一旦出货进了海外仓，就要保证商品能够销得出去；否则若是再运回来就得不偿失了，毕竟回来的运费和海关关税成本都是非常高昂的。

（3）平台：可以将第三方平台与自建商城相结合。

若是刚涉足跨境电商的商家，最好先选择一个第三方平台，在第三方平台上开网店进行跨境销售。第三方平台一般都形成了自己的成熟规则，而且这些规则是在长期的实践积累中建立的，它能够在保护买家利益的基础上，较大限度地保证公平竞争。

对于卖家来说，加入第三方平台的优势是流量一般不花钱；但是劣势也很突出，做得越大，战略隐患也可能越大，甚至可能因为一个不经意的错误，第三方平台就能强制关掉你的网店，这种损失是不可估量的。

对于自建商城的跨境 B2C 企业而言，自然可以不用受第三方平台的节制，而它最重要的任务是做品牌，让用户认识并信任你的品牌，这样顾客才会买账。对于自建商城模式而言，信息传播是最为重要的工作，其次才是订单成交。

不过，我们也看到有些商家采用了一种更聪明的做法——将第三方平台与自建 B2C 商城相结合。比如在发货的包裹里放宣传页，推广自己的 B2C 商城，这种做法也实现了自有商城的免费推广。

（4）人才：搭建高效的跨境团队。

①在搭建跨境团队时，首先要清楚自己需要什么样的人才，哪块缺人就补哪块。

②懂平台操作的人是团队必需的，不过也不能缺少懂产品的人。

（5）语言：沟通好才有生意做。

在跨境在线零售网站上，卖家会接到不同国家的访客，因此想要促成订单，就一定要突破语言障碍。一般情况下，跨境电商建立网站都是以英文为主的，不过若做新兴市场的话，则要考虑自己针对的主要是哪个国家的客户。最好是建立多语言服务体系，这样能够有效地降低推广成本、运营人员成本。

在这方面，商鹊网 CEO 邹剑宇认为：对于传统外贸企业，或者是主打“英语类”市场的企业来说，聘请几个英语过硬的员工，外加翻译软件是企业的标配。

然而，对于小语种市场而言，这些远远不够。对于小语种市场而言，机器翻译出来的语言，对于当地的买家来说理解难度很大。这里面有语言问题、术语问题、货币问题和企业名称、产品名称等问题。

除此之外，还要在信息流的基础上提高跨境电商的经营效率。从语言的角度讲，要提高跨境电商网站站内站外的 SEO（搜索引擎优化）。从翻译角度来讲，无论你将产品信息翻译得多标准，如果无法提高站内外的搜索那也是白搭。如果翻译出来的信息不准确，或者无法做 SEO，无论你花多少钱，SEO 站内外搜索的结果都不会理想。

（6）推广：提升店铺流量和转化率。

跨境电商既然属于在线购物，就肯定需要流量。店铺若没有流量，自然也就没有转化率，订单也不可能不请自来。国外社交网络是引荐流量的一种方式。

（7）支付结算：跨境人民币结算。

做跨境电商，收款通道肯定也是需要考虑的一个问题。现在，跨境人民币结算是许多跨境电商会采用的收款通道，它有以下几个特点：

①结汇成本较低：因为跨境人民币结算走的是正规通道，能够节省一定的时间成本。

②对接流程方便：卖家在店铺后台基本能清楚看到每一笔交易的结算情况。

③灵活性较好：结算时间可灵活性调节。

④风险控制系统完善：相对于其他结算通道而言，它的风险控制系统较为完善。

第三节　选择好产品策略

近年来，传统的外贸形式可谓增长乏力，而相比之下，跨境电商这种新型进出口外贸形式增速迅猛，已经成为国内很多进出口企业的掘金新通路，再加上国家不断出台政策、法规力推跨境电商，更是让跨境电商变得炙手可热了。

中国凭借着产品价格低廉、产品线丰富等天然优势，俨然已经成为世界制造中心。在跨境电商发展迅速的新格局下，传统企业若能抓住机遇，把握住商机，成功进军跨境零售行业，也能够迅速取得转型红利。

那么，传统企业进军跨境零售，首先要做的就是选择好产品。作为个人和小团队，在选择跨境零售产品时有什么窍门吗？如果你是一个制造厂商，这个问题自然不需要探讨，因为已经具备自己固定的产品链，接下来要考虑的是自己的产品更适合哪里的市场，而不是选择哪种产品。因此，这一节内容针对的是那些还没有产品的中间商。

一、产品价格的选择

选择产品时，最好选择单品价格在 50~500 美元的产品。首先，商品价格不能太低，因为跨境交易需要的国际运费比较高昂，如果单品价格太低，而运费太高的话，跨境消费者的购买欲望肯定不会太高。另外，若单品价格太低，卖家利润太少，操作起来也很累，自然销售热情也不高。更何况，低价产品门槛低，很容易招来竞争者，对卖家来说并不是好事。

再者，产品单价也不宜过高，因为在目前跨境电商领域的信用体系还不完善的情况下，买家与卖家之间还很难形成信任关系，这势必会影响买家下单。例如，一些价格高昂的贵重物品、奢侈品，就存在此类问题。

将单品价格保持在 50~500 美元，既可以保证卖家有足够的利润空间，又能促使买家下单，是比较合适的售价区间。

二、产品种类的选择

（一）在选择产品种类的时候，最好选择那些“小、便、轻”的产品

要知道，对于体积太大而重量轻的产品，在用国际快递运输的过程中是抛货价格，这样一来势必增加物流成本，所以运费很划不来。另外，选择的产品还要方便运输，且在运输中不易损毁，否则退换货就是一个大问题。若因为运输损毁而产生订单纠纷，那么不但要耗费人力去解决，而且在退换货时还会增加运费成本。要知道，跨国运费比国内运费可高多了，这样一来一回实在得不偿失。

（二）在选择产品种类时，还要考虑海关通关和清关问题

有些产品国际快递是不能受理的，还有一些不能过海关，这些都要了解清楚。除了国家法律禁止的物品之外，药品（需要专门的快递）、粉末状物品、液体、易燃易爆品等都是不能快递运输的。另外，还有必要了解目的市场的通关政策，知道哪些产品是不允许进口的，比如在澳大利亚，珠宝、化妆品等商品都是禁止清关的。关于这些资料可以向同行业资深人士咨询，也可以针对自己的产品询问相关的物流公司。

（三）可以选择易耗型产品

因为易耗型产品会引起顾客的重复购买，这样有利于传播和留住顾客，也容易让消费者养成消费习惯。

三、通过市场研究选择适合的产品

在选择产品时，一定要进行市场研究。要知道，在文化环境等方面，跨境电商与国内电商是非常不同的。对国内电商而言，国内的文化环境基本没有太大的差异，消费者的消费习惯和消费心理也不难研究，只要增加流量和曝光率，就能带来订单。

当然，这也不是说做国内电商不需要研究消费者的消费心理和消费习惯，而是研究起来相对容易很多。可是，在境外市场做跨境电商时，我们在不了解甚至没有接触过外国人的情况下，很难了解他们的消费心理和消费习惯。在这方面就有很多刚开始做跨境电商的人反映：你觉得可能会流行的产品他们也许根本不理睬，而你觉得冷门的产品却可能成为外国人的爆款产品。

更何况，全世界的国家和地区那么多，他们都有着自己不同的生活习惯和文化环境。什么样的产品适合什么样的消费者，适合在哪些国家和地区销售，这些都是要深入研究的。

另外，针对不同产品、不同市场，在选择平台的时候也有一定的差异性。比如，目的市场若是美国、英国、澳大利亚等发达国家，eBay 平台就比较适合，在选择产品时要选择比较有特色的；对于俄罗斯、巴西等新兴市场，选择阿里巴巴旗下的速卖通作为平台会更好，在产品选择上最好是选择一些价格相对较低的产品。

做境外市场调查，在不能去国外实地考察的情况下，采用数据分析是一种不错的调查方式。进行数据分析时，一般有两种数据来源：外部数据与内部数据。所谓“外部数据”，就是指除自己的公司以外，其他市场或者企业产生的数据。而内部数据是指公司内部在经

营过程中产生的数据信息。所谓“知己知彼，百战不殆”，想要做出正确、合适的产品选择，对内、外部数据进行调查和分析还是很有必要的。

（一）外部数据分析

分析外部数据，需要灵活、综合运用各个分析工具，这样才能掌握足够的品类选型的数据依据。首先，通过 KeywordSpy 工具，搜索与产品品类相关的关键词和热词；其次，在确定出一个品类后，可以借助 Alexa 工具，到竞争对手的网站上选择三家经营该品类商品的店铺，对其进行分析和研究。

1. KeywordSpy

KeywordSpy 这一搜索工具的地址为：http://www.keywordspy.com。搜索时需要键入查询条件：关键词、站点、国家，如图 6-4 所示。

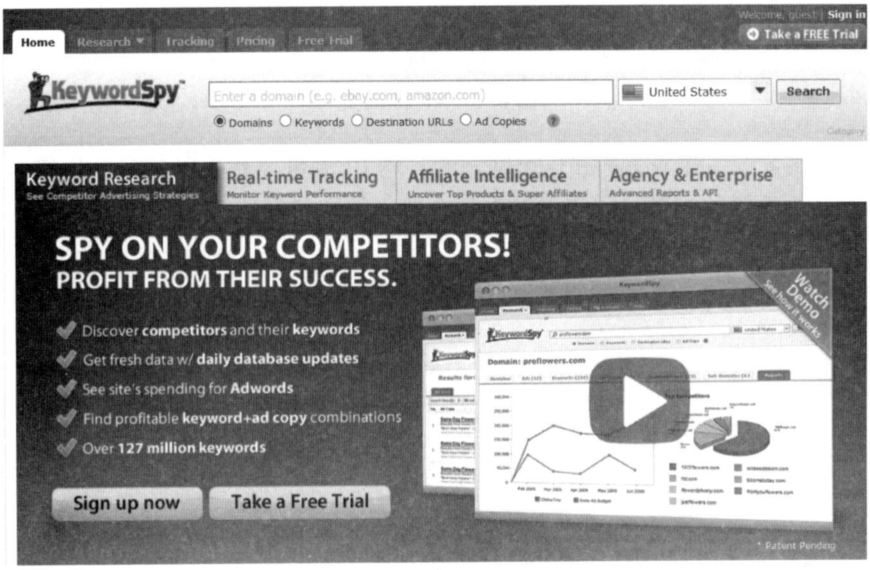

图 6-4　keywordspy 网页

仍然以 swimwear 为例，将目的市场选在美国，查询条件选择 Keywords。搜索结果显示：在美国市场，swimwear 这个词市场热度比较高，每月平均搜索量约为 274 万次。另外，还可以看到，其中搜索量最大的几个关键词是泳装的主关键词，比如 swimsuit、swimwear、bathing suit 等，而其他关键词可以作为长尾关键词。得到这些关键词之后，可以将其用于产品搜索、产品描述、产品信息加工中去，这样可以在很大程度上提高 SEO 的优化水平。与此同时，在搜索结果页面上，还能够看到与 swimwear 这个关键词相关的主要售卖网站的站点列表，其中要重点研究那些原始关键词比较多的网站，然后从 KeywordSpy 发现的竞争对手网站中选择几个作为参考和研究对象。之后，对于选择出来的竞争对手网站，通过 Alexa 工具对其进行进一步分析，最终确定是否有可以学习、参考或借鉴的地方。

2. Alexa

利用 Alexa 这一搜索工具，我们可以了解网站目标市场及分布，它的网址为：http://alexa.chinaz.com，如图 6-5 所示。

下面举例用 Alexa 这一搜索工具搜索网站 www.landsend.com。在查询结果页面，如图

图 6-5　Alexa 网页

6-6 所示，应该重点关注 landsend 这个网站的日均 IP 流量（代表网站的整体知名度），以及该网站在各个地区的排名（代表网站在各个地区的知名度）。

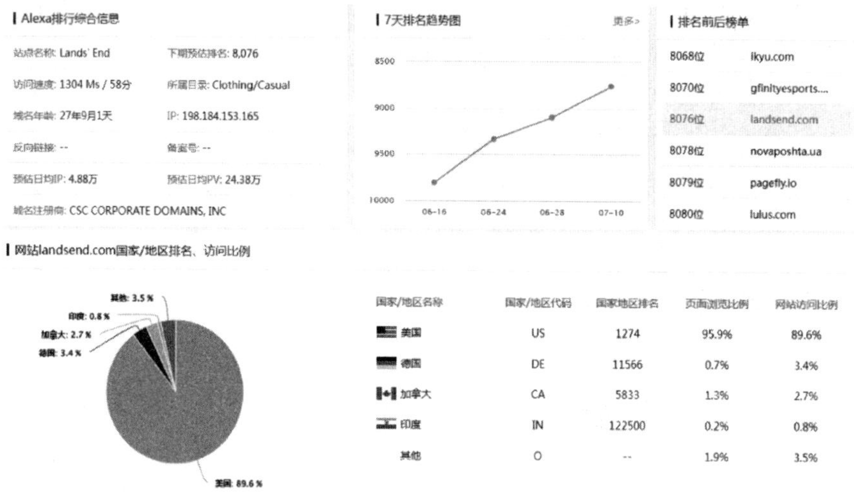

图 6-6　landsend. com 查询结果页面

搜索结果表明：这个网站的主要目标市场是美国，而且它在美国享有很好的知名度。再结合前面我们用 KeywordSpy 工具作出的分析，可以基本确定：我们可以通过这个网站来了解和研究美国泳装市场的产品价格和品相，而且这个网站也可以用于研究美国乃至北美市场的泳装类别。

（二）内部数据分析

所谓“内部数据”，也就是公司内部已经上架的产品在经营和销售过程中所产生的销售数据。分析这些数据，可以验证所选的产品是否成功，也可以为以后选择产品提供指导方向。我们可以从选择失败或成功的产品中吸取经验和教训，再结合外部数据分析，将自己一点点培养成为选择好产品的高手。

四、选择流行的热门产品

在外贸领域，近些年较为热门的产品大类有假发、3C 电子、家居、电子烟、汽车配件、饰品，等等，当然在这些热门品类中同行竞争也是非常激烈的。如果你想选择这些热门品类，就需要精挑细选一些有特色的产品，最好是能够表现自我个性的，如定制礼服、特色箱包、个性饰品等。

在经营跨境电商的最初阶段，选择合适的产品是比较艰难的。在海量的产品中确定适合自己的产品，就仿若大海捞针一般，而且谁也无法保证哪种产品一定会热销。不过，在此可以分享一个小技巧：在确定了自己喜欢的产品类别之后，可以先进行大量铺货，然后隔断时间根据销售数据，换掉那些销量不好的产品，再换一批新的上去。这样在不断优胜劣汰的选择之下，最终肯定能够选择出一些热销的产品，然后再进行“深耕”。

第四节 传统企业转型需避免的“雷区”

随着传统外贸企业的由盛转衰，许多外贸企业开始寻求新的出路，于是跨境电商渐渐成为传统外贸企业家们关注的焦点。

电商平台具有电子化、数字化、开放性、全球性、互动性、低成本等特点，可以帮助企业降低成本，提高效率。传统外贸企业也可以利用电商平台获得更多的信息资源，扩大市场占有率，增强企业的竞争能力。于是跨境电商平台受到了企业的广泛欢迎，一时间，各种跨境电商平台风起云涌，成为各个企业竞相入驻的对象。

任何事物都不可能是完美无瑕的，就连看似拥有巨大潜力的电商平台也一样。当电商贸易发展到一定阶段之后，电商平台也会出现问题。各电商平台也在不断制定相应的规则，对平台上出现的问题进行解决和完善。就拿阿里巴巴全球速卖通来说，如果速卖通上的卖家有违规行为，并且情节比较严重、影响比较恶劣，速卖通就有可能对卖家进行进一步的处罚，甚至清退。

对于想要进军跨境电商的卖家和企业来说，应该注意哪些雷区，才能避免被平台封锁账户或者清退呢？以速卖通为例具体说明，如图 6-7 所示。

一、侵犯知识产权

侵犯知识产权是跨境电商卖家最容易犯的错误之一。对知识产权的保护一直是困扰外贸 B2C 领域的一个重要难题。在外贸交易中经常会出现假货问题、产品的质量问题等。速卖通在《知识产权规则》中进行了规定，如果平台收到买家和知识产权所有人的投诉，或者是平台在对店铺的商品信息进行抽查的时候，发现有涉嫌侵权的信息时，平台就会将这类信息退回或删除，卖家也会被扣分，当卖家被扣的分数积累到一定节点之后，平台将会执行惩罚措施，对其他卖家以示惩戒。

为了加强对平台市场秩序的维护，帮助消费者提升购物体验，速卖通进一步调整了有

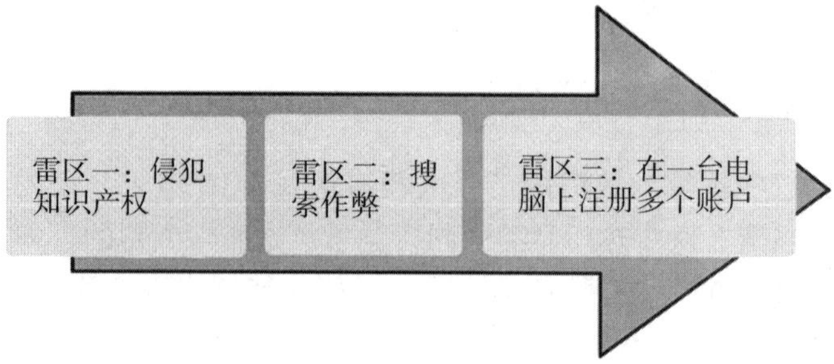

图 6-7　跨境电商企业应避免的三个“雷区”

关知识产权方面的规则，对于在知识产权所有人投诉中存在有关假货、劣质产品以及专利等方面的违规行为的，将会加重对他们的处罚和扣分。与此同时，速卖通还在知识产权方面增加了一些新规定，如表 6-1 和表 6-2 所示。

表 6-1　全球速卖通知识产权规则

<table>
<tr><th>处罚依据</th><th>行为类型</th><th colspan="2">积分处罚</th><th>其他处罚</th></tr>
<tr><td rowspan="5">《知识产权规则》</td><td colspan="2">买家投诉收到假货</td><td>6 分/次</td><td rowspan="5">退回/删除违规信息</td></tr>
<tr><td colspan="2">图片滥用投诉</td><td>6 分/次，首次违规 5 天内算一次（不扣分）
从第 6 天开始，每次投诉扣 6 分
1 天内若有多次投诉扣 1 分，时间以投诉结案时间为准</td></tr>
<tr><td rowspan="2">知识产权所有人投诉</td><td>知识产权所有人投诉（包括但不限于不当使用他人商标、著作权、有争议的专利等）</td><td>6 分/次，首次投诉 5 天内被同一知识产权投诉算一次（不扣分）
从第 6 天开始，每次被同一知识产权投诉成立扣 6 分
1 天内若有多次投诉扣 1 分，时间以投诉受理时间为准</td></tr>
<tr><td>知识产权所有人投诉（包括但不限于出售假冒、盗版商品、专利等）</td><td>首次投诉成立不扣分，5 天内被同一知识产权投诉成立算一次
从第 6 天开始，再被同一知识产权投诉成立扣 12 分
第三次再被同一知识产权多次投诉成立扣一次分，时间以投诉处理时间为准（每次违规后，均须进行知识产权学习）</td></tr>
<tr><td colspan="2">平台抽样检查</td><td>每退回或删除一次扣 0.2 分，1 天内扣分不超过 6 分；有如下情形之一的，每退回或删除一次扣 2 分；1 天内扣分不超过 12 分：
①发布涉嫌侵权的品牌衍生词
②发布涉嫌侵权信息且错放类目</td></tr>
</table>

表 6-2　全球速卖通知识产权侵权处罚

<table>
<tr><th>违规行为类型</th><th>处罚标准</th><th>处罚方式</th></tr>
<tr><td rowspan="6">《禁限售规则》
《知识产权规则》</td><td>分数累计达 2 分</td><td>严重警告</td></tr>
<tr><td>分数累计达 6 分</td><td>限制商品操作 3 天</td></tr>
<tr><td>分数累计达 12 分</td><td>冻结账户 7 天</td></tr>
<tr><td>分数累计达 24 分</td><td>冻结账户 14 天</td></tr>
<tr><td>分数累计达 36 分</td><td>冻结账户 30 天</td></tr>
<tr><td colspan="2">注：
1. 分数按行为年累计计算，行为年是指每项扣分都会被记 365 天，比如 2013 年 2 月 1 日 12 点被扣了 6 分，要到 2014 年 2 月 1 日 12 点才被清零
2. 对处罚分数不断增加的卖家，将同时给予整个店铺不同程度的搜索排名靠后处理
3. “限制商品操作”是指对速卖通卖家发布新产品以及产品编辑功能进行关闭，无法操作
4. 如会员侵权情节特别严重，阿里巴巴保留单方面解除合同，直接关闭账户的权利</td></tr>
</table>

速卖通在其《知识产权规则》中对违规行为进行了规定，违规行为包括：买家投诉收到假冒伪劣产品，卖家投诉图片被盗用，知识产权所有人对于卖家侵犯知识产权方面的投诉，平台进行常规抽样检查时发现不合格产品。如果卖家出现上述不同情况，就会受到不同程度的扣分以及警告、限制、冻结等相关处罚；如果平台上的卖家被扣的分数积累到了 48 分，速卖通就会关闭这家店铺的账户。

速卖通的相关人士表示：速卖通之所以对有关知识产权方面的规则进行调整，一方面是为了保护知识产权人的合法权益，有效减少和制止侵犯知识产权的行为；另一方面也是为了提升消费者的购物体验，帮助平台留住更多的客户。速卖通的相关人士还提醒卖家，在新修订的规则生效之前，卖家最好对自己店铺的商品进行排查，避免存在侵犯知识产权的隐患行为。

之前中国的传统外贸企业只重视对利润的追求，出口的产品虽然低廉，但是质量却不能得到保证，长此以往，使外国客户对中国的产品失去了信心。除此之外，中国传统外贸企业知识产权的意识比较淡薄，不仅保护不了自己的劳动成果，还随意窃取他人的劳动果实，在外国市场上留下了比较糟糕的印象，一些重视知识产权保护的国家根本就不允许侵权产品进入其国内市场。因此，随着速卖通的进一步发展壮大，速卖通将会更加重视自身在国际上的发展形象，也会越来越重视对知识产权的保护和产品质量的追求，自然也就会加重对侵权行为的处罚。

二、搜索作弊

除了发生侵犯知识产权的严重行为被平台关闭账户之外，卖家如果被发现存在搜索作弊、发布违规以及交易违规等行为后，也会被平台处以关闭账户的惩罚。所谓的搜索作弊一共包括三种情况：

（1）关联性作弊：产品类目错放，错选了产品的属性，产品标题滥用和堆砌，黑五类商品（药品、医疗器械、丰胸产品、减肥产品、增高产品）错放，产品重复铺货，发布广告商品，商品的描述与商品的实际不符，卖家在计量单位方面作弊。

（2）价格作弊：商品价格远远低于一般市场价格，商品价格远远高于一般市场价格，卖家在物流运费上作弊，SKU（Stock Keeping Unit，库存量单位）作弊。

（3）销量作弊：卖家在网上公布的销售数据作弊。

所谓的发布违规也主要指三种情况：

（1）卖家在网页上留有自己的联系方式或者在平台上出现不属于速卖通的网站链接。

（2）卖家发布的商品信息违反了特定行业商品发布规范。

（3）卖家其他发布不当的行为，包括在发布的商品信息中带有攻击性、亵渎性等违法或者违反基本道德规范的文字，以及发布的信息与商品不相关等情况。

而所谓的交易违规是指：

（1）在买家与卖家达成交易协议之后，卖家违反诚信交易原则，不卖商品、发售虚假的商品等。

（2）卖家对自己的信用和销售量进行虚假炒作。

（3）卖家使用一些方法以及手段诱导买家提前收货，使得买家的利益受到损害。

（4）恶意骚扰买家。

（5）卖家之间进行不正当的竞争，严重扰乱平台的正常秩序。

对卖家出现的各种搜索作弊行为，速卖通平台搜索系统会自动进行日常的监管，并及时对存在作弊行为的商品进行清理。系统还会在卖家后台的搜索诊断工具中对卖家搜索作弊的违规情况进行提醒。如果发现卖家的商品存在搜索作弊的行为，平台就会给予商品搜索排名靠后的处罚；如果卖家搜索作弊行为比较严重，还会给予商家整体搜索排名靠后以及屏蔽的处理；对于情节特别严重的，还可能会冻结或者关闭其账户。

在其他一些跨境电商平台上，如果卖家的账户被关闭，就很难在同一台电脑上或者同一个 IP 上开新的账户了，有时候与被关闭账户相关的账户也会因受到牵连而被关闭。像在 eBay 等平台上，为了严厉打击第三方操作，维护消费者的合法权益，平台在对商家的作弊行为上管理得很严格。因此，如果卖家认为作弊可以侥幸逃脱的话那就大错特错了，后面必定有严厉的惩罚措施在等着你！

三、在一台电脑上注册多个账户

对于刚刚进入跨境电商平台的卖家来说，如果为了避免平台账户被关闭，除了要严格遵守平台上制定的规则之外，还要注意以下几点：

（1）不要在同一台电脑上同时注册多个账户（超过两个）。

（2）在注册时填写的相关信息，包括住址、银行信息等不要重复，否则如果有一个账户被关闭，其他的账户也会被关闭。如果你有两台以上电脑，就可以在固定电脑上有固定账户。如果一台电脑上的账户被封了，就不要用这台电脑继续申请账户了，同时之前被封账户的申请资料，包括银行、地址和电话号码等也不能再重复使用了，因为很容易被再一次封杀，且是永久性封杀。

（3）对于新手刚开通的账户，一天登帖子的数量不要超过 5 个，而且商品的价格不要标得太高。在 eBay，如果情节较轻，eBay 会提醒你将帖子删掉，然后再停你 15 天的账户；但是如果情节比较严重，你的账户就可能被永久封杀。

（4）平台上的卖家都需要向平台缴纳一定的费用。如果拖欠费用，你的账户就有可能被封。如果因为欠费账户被关比较容易解决，只需补上费用就可以再开通了。

（5）在 eBay 平台上，卖家如果到了 Power seller 就不会被轻易封号了。卖家的 Power seller 级别越高，卖家享受到的服务就越专业和全面。

（6）卖家在网页上发布的帖子或者图片不要抄袭和侵权。

（7）如果支付的金额超过一定的数额，为了避免企业进行洗钱，PayPal 就会索要公司的具体信息。如果卖家利用 PayPal 大量转款或者在不同的国家和地区进行转款，就很容易被封锁账户。

（8）如果卖家不存在各种违规或作弊行为，但是账户仍然被封，而且申诉也没有结果，卖家还可以向专业的律师求助。但是要最终完成申诉的话，耗费的时间和金钱都比较多。

第五节　跨境电商与价格战

近年来，跨境电子商务作为一种新生事物出现在了公众的视野中，国家也给予了高度的重视。2013 年对于跨境电商而言是一个重要的转折年，国家不仅出台了多项政策和措施支持和规范跨境电子商务行业的发展，而且还在进一步研讨和落实更加具体的政策和措施。

除了国家对跨境电商的扶持之外，媒体的广泛报道也使跨境电商越来越热，越来越多的中小企业摩拳擦掌，全力进军跨境电商领域。

随着跨境电商的迅速发展，跨境电商平台上中小卖家之间开展的激烈的价格战也变得越来越让人无法忽视。由于卖家之间无下限、无规则的价格战，其中影响最大的 3C 类产品的毛利已急剧降至不足 10%。

是什么原因导致跨境电商卖家展开如此激烈的价格战？又应该如何避免价格战呢？

一、价格战产生的缘由

“价格战”一说由来已久，是指企业或者卖家之间通过竞相降低商品的价格而展开的一种商业竞争行为。推动价格战的主要因素包括市场、成本以及技术，而开展价格战的目的就是打压竞争对手，抢占更多的市场份额、减少库存。

一般来讲，卖家都不喜欢价格战，但是处在这样一种商业环境中，如果你不打价格战，你就会被竞争对手打落到尘埃里。因此为了打败对手、赢得客户，很多卖家不得不为之。

2013 年跨境电商价格战中最惨烈的阵地就是阿里巴巴全球速卖通，在这里总会有你意想不到的低廉价格。这种卖家之间进行的恶性竞争不仅使商品的利润越来越低，而且这种营销模式也很难一直持续下去，很多小卖家在激烈的价格战中惨败收场。为了控制这种恶性竞争，速卖通也不断调整平台运营规则，但却总有许多搅局者喜欢钻规则的漏洞。此外，让小卖家担心的是自己的供货商也开始在速卖通上以低廉的价格出售商品，使本来就陷入价格战困境的小卖家更加雪上加霜。

原来竞争并不激烈的独立电商平台也被卷入价格战。现在平台上的卖家为了防止竞争对手用更低廉的价格挖走自己的客户，都在商品页面上设置了价格保护（pricematch）的功能。有一家平台上的卖家曾经抱怨说，不仅竞争对手越来越难对付，就连客户也变得越来越狡猾，有时候他们就将竞争对手网站的商品链接发过来提出降价的要求，我们为了留住客户，就只好一而再、再而三地降低自己的盈利了。

为什么跨境电商平台会发生如此激烈的价格战呢？具体原因如图 6-8 所示。

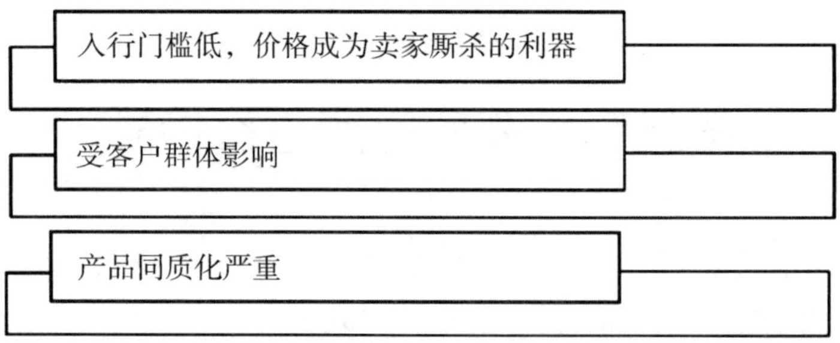

图 6-8　跨境电商发生价格战的三种原因

（一）入行门槛低，价格成为卖家厮杀的利器

对于刚刚起步的个人卖家，不管是产品研发，还是采购订单处理、打包发货、客服等都是亲力亲为的，因此投入的成本比较低，于是利用这些优势，将自己的商品价格定得很低，以便于迅速获得客户。

对于做第三方平台起家的大卖家，他们将议价权掌握在自己手中。他们拥有多年的进货和销售经验，能够更准确地把握市场需求，能在海量的商品中选择更能顺应海外流行趋势的商品，以大批量进货为条件要求供货商降低价格。

对于夹在中间的中小卖家来说，他们就比较难做了。他们较刚起步的个人卖家而言有较大的人员规模，这样就会相应地带来一定的人力成本。对于中小卖家而言，虽然采购的种类比较多，但是因为每次订单量不大，不能掌握商品的议价权。因此，可以说在价格战中，中小卖家毫无优势可言，只能牺牲自己的利益把价格作为跟别人竞争的武器。

跨境电商入行的门槛低，到底有多低呢？只要你有一台能上网的电脑，稍微懂一点英语，再借助各种翻译软件就可以轻松地在速卖通上开店了。你经常会发现微信圈里有人提及又有人开网店了，网上也经常会出现谁靠开网店发家致富了……此类事情不胜枚举，这就从侧面反映了入行门槛低的现象。

（二）受客户群体影响

跨境电商之所以能够迅速崛起，靠的就是海外买家群体。那么，海外买家为什么会选择在跨境电商网站上购买商品呢？这大概有两方面的原因。

（1）海外买家想要购买的商品在跨境电商网站上的价格相对于当地的购物网站以及实体店要便宜得多。

（2）海外买家想要的东西在当地买不到，但是在跨境电商网站上有。

以美国为例，如果一个美国人想要买一部安卓手机，在当地的商店可能需要 300 美元，于是他在跨境电商网站上通过谷歌搜索引擎找到了一部拥有同等功能的手机，但是价格仅仅只有 100 美元还提供全球免费包邮服务。于是他自然比较乐意买这一部只有 100 美元的手机，而且并不介意发货地址在哪里。

受大多数客户群的影响，大多数跨境电商卖家都很难在品类拓展上更进一步，没有丰富的品类，就难以抢占更多的市场资源，于是卖家们选择以打价格战的方式来获得更多的客户，抢占更多的市场份额。

（三）产品同质化严重

如果你是一位海外买家，想买一个手机外套；利用搜索引擎在网上进行搜索，结果发现有几千家来自中国的供货商提供了相同款式的外套；在这几千商家里到底会选哪家，价格在其中发挥了决定性的作用。

在独立网站中，它们的产品中有一半以上是相同的，产品大多数来自深圳华强北。这种货源的公开化以及价格的透明化使得网站上卖家之间的价格战愈演愈烈，再加上许多卖家提供了全球包邮的物流服务以及各种比价工具的研发和推广，使卖家的利润一降再降。

二、跨境电商卖家如何应对价格战

面对激烈的价格战，卖家们又该怎样见招拆招呢？在价格战面前，大企业有大企业的打法，中小卖家有中小卖家的作战规则。有关大企业应如何应对价格战，以兰亭集势为例说明。

兰亭集势是一家全球知名的外贸销售网站，它在应对跨境电商的价格战时有自己的招数。兰亭集势 2013 年第二季度财报数据显示，兰亭集势的利润率呈现明显下滑趋势。兰亭集势 CEO 郭去疾认为：竞争对手对兰亭集势的 IPO（Initial Public Offerings，首次公开募股）反应强烈，为了应对兰亭集势的强烈攻势，竞争对手们试图通过大打价格战来起到震慑作用。但是兰亭集势并没有让他们占到便宜，兰亭集势将自己上下游的婚纱供应链进行了整合，包括婚纱设计、宣传、聘请模特摄影等环节，甚至还在市场上推出了一款有关婚礼策划的 APP。后来在婚纱利润率不断下降的时候，兰亭集势也没有坐以待毙，而是果断进军 3C 产品领域，并在很多苹果认证的配件厂家拿到了授权，即便其他卖家因为侵权问题被 PayPal 冻结账户或者被海关没收，兰亭集势也不会受到任何影响，反而对它比较有利。

中小卖家应该使什么招数呢？如果中小卖家的产品比较有特色，自然就不可能被卷入价格战，因此，卖家应该在产品的选择上多下功夫，尽量减少同质化的商品。

现在许多网站卖家直接从大网站上抄袭热卖产品，认为这样可以节省营销成本，但是却忽略了自己的服务成本。有时候客户下单之后他们找不到相应的商品，这等于在砸自己的招牌。因此，中小卖家与其抄袭走捷径，不如自己去开发产品，走出自己的特色之路。

三、面对价格战，跨境电商卖家应该何去何从

随着跨境电商的竞争日趋激烈，2014 年成为颠覆跨境电商的一年。在价格战的影响下，一批力量弱小的卖家被踢出市场，剩下的卖家主要在服务方面展开新一轮的比拼。

要成功远离价格战，最好的方法就是走品牌化路线。有人认为，做品牌不仅要耗费大量的金钱，还要投入很多的时间和精力。有许多小品牌商，他们中间最小的团队只有 2 个人，最大的也不超过 30 人。他们的团队虽然小，但是却坚持“活着的品牌精神”，并且一直在品牌化路线上执着地追求着。

现在的跨境电商已经不再那么容易赚钱，要想在众多跨境电商卖家中脱颖而出，就必须学会顺应局势，及时调整作战方案。跨境需谨慎，且行且珍惜。

第六节　传统企业转型的“三驾马车”

在互联网时代，已经有太多的传统领域被颠覆，而今电子商务的发展更是引来了众多企业甚至是政府的兴趣和关注。那么，传统企业应该进行哪些方面的谋划，从而实现向电商转型呢？

市场是一只无形却力大无穷的手，无论在任何时候，蕴含在其中的内在经济规律都不会改变。而以互联网为依托的电子商务的崛起，则放大了市场经济的特点。十几年前，当互联网开始在国内市场落地生根时，还很少有人或者企业会注意到这将是一股影响中国未来经济格局的重要力量。电子商务最早是在 B2B 领域萌芽的，之后才是 B2C 电商。在这个过程中，一些企业以其灵敏嗅觉，率先进军电商领域，并且获得了互联网带来的商业红利；而另外一些反应迟钝或被体制束缚的企业则在电商的冲击浪潮中，懵然迷失了自己的

未来，也难以再跟上消费需求的快速变化。

从企业运营的微观角度来分析，可以将电商比作经济领域的一座山，有的企业已经到达山顶，有的在山腰攀爬，而有些则还停在山脚下。在此，以宋代禅宗大师参禅的三重境界来类比不同阶段的企业对于电商的理解很是吻合，那便是："看山是山""看山不是山""看山还是山"。

（1）"看山是山"：此境界指山脚下的企业貌似知道什么是电商，也清楚做电商是现在商业发展的大势所趋，但是并不清楚该准备什么工具，以及走哪条路。

（2）"看山不是山"：指处在山腰的企业，它们已经走在电商之路上，经历了一定的摸索和实践，但是因为前方荆棘密布而迷失了方向，可能还走了不少弯路。

（3）"看山还是山"：登上山顶的企业才会看透电商的本质，从而恍然大悟，真正实现传统企业到电商模式的转型和改造。

目前，绝大部分企业都还处在布满荆棘的登山之路上，然而还有一些传统企业依然还站在山脚，找不到跨入电商领域的入口。传统企业想要最终登上电子商务的顶峰，必须要学会驾驭以下"三驾马车"。

一、平台：资源应该流向最能产生价值的平台

企业对电子商务的理解应该更宽泛、更具有延展性，而不仅仅局限于在阿里巴巴、淘宝或者京东开店卖东西，电商的平台也不仅仅是指我们熟知的这些平台。电商的本质是将商务互联网化，有人聚集的地方自然就有生意可做，所以你的客户可以出现在互联网世界中有人关注和聚集的任何地方，这些地方都可以是发力点，都可以是你的电商平台。

目前，阿里巴巴、百度、腾讯三个互联网巨头把控了国内大约80%的流量，企业向电商转型时可以从这三大平台入手。但是，若将电商看成一盘棋局的话，阿里巴巴或者淘宝都应该是这盘电商棋盘中的棋子，而不代表整盘棋。

二、线下：先把线下的那条腿走好，才能实现两条腿走路

传统企业想要向电商企业转型，要先考虑把线下这条腿走好，这样才能解决生存问题；待生存问题解决了，才能谋求日后线上电商之路的发展。

做电商单纯靠价格战取胜是行不通的，也不能将电商当成清库存的线上销售线，否则不但会影响原有的线下销售体系，还会对自身的品牌造成严重伤害。而且一旦走上电商发展之路，你就会发现在互联网上卖产品，不比线下节省多少成本。因为价格透明、产品同质化等特点，想要在成千上万的竞争者中取得先机，仅仅依靠价格取胜的产品是没有竞争力可言的。

当然，在实现线上与线下两条腿走路的过程中，有成功的案例，也有失败的例子。东莞市和旺电器有限公司的发展就为我们提供了一个传统企业向跨境电商企业转型并且实现两条腿走路的成功案例。

东莞市和旺电器有限公司总经理冯朝晖是做传统的五金配件供应起家的，经过多年发展，该公司已经成为全球领先的五金配件供应商。在电商浪潮的冲击下，冯朝晖顺势而为，也开始通过珠三角的优势产业——电子产品，逐步涉足跨境 B2C 领域，并且取得了不错的成效。

（一）让 B2B 和 B2C 并行

冯朝晖认为，传统的 B2B 商业模式和电商的 B2C 模式是两种截然不同的海外市场开拓模式，在涉入其中时，企业必须具备高度的灵活性。在谈及做 B2B 和 B2C 业务的不同之处时，他认为："就像两种性格，一静一动。B2B 企业的领导人就像作战参谋，在棋盘上指挥，运筹帷幄，通过邮件、展会等手段进行耐心的客户培育；B2C 的领导人就需要像野战军旅长，带领团队冲锋，时刻根据最新的市场趋势作出调整安排。"

（二）做好转型期的人才储备

传统的 B2B 模式，前端需要大量的生产、工程研发人员，后端需要进行关系维护与客户沟通的营销人员；而电商的 B2C 模式，前端需要的是能够洞察消费市场趋势的设计人员与研发人员，后端则需要服务意识强、熟悉 B2C 平台营销规律的人才。

在这一点上，冯朝晖从 2008 年起就开始有意识地减少公司生产制造的规模，转而打造符合电商 B2C 模式的人才体系。因此，在实现线下 B2B 与线上 B2C 两条腿走路之后，才能够以人才库为依托，迅速适应对售前、售后服务质量要求更高的 B2C 业务，并且开拓出适合 B2C 市场的产品线。在线上的 B2C 业务上，和旺电器对自己的定位是其他制造企业的"海外 B2C 事业部"，它通过自己的电商团队，把其他企业的产品进行再设计和再包装，卖给境外的买家，从而实现自身与合作企业的双赢。

（三）供应链后端需更贴近市场

在向跨境电商转型的过程中，为了使供应链后端更贴近市场，冯朝晖很早就开始筹建海外机构，意图拉近与买家的距离，更贴近海外市场。通过海外办事处的建立，冯朝晖的五金配件产品成功获得了 ABB（Asea Brown Boveril Ltd.，ABB 有限公司）等世界 500 强企业的信任，开拓了一定的海外市场。

而更妙的是，因为线上与线下两条腿走路的实现，传统的 B2B 模式在这时候也帮了大忙。在最初做跨境 B2C 时，因为跨境物流时效差、可靠性不佳等特点导致消费者体验不佳，公司的跨境电商 B2C 业务也陷入了困境，而这时正是传统 B2B 模式的商业利润让企业渡过了难关。

冯朝晖还指出："B2C 的关键因素：一是响应订单要及时；二是服务消费者的意识要强。这两者都需要海外仓储作为支撑。"

（四）从不同业务领域构建传统 B2B 与电商 B2C 品牌

在发展电商 B2C 模式的同时，冯朝晖不仅没有放弃传统 B2B 模式的线下经营，而且没有放弃打造自身品牌的野心。

为了不让新的 B2C 业务影响到原有的 B2B 业务，他选择了在新的业务领域——电子产品领域去开展电商 B2C 业务，并且想要将其经营为一个品牌商，将企业全球申请的

“HLC”品牌作为B2C产品线的主要品牌。另外，在产品研发方面，他也避开了原有的B2B业务，而是投入到新的B2C产品的研发，并且在LED灯等新领域研发了带有“HLC”品牌的产品。

三、用户体验：基于用户体验进行更好的产品创新

企业做电商的终极法则就是要看重用户体验。在互联网上购物的消费者一般都是最挑剔的，但也正是因为挑剔才刺激了企业重视用户体验，更好地进行产品创新，这在一定程度上为更多企业提供了快速迭代的机会。

企业不应该将销售产品当作电商的终极意义，而是要将电商看成一个指导者，在电商中用户需求和体验的引导下，做产品研发，同时构建企业与消费者的新连接。在传统经济时代，因为信息闭塞和用户体验传达不畅，所谓的产品开发往往还停留在闭门造车的阶段，但是如今以互联网为依托的电商时代已经为企业提供了直接接触消费者并与其互动的机会。在利用互联网进行产品研发升级这一点上，小米就是一个经典案例，它的成功正是基于对用户体验的关注。

【商业案例】突破传统模式转型跨境电商，实现超千万美金销售额

日益高昂的人工成本成为劳动密集型企业发展的重大障碍，价格竞争力下滑，使得外贸订单规模骤减，生意流失。从传统的单一制造型企业转型，对于我们来说迫在眉睫。

2016年，25岁的Colin刚从海外学成归来，开始接触父辈创办的服装代工企业的业务开发。然而，Colin意识到传统接单模式不仅订单成功率低，即便是谈成的订单，单款数量也和以往相距甚远，让他开始重新思考企业发展的突破口。

“订单是保持企业运转的根本，长期稳定的订单是企业的生命线。但是假若自己拥有产品开发和终端销售的能力，这或许才是制造型企业最稳固的生存模式，”Colin说。于是，他寻求了多个发展方向，最终决定尝试开展亚马逊跨境电商业务。2016年初，公司组建了最初的4人团队入驻亚马逊美国站，开始踏上了转型之路。

现如今，他们在亚马逊上的年销售额已超千万美金，2016年底至2019年中实现了持续的倍数增长，跨境电商业务占企业营收的比重日益增加，逐渐成为企业最核心的业务。

没想到生产线工人泼了第一盆冷水

“当时健身在欧美国家已经是一种潮流，经过市场调研，我们发现了运动瑜伽类服装的需求潜力。”Colin对欧美国家运动瑜伽服饰的市场充满了信心，所以在亚马逊上，Colin没有选择开发生产经验丰富的休闲服装，而是把宝押在了运动系列。

Colin选择尝试运动服饰

入驻亚马逊不久，店铺就收到了不少订单——数量虽然不多，但起码令企业更加坚定走跨境电商的路。与此同时，问题也浮出水面——生产端的工人们竟纷纷表示不愿意做亚马逊这样的“小单”。

Colin回忆道：“当时认为，都是做服装类产品，按理说工人们应该挺容易适应的，没想到会面临有单没人做的情况。”

现实却是，工厂做了多年休闲类服装，现在要工人们转去做功能性要求高的运动瑜伽类产品，他们既不熟悉产品特点，也把握不好紧身裤、运动内衣的版型和尺寸等制作技巧，生产效率自然就会下降，这直接影响到了他们的收入。

另外，生产模式的骤然变化也是工人们产生抵触情绪的原因之一。以前，一个客户的同款订单量高达数万件，“一款多件”的形式下工人很快就能熟悉流程，进行简单的流水线作业，既快速又能保证收入。现在是为终端消费者服务，款式变化多、每一款需要的单次生产量又比以前少，一款还没做熟又要做另一款了。

“综合下来，转型初期工人们需要面对工作难度大、收入少的状况，一时难免不太适应，所以刚开始还经历了一段时间的工人流失期。”Colin 说。

了解到传统外贸生产和跨境电商的柔性生产之间存在差异后，企业也很快制定了解决方案：

一、专门另设一个小组，服务于亚马逊的订单生产。

刚开始，这个分出来的小组主要负责亚马逊上的“小单”生产，但随着亚马逊上的出单量越来越大，其他生产小组也逐渐适应跨境电商的快节奏后，小组的规模也扩大了 2 倍左右。

如今，这条单独分辟的生产线，主要任务变成了新款生产，在摸通新款在生产技巧上的细节后，再与其他小组沟通交流，一起完成批量生产。

二、根据亚马逊的淡旺季灵活调整生产侧重点。

比如在亚马逊旺季准备时期，就调动大部分生产线为亚马逊的旺季备货，在淡季就保留一两条生产线，满足亚马逊的常规销售需求，其他的生产线就负责传统外贸的订单。

再谈及这段时期，Colin 诚恳地说：“工人们一开始有不适应是很正常的，沟通磨合是转型中必经的内部和解的过程；生产端和销售端的配合无间，是实现转型的助推器。”

同时 Colin 也分享了一些工厂转型的实操经验给到大家：

第一，尽快完成生产端的柔性改造，根据销量灵活调节备货节奏，能够有效提升资金流动率。

第二，聆听市场需求，选品时应多想想顾客想要什么，而不是我们能生产什么。

第三，功能性强的产品，上新前可以先给一些专业人士试用，依据专业评价改进不足再上线，提前避免一些售后问题。

第四，要自觉地更新产品，比如紧跟潮流，选用新式布料或流行色，满足用户需求的变化。

经过三年多的发展，Colin 带着团队把 100%依赖于品牌代工的企业，转型成以跨境电商为核心业务的多面发展型企业，也打造出自有品牌。市场的机会一直存在，如果你也正在苦恼是否要转型重生，那就勇敢迈出第一步，从亚马逊全球开店开始，抢先触摸市场新机遇吧！

资料来源：百家号　出海易　2022-03-01　作者：小鸽快讯　经删减处理

案例思考：

Colin 团队入驻亚马逊的转型跨境电商经历给中国外贸企业带来哪些启示？

课后习题

一、单选题

1. 关于“单一窗口”，以下说法错误的是（　　）。

A. 我国的电子口岸不属于单一窗口工程。

B. 单一窗口主要分为三种模式：一种是单一机构模式，二是单一系统模式，三是公共平台模式。

C. 我国的电子口岸是具有中国特色的单一窗口工程。

D. 指参与国际贸易和运输的各方，通过单一的平台提交标准化的信息和单证以满足相关法律法规及管理的要求。

2. 传统外贸企业实现向跨境电商转型升级的根本在于（　　）。

A. 优化服务　　B. 做好产品　　C. 创建团队　　D. 保障物流

3. 中国的跨境电子商务最早起源于广州和（　　）。

A. 深圳　　B. 上海　　C. 北京　　D. 天津

4. 开拓跨境电商市场，进行产品调研的内容主要有（　　）。

A. 产品的性能　　B. 竞品的情况　　C. 主要的市场　　D. 以上三种

5. 关于“全球速卖通”，以下说法错误的是（　　）。

A. 上线于2010年4月

B. 阿里巴巴旗下唯一面向全球市场打造的在线交易平台

C. 主要面向大客户

D. 被称为“国际版淘宝”

6. 跨境电子商务要求从业人员具备（　　）的业务能力。

A. 计算机网络应用能力　　B. 电子商务应用能力

C. 语言沟通交流能力　　D. 以上都是

7. 以下哪项不属于跨境人民币结算的特点？（　　）

A. 对接流程方便　　B. 结汇成本较高

C. 灵活性较好　　D. 风险控制系统较完善

8. 以下哪种物品是可以通过国际快递运输的？（　　）

A. 粉末状物品　　B. 液体物品　　C. 电子产品　　D. 易燃易爆品

9. （　　）不属于进军跨境电商的卖家和企业应避免的雷区。

A. 设置价格保护　　B. 侵犯知识产权

C. 搜索作弊　　D. 在一台电脑上注册多个账户

10. 老板要求小明在跨境平台上线新的货品，那么小明在选品的过程中，不需要注意的是（　　）。

A. 产品符合平台特色，遵循平台规则

B. 产品价格越低越好

C. 要进行充分的市场调研

D. 精准的国际物流快递核算

二、多选题

1. 为什么要做跨境电子商务？(　　)

A. 有利于传统外贸企业转型升级

B. 缩短了对外贸易的中间环节

C. 为小微企业提供了新的机会

D. 促进产业结构升级

2. 站外选品时，需要利用跨境电商平台以外的网站工具来进行数据分析，(　　) 可作为站外工具来获取相关数据。

A. Google Trends

B. Keyword Spy

C. Alexa

D. Excel 表格中 VLOOKUP 函数

3. 下列哪些属于跨境电商平台的特点？(　　)

A. 数字化　　B. 大批量　　C. 全球性　　D. 低成本

4. 推动跨境电商价格战的主要因素包括 (　　)。

A. 成本　　B. 市场　　C. 技术　　D. 政策

5. 制约跨境电子商务发展的因素有 (　　)。

A. 跨境电商人才流失　　B. 产品同质化严重

C. 物流时间长且浮动范围大　　D. 品牌化未建立

三、判断题

1. 跨境电商实现了企业与消费者的直接对接，提升了进出口贸易的效率，为小微企业提供了新的机会。(　　)

2. 跨境电商有利于传统外贸企业转型升级，对保持我国外贸稳增长具有深远意义。(　　)

3. 速卖通号称集信息、交易、物流和支付于一体，因此在速卖通上开店不存在任何风险。(　　)

4. 社交媒体对于跨境电商的作用仅限于推广功能。(　　)

5. 跨境电商中，物流成本不仅关系到商品的周转效率，而且也能影响到商品的价格。(　　)

6. 只要跨境电商商品质量够好，定价越高越好。(　　)

7. 跨境电子商务的产品选择方面，应该遵从知识产权保护原则，选择不侵权的产品进行销售。(　　)

8. 速卖通平台中，卖家以超低价格发布商品，同时调高运费价格，吸引买家注意，

提升曝光，这种行为属于搜索作弊。（ ）

9. 企业做电子商务的核心法则就是要看重客户体验。（ ）

10. 面对电子商务这种特殊的消费形式，消费者的消费心理和消费行为表现得更加复杂和微妙。（ ）

四、简答题

1. 想要进入跨境电商的传统企业大体上有哪几类？
2. 中小企业如何选择一家合适的物流公司进行合作？
3. 传统企业进军跨境零售，怎样进行产品种类的选择？
4. 速卖通平台所谓的交易违规是指主要指哪些情况？
5. 跨境电商平台发生较激烈的价格战的具体原因是什么？

项目七　跨境电商客户服务

第一节　跨境电商客户服务概述

一、跨境电商客户服务认知

客户服务可以定义为：一种发生在购买者、销售者和第三方之间的过程。这种过程导致把价值附加到交换的产品或服务中去。这种附加到交易中的价值，短期内可以看作一种单一的交易行为，长期内则是一种契约关系。这种附加价值可以被共享，因为在交易完成后交易或合约的每一方的状况都比交易前更好。因此，用过程的观点看，客户服务是一个以成本最优化的方法，为供应链提供显著附加价值的过程。

营销的成功实施要求公司不仅要赢得客户，还要留住客户。公司把重点放在赢得新客户和获取新价值的情况屡见不鲜。但这是一种极端短视的行为，走进了商业运作的一个死角。许多公司战略教材过去常说“公司的目标就是获取利润”，但这种态度正在转变。公司的目标仍旧是获取利润，但在此之前，需要建立一种客户服务政策或程序，以满足客户需求，并且以一种最有效利用成本的方式实现它，这就是客户服务。宝洁、摩托罗拉和Saturn（土星，通用汽车公司旗下的著名汽车品牌）等公司，已经通过满足甚至是超过客户服务期望的方式，赢得了显著的市场竞争优势。

Marodlot 旅馆定期与员工共同分析客户的评价，它把客户纳入定期、规范的评价过程中，使其员工都能关注客户服务。通过客服的努力让顾客收获良好的体验，将会使客户对商家充满信心，从而将其培养成忠实客户。

影响客户交易的因素如图 7-1 所示。

跨境电商由于其时间与空间的限制，会存在诸多售前与售后问题，客户与商家之间必然需要通过交流协商来解决这些问题。客户服务的结果会直接关系到商家的信誉、评级等问题，因此显得十分重要。导致售前与售后问题的原因也是多样的，比如，产品质量、修改订单、取消订单、付款退款、发票问题、缺货处理、差评等问题，由于导致客服工作产生的原因不同，所以处理方式也不尽相同，在稍后的内容里将会有详细论述。

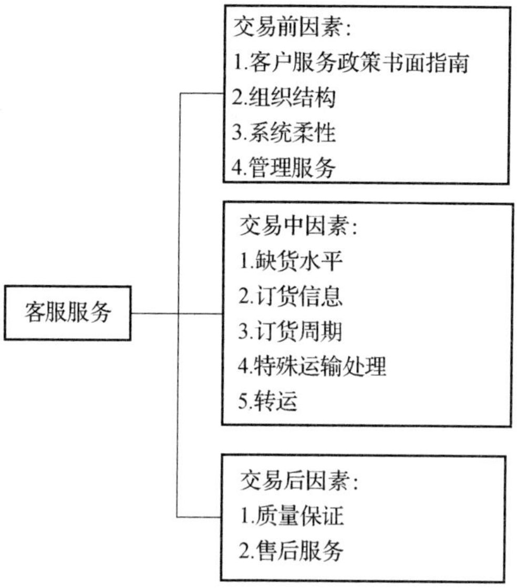

图 7-1　图 7-1　影响客户交易的因素

二、跨境电商客服工作内容

（1）及时处理客户邮件，包括售前咨询、售后维护以及妥善处理各种争议。

（2）负责客户维护工作，提高客户满意度，跟踪客户服务。

（3）妥善处理中、差评及客户投诉，提高账户好评率，保持账户的良好运行状态。

（4）提供良好客户服务，快速、准确地回复和处理来自全球各类客户的咨询和反馈。

（5）积极反馈工作中遇到与发现的问题，让负责人员更好地完善与提高。

（6）汇总销售过程中遇到的投诉，制作 Excel 报表以供分析参考。

（7）完成上级交代的其他任务。

三、跨境电商客服人员必备技能

（一）知识基础

受过良好的教育，尤其是对跨境电商进行过系统的学习，能够通过交流准确地把握交流主题，能够在交流中准确定位问题，对跨境电商的各个环节有着比较清晰的认识。

（二）业务精通

对本公司产品比较熟悉，包括产品的功能、特色、价格、物流保障等相关配套方面。对公司比较了解，包括公司规模、性质、业务范围、资质、能力、文化、品牌理念等。

（三）基础技能

要具有一定的计算机、英语基础。英语需要有较为深厚的功底，且能够较好地使用；计算机需要熟练掌握一些基础功能，比如打字速度，因为跨境电商的客服工作主要靠邮件展开交流，每天可能需要回复大量邮件，因此需要提高效率，让顾客满意。

（四）沟通能力

针对客户的情况不同，客服需要使用的方法也不同。在这样一个特殊的岗位上，每天都面临着复杂的环境，既要满足客户的要求，又要维护公司的利益，殊为不易，因此十分考验工作人员的沟通能力。

（五）应变能力

应急处理是一个人能够脱颖而出的最佳舞台，如何在复杂的情况下处理问题是一种能力，而如何在紧急情况下处理好问题，又是一个新高度。

四、客服工作思路与沟通技巧

（一）客服工作思路

（1）客服工作的宗旨是：致力于解决客户在交易中任一环节遇到的问题，使得客户获得愉快的购物体验，并获得盈利。

（2）在最高宗旨的指导下，实现店家交易利润的最大化。

（3）在遇到纠纷时，要及时了解情况，作出准确判断之后，及时回复买家，沟通清楚，通过协商的方式解决纠纷。

（4）服务周到，态度诚恳，尽力满足客户的利益诉求。

（5）运用交流技巧，趋利避害，将自身损失降低。如果是买家吹毛求疵，不要过度让步，而是要强化产品交流，让客户接受。

（二）客服沟通技巧

1. 放低姿态，缓解客户不满情绪

与客户沟通时要放低姿态，以缓解客户的不满情绪。

2. 问题转换

准确了解客户反馈的问题和利益诉求，通过曲线政策，告知客户类似情况的解决办法，询问客户意愿，看其是否能够接受。

3. 过失转移

接到客户的反馈后，要及时查明是哪一环节出现了问题。由于店家、运输公司、海关、派送员不是一个公司系统，店家没必要为其他公司的过失买单。查明情况后再及时反馈给客户，并附带解决办法，争取客户的谅解。当然，店家也可以在不用付出很大代价的情况下，将责任转移过来，通过心理战，给客户留下一个良好的印象。

4. 常规化处理

通过分类之后我们可以看到，产生问题的原因无非几种，针对每一种问题做出一个常规处理的样板邮件，再接到与样板相似的问题后，可以直接通过程序化处理予以回复，简单高效。但是并非所有情况都是如此，有些客户可能有特殊要求或是遇到特殊情况，提出的要求也不尽相同，这时便需要客服人员仔细甄别，予以答复。

五、客户关系维护

客户关系维护，又可称为“客户关系管理”，因为我们管理这种关系就是为了维护客户关系。客户关系管理（Customer Relationship Management），简称“CRM”。它的定义是企业为提高核心竞争力，利用相应的信息技术以及互联网技术来协调企业与顾客在销售、营销和服务上的交互，从而提升其管理方式，向客户提供创新式的个性化的客户交互和服务的过程。其最终目标是吸引新客户、保留老客户以及将已有客户转变为忠实客户，增加市场份额。

随着网络经济以及电子商务的快速发展，电子商务时代的客户关系管理理念也得到了越来越多企业的重视。所谓电子商务时代的客户关系管理（Electric Customer Relationship Management），简称“ECRM”。就是在原有的客户关系管理理论的基础上，借助于各种先进的网络技术和通信技术，通过为企业与客户之间的互动提供便利的渠道，方便企业与客户的相互沟通与了解，从而改善他们之间的关系，用关系（Relationship）导向取代交易（Transaction）导向。企业经营活动的重点在于整个交易过程中双方关系的建立、维护与提升，营销目标则是使客户和企业都能在交易的过程中获得自身利益的最大满足。

在激烈的市场竞争中，实施有效的客户关系管理对于提高客户忠诚度、挖据客户潜在价值、降低销售和管理成本等方面具有重要意义。企业新增1%的客户，竞争对手就减少1%的客户。80%的利润由20%的顾客创造。培养一名老客户的代价是维护一名老客户的5倍。所以，一个企业如果希望长期稳定发展，就不能忽视客户关系维护的重要性。

（一）处理短期客户关系

1. 不求有功，但求无过

跨境电商的消费群体并不是非常广泛，所以数量有限，即使是这一部分人也对订单怀有担忧，所以在处理这种短期交易的过程中，一定要保证订单能够顺利完成，给予买家信任感。能够吸引客户消费的，不仅仅是商品的品质、特色、价格，还有店家的人性化处理方式。所以，第一单很重要。

2. 尝试联系，促进新老客户转变

老客户都是由新客户转变而来的，如果客户在本店受到了相应的重视和好的待遇，一定会对本店另眼相看。

（二）处理长期客户关系

1. 方法

通过建档立卡的方式（数据收集、整理、分析），准确区分出可以发展的客户，将其视为重要客户，给予相应的区别待遇。同时要及时了解客户动态，建立一种位于买卖关系之上的友谊关系。

2. 优化客户关系

客户对企业的长期发展具有重要意义。这种关系并不是永久的，可能因为外部的诱导因素导致其贬值甚至流失。它不仅需要商家给予一定的经济让步，更需要通过感情来维护。

感情是维护客户关系的重要方式，日常的邮件交流、节假日的问候、平时的小礼物，都可以极大地促进客户关系，使客户感受到人文关怀。这种不需要付出巨大代价就能俘获人心的方式，是在当前激烈的市场竞争中常用的手段。同时，这种交流方式还可以收集客户的消费特征，因为商家与客户的交流大部分还是围绕商品和消费。

（三）防止老客户流失

不管在哪个行业，客户都是至关重要的，特别是一些老客户，他们会不断地给你带来新客户，所以如何防范老客户的流失变得尤为重要。在跨境电商领域，如何防范老客户的流失呢？

1. 实施全面质量营销

买家追求的是较高质量的产品和服务，如果卖家不能给买家提供优质的产品和服务，那么买家就不会对卖家满意，更不要提建立什么买家忠诚度了。因此，卖家应实施全面质量营销，使产品质量、服务质量、客户满意和盈利形成密切关系。另外，卖家在竞争中为防止竞争对手挖走自己的客户，战胜对手，吸引更多的客户，就必须向买家提供比竞争对手具有更多“顾客让渡价值”的产品，这样，才能提高客户满意度并加大买卖双方深入合作的可能性。为此，卖家可以从两个方面改进自己的工作：一是通过改进产品、服务、人员和形象，提高产品的总价值；二是通过改善服务和促销手段，减少客户购买产品的时间、体力和精力的消耗，从而降低客户的货币和非货币成本。

某卖家为了更好地吸引客户，将销售收入的一部分用于新产品的研制开发，生产或采购市场上有良好需求的产品，还投入了大量的费用改进产品的各种性能，提高产品的价值，甚至在国外建立了海外仓，以提升买家的收货速度。

2. 提高市场反应速度

（1）善于倾听客户的意见和建议

买家与卖家间是一种平等的交易关系，在双方获利的同时，卖家还应尊重买家，认真对待买家提出的各种意见及抱怨，并真正重视起来，从而有效改进。在买家抱怨时，应认真倾听，扮好听众的角色，要让买家觉得自己得到了重视。当然仅仅是听还不够，还应及时调查买家的反映是否属实，迅速将解决方法及结果反馈给客户，并提请其监督。买家意见是卖家创新的源泉，通过倾听，我们可以得到有效的信息，并可据此进行创新、促进卖家更好的发展，为卖家创造更多的经营价值。当然，卖家也要能正确识别买家的要求，并进行正确的评估，以最快的速度生产或采购最符合买家要求的产品，以满足买家的需求。

（2）减少老买家的流失

部分卖家会认为，买家流失了就流失了，旧的不去，新的不来。他们根本就不知道流失一个客户，卖家要损失多少。一个卖家如果每年降低 5% 的客户流失率，利润每年可增加 25%~85%，因此对买家进行成本分析是必要的。

在此举个真实的例子。2018 年某卖家共有 140 个老买家（在其购买过两次或两次以上)，今年由于服务质量的问题，该公司丧失了5%的买家，也就是损失了7个买家。平均每个买家每月可产生近10笔订单（订单每笔金额平均为150美元左右），算一下，也就是损失10500美元左右，按20%的利润来算，结果约是2100美元，我们再按照6.3的汇率来算，约22000元。那也就是说，这个卖家一年损失了近16万元人民币。

所以分析买家流失的原因，对于自己的销售额是非常必要的。“产品+服务”，两手都要硬，管理好自己的老买家，避免老客户的流失，就是打了一个大胜仗。

(3) 用平和的心态对待客户的建议

对于买家来说，当他对一个产品不满意时候，95%的可能会向卖家和平台投诉。当遇到买家投诉时，卖家先不要计较结果如何，而是要让买家感觉到，卖家是抱着积极的态度来解决问题的，而不是让问题更加严重化。所以当买家提出一项要求或者建议时，只要合理且是在可以接受的范围内，卖家就可以接受；但是，卖家同样要以理据争，对于买家提出的不合理要求，要坚决抵制。这个度是根据买家而异的，相信各位卖家能够在不断的实践中掌握好这个尺度。

第二节　跨境电商的客服与沟通

一、售前客服与沟通

售前服务是指在产品销售前，即产品相关信息的获取、产品选择和产品试用等过程中所提供的服务。目的是将商品信息迅速准确和有效地传递给顾客，沟通双方的感情。其工作内容主要是从事引导性的服务，如迎接客户、推荐产品、回答客户对产品技术方面的咨询、提供客户下单指引。

(一) 售前客服的准备工作

1. 把握公司及产品情况

在跨境电子商务中，客户往往不够专业或缺乏对相关产品的了解，客户服务人员在帮助客户解决问题的过程中，需要从更专业的角度来解决问题。

售前客户服务人员在向客户推荐产品时，无论是产品涉及的专业术语、行业专用的概念还是购买流程中涉及的税费及物流问题，售前客户服务人员都需要向客户介绍得简明扼要，并进行适当的简化，用通俗易懂的方式向客户解释和说明。

从长远来看，售前客户服务人员就客户提出的咨询问题耐心细致地进行解答，并且能够顺利且彻底地解决这些疑难问题，会十分有效地增强客户对卖家的信任感，进而形成客户黏性。

2. 掌握客户心理

(1) 掌握客户静默式下单的心理

很多时候，跨境电子商务的客户在下单购买之前都不会与卖家联系，即所谓的静默式下单，这也就意味着在跨境电子商务中，客户在售前联系客户服务人员时往往是带着问题来的。

例如，客户购买的是一个技术型产品，或者客户需要批发购买产品，客户下单前联系卖家就是为了确认一些特殊的技术指标或批发条款。由于时差和距离的原因，加上在语言文化方面可能存在沟通不畅，客户作为不专业的一方，是很难清晰地理解某些中国卖家写的产品应用说明的。如果售前客户服务人员在回复消息的过程中让客户等待时间过久，各种主客观的因素叠加在一起容易引起客户的不满，也会直接导致在实际操作中，许多客户缺乏与售前客户服务人员沟通的耐心，不愿相信售前客户服务人员的说明和解释。

因此，售前客户服务人员一定要关照外国客户的心理需求，清楚、明确地进行产品介绍，给客户提供专业化的咨询服务，这样才能有效地引导客户购买产品，提高咨询转化率。

（2）配合客户需要得到确定回答的心理

从商务礼仪的角度讲，售前客户服务人员要确保在谈判开始时，就做谈判的主导，设法引导客户的情绪，为后面的双方沟通与问题解决打好基础。

在跨境电子商务交易的过程中，当出现问题时，客户普遍会感到问题很棘手，并出现焦躁心态，卖家首先需要做到的就是在沟通的各个环节，特别是在与客户第一次接触时，设法淡化时间、空间上的疏离感，第一时间向客户保证能够在客户的购物过程中，为客户答疑解惑，帮助客户顺利地购买到心仪的产品。

在实际的售前客户服务工作中，客户服务人员要从字里行间的细节中向客户呈现出亲切的态度，这对于顺利解决问题，说服客户接受卖家提出的解决方案是非常有效的。

（3）要对客户所有的消息都进行回复

许多跨境电子商务平台都会在后台系统监控所有站内信或订单留言的平均回复时间。售前客户服务人员平均回复时间越短，时效越高，也能侧面体现出售前客户服务人员的服务水平越高。

在实际操作中，售前客户服务人员往往还会遇到这种情况：经过沟通后，售前客户服务人员顺利帮助客户解决了问题，而客户往往只回复一封简单的邮件，如“Thanks”或者“OK”。许多售前客户服务人员在操作时遇到这种邮件可能就不做任何回复了。由于各个跨境电子商务平台的后台系统无法真正识别客户发出的信息内容是否需要回复，因此这些简短的客户信息如果没有得到及时的回复，仍可能影响后台系统对店铺回复信息时效的判断。长期来讲，售前客户服务人员不回复这种简单的邮件对店铺是没有好处的。

因此，售前客户服务人员要做到无论在何种情况下，在与客户进行互动中，都要对客户所有的消息或邮件进行回复，这既是出于礼貌，也是出于技术角度的考虑。

3. 售前推销话术的准备

售前客户服务人需要不断加强语言的学习，特别需要准确并熟练地掌握所售产品的专业词汇，还要注意与语言相关的沟通技巧，尽量避免低级的拼写与语法错误，正确使用客户的母语。

另外，售前客户服务人员在通过邮件与客户联系时，不要有成段的大写。因为在英语中，文本中成段的大写表达的往往是愤怒、暴躁等激动的情绪，是一种缺乏礼貌的书写方式。还需要特别注意按照文章的逻辑将整篇邮件进行自然分段，这样可以有效地节省客户的阅读时间，增加客户与卖家的沟通耐心。

最后，在与客户的沟通过程中，为方便绝大部分客户的阅读，售前客户服务人员应当尽量使用结构简单、用词平实的短句。这样可以在最短时间内让客户充分理解客户服务人员所要表达的内容，提高沟通效率。

（二）售前客服的主要任务

售前客户服务的工作要注意多方面的细节，这样一方面可以从源头上避免纠纷，另一方面还可以提高客户的购物满意度。售前客户服务人员必须掌握足够的商品信息及相关知识，涵盖商品专业知识、商品周边知识、同类商品信息和商品促销方案等，以应对不同国家及地区的客户所提出的各种问题。

1. 咨询的解答

（1）商品细节方面

通常在售前环节咨询的客户都是潜在客户，还处于挑选产品的过程之中。所以在沟通交流的过程中，客户很可能会咨询关于商品的专业问题。此时，客服及时、专业、准确的回答十分重要。否则，在竞争激烈的大环境下，客户会选择离开，改选其他产品。因此，客服人员需要十分熟悉本企业的产品，包括产品质量、规格、使用情况、产品特点等。此外，客服人员应该具有较强的理解能力，有针对性地回答客户的问题，帮助客户快速获取所需要的信息，避免答非所问或者泛泛而谈，导致客户感觉客服不专业而离开。

（2）相关服务方面

跨境电子商务行业的特点决定了其服务实现的复杂性。在购买之前，客户还会提出有关运输方式、海关申报、运输时间及产品安全性等问题，这就要求客服掌握跨境电子商务的各个流程，包括产品开发、上架、交易处理、海关清关、跨境物流配送等各步骤如何运作。只有在客服人员熟悉各个流程的情况下，才能及时有效地解答客户的疑惑，促成客户下单。

2. 购买的引导

在潜在客户进行产品比较和咨询后，可能已经对商家的产品感兴趣，在此过程中，由于有些客户可能是第一次购买，不熟悉平台操作，如不知道怎样下单、找不到自己想要的规格、付款不成功等。客服人员要帮助客户尽快熟悉平台和购买流程，耐心帮助客户解决他们的问题，从而促使交易顺利的完成。

客服人员对客户进行购买引导时要注意沟通礼仪、信息针对性强，要体现专业性，争取达成交易。同时，如果经过沟通客户还是选择放弃购买，也要保持应有的礼貌，给客户留下好印象，保留一个潜在客户。如果经过沟通后成交了，也要再一次和客户核实收货地址等细节，说明一般正常的运输时间，确保货品准确、按时送达到客户手中。

此外，客服不要为了促成交易，而在不清楚公司规定的情况下，盲目或者草率地对客户提出的额外要求做出承诺，以免日后出现问题。售前产品推荐要恰当，不要过度承诺，要合理管理好客户的预期，否则就算达成交易，也会引发客户一系列的不满意，进而损害企业形象。

二、售中客服与沟通

售中服务是指推销人员在销售过程中所提供的服务，是推销人员与顾客进行充分沟通，深入了解顾客需求，协助顾客选购最合适产品的活动。目标是为客户提供性能价格比最优的解决方案。其业务范围包括订单处理、物流跟踪、关联产品定向推荐、特殊订单处理交流。

（一）订单处理

1. 催促付款

有些客户下了订单以后，却迟迟不付款，如果不及时跟进，将会导致订单过期或取消。因此，在客户下单未付款时，作为卖家应及时通过订单留言、站内信息、邮件或者相关聊天工具跟客户联系，以保证订单不流失。

对于客户已经拍下但还未付款的订单，卖家不可以直接关闭订单。针对这种情况主要由以下几种处理方式：

（1）提醒客户及时付款。通常情况下，如果客户下单后未及时付款，卖家可以提醒客户是否有产品价格、尺寸等问题，用这种委婉的办法来提醒客户付款，并承诺客户付款后会尽快发货。

（2）打消客户对产品质量或服务的疑虑。拍下产品迟迟未付款的客户可能正在犹豫是否要付款，卖家可以抓住机会强化客户对产品的信心。

（3）提供礼物或折扣。有的客户会因为价格偏高而犹豫是否付款，这时，客户服务人员可以在说明产品利润较低之后，提出可以为客户提供礼物或折扣，促成客户完成交易。

2. 买方付款后的处理

如果买家下单后已经及时付款，则需要根据买家留言尽快告知发货信息。若买家付款后，其未通过平台的资金风控审核，或者由于库存无货不能按时发货的，卖家需及时与买方沟通，引导客户妥善解决问题。

（二）物流跟踪

货物发出后，并不意味着卖家工作的完结，卖家要经常跟踪包裹并把进展及时告诉买家。良好的物流能够提高买家的购物体验。

在物流跟踪的过程中，需要从以下两个方面与客户沟通，为客户提供相关服务：一是货运途中可能遇到的情况；二是货运相关进展。

货物发出后，有可能会遇到各种问题，例如，物流信息几天内都未能及时更新；货物长时间在途，且在预期时间内未到达客户所在国家；确认收货超时，依然未妥投甚至出现货物丢失情况；卖家由于特殊原因需要更换快递公司等。这些都会引起买方的不满，需要及时与买家沟通，避免纠纷。如果货物能够顺利出运，则卖家最好根据物流显示的信息在货物抵达海关、到达买方当地邮局及货物妥投后及时告知买家，争取买家收货后能给予好评。

（三）关联产品定向推介

做好关联营销能有效利用来之不易的流量，提高转化率，从而降低推广成本。关联营销不仅是把关联产品在关联位置上摆放好，还要抓住一切机会向客户推荐。如果买家对选择的产品不满意，或者买家已经下单，可以向其推荐关联产品，引导其再次下单；对于新老买家都可以向其推介订阅店铺，以便及时向潜在客户推送消息。

（四）特殊订单处理交流

特殊订单指的是那些由于发货、物流、海关等原因造成的，不能正常出货或退货的订单。无论是什么原因引起的不能正常出货、收货或者延误的订单，卖家都必须及时与买家沟通，避免产生纠纷。

发货前的特殊情况包括：客户下单后对于支付、海关收税等情况存在疑问；或者由于物流风险，无法向买家所在国家发货；也可能由于订单包裹超重导致无法使用小包邮寄及没有直航货机等。发货后的特殊情况包括：由于节假日或不可抗力因素造成的物流延误。还有例如，卖家发错货或者漏发货，客户不清关等。

无论哪种情况，卖家都不能消极等待甚至逃避，不能等着客户前来询问甚至质问，而应该积极主动地与客户沟通，及时缓解客户的不满情绪，为客户着想来解决相关问题。

三、售后客服与沟通

售后服务是指企业对客户在购买产品后提供多种形式的服务的总称，目的在于提高客户满意度，建立客户忠诚。其服务工作主要集中在售后评价的回复与纠纷处理两大方面。

（一）售后评价的回复与处理

在跨境电子商务领域的各大平台上，售后评价一般分为好评、中评、差评和未评价，无论是哪种评价，客户服务人员都要认真对待，及时与客户沟道。

1. 好评回复

客户的好评往往能够“四两拨千斤”，有助于带来源源不断的曝光、转化及二次转化，好评率越高，潜在客户就越信赖卖家，商品的销量也就越高。一笔交易完成后，如果客户给予了好评，那么卖家的客户服务人员一定要及时地表达感谢，这样有利于提高客户满意度，能在很大程度上提高客户复购率和转化率。

2. 修改评价

一般而言，只要存在交易行为，就可能会有客户产生意见，因而中差评是时常存在的，这其实也是对卖家的提醒。虽然中差评能体现客户反映的问题，有助于卖家优化产品和服务，但同时也会对卖家店铺的声誉及所售商品的销量带来不良影响。因此如果收到了是中差评，那么客户服务人员一定要及时联系客户，尽快弄清楚原因所在，如果问题出在卖家身上，则要主动认错并抓紧整改，同时想办法弥补，积极沟通协商，争取获得客户的谅解，让客户修改或追评为好评。

3. 催促评价

对于未及时给出评价的客户，卖家应催促其进行评价，争取获得好评。不要以为货物卖出去，交易就完成了，而忽视顾客的评价。

（1）客户收到商品，但没有留下评论

如果有些客户在收到商品的3~5天内没有留下评论，那么卖家的客户服务人员就可以向客户发送邮件，询问他们是否收到包裹，是否对商品满意，并表示如果客户不满意卖家会尽最大努力帮忙等。在邮件末尾，客户服务人员可以礼貌地请求客户留下正面的评价。

（2）客户收到上述邮件的10~15天后仍没有给予评价

在跨境电子商务客户服务人员发出上述邮件提醒客户评论后的10~15天，如果客户仍对评价一事置之不理，那么卖家也可以再发一封邮件进行催促，并将店铺的链接或商品名称列出来以明确提醒客户。

（二）售后纠纷的处理

1. 避免产生纠纷的技巧

在交易过程中，卖家应该尽量避免产生纠纷。买家提起的纠纷主要有两大类：“未收到货物”和“产品与约定不符”，卖家可以分别采取相应的措施来避免这两大类纠纷。

（1）未收到货物

要有效避免因“未收到货物”而引起的纠纷，卖家要做好物流选择和与买家有效的交流沟通这两方面的工作。

①选择最优的物流公司

国际物流往往存在很多不确定因素，如海关问题、关税问题、派送转运等。在整个物流运输过程中，这些复杂的情况很难被控制，不可避免地会出现包裹通关延误、派送超时甚至包裹丢失等问题，无法查到物流信息将会导致买家提起纠纷。因此，卖家在选择物流公司时，应尽可能选择可提供实时查询包裹追踪信息的物流公司。

②与买家有效沟通

卖家要向买家提供物流跟踪信息，且当物流方面出现问题时，卖家要及时向买家提供包裹延误的具体情况，向买家说明规定时间内包裹未到达的原因，以获得买家的谅解。若包裹因关税未付被扣关，卖家则要向买家解释清楚，已经在产品描述中注明买家缴税义务。卖家主动承担一些关税，不仅能避免包裹被退回，还能让买家给予高分好评。若包裹无人签收而暂存于邮局，卖家则应及时提醒买家找到包裹，并在有效期内领取。

（2）产品与约定不符

若产品与约定不符产生纠纷，卖家则需要做好三方面的工作：真实全面地描述产品、保证产品质量、杜绝假货。

①真实全面地描述产品

卖家在描述产品时，务必要基于事实，全面而细致地描述产品。例如，电子类产品须对产品功能给予全面说明，避免买家收收到货后无法合理使用产品而产生纠纷；又如，服饰、鞋类等使用尺码表要标明尺寸，以便买家选择，避免买家收到货后因尺寸不合适而产生纠纷等。建议卖家在产品描述中注明自己的的货运方式、可送达地区、预期所需的运输时间等。此外，卖家还要在产品描述中向买家解解释海关清关、缴税、产品退回责任和承担方等问题。

②保证产品质量

在发货前，卖家要对产品进行充分的检测，包括产品的外观是否完好，产品的功能是否正常，产品是否在短装，产品邮寄时的包装是否抗压、抗摔，以及产品是否适合长途运输等。如果卖家发现产品存在质量问题，应联系厂家或上游供应商进行更换，避免因退换货而产生纠纷，因为退换货会产生极高的运输成本。

③杜绝假货

保护第三方知识产权。假如买家投诉卖家“销售假货”，而卖家无法提供产品的授权证明，那么卖家将会被平台处罚。如果买家提起纠纷投诉，那么卖家在遭受经济损失的同时将受到平台相关规则的处罚。

2. 处理售后纠纷的方法

（1）未收到货物处理

分析未收到货物的原因，如包裹遗失、海关扣关、发错地址、包裹原件退回。如果是以上情况，店家应当对此负责，积极与买家展开沟通，并承诺尽快解决。如果买家愿意等待，店家可以再发货，并对买家进行相应的补偿，比如折扣。如果买家很失望，不愿意再交易，店家应当诚恳地表达歉意并无条件退款。这些做法的目的都是为了弥补买卖双方关系，使买家不至于给出差评。

（2）产品与约定不符的处理

这种情况发生的原因有质量问题、数量问题、货物损坏、违期失约等。在这种情况下，客服要摆正位置，放低姿态，作出一定的让步，充分解释问题产生的原因。如果买家可以证实产品确实存在非人为的缺陷，店家应当按照买家要求包换包退、或者协商一致后做出取消订单的处理。

3. 解决纠纷需要注意的问题

一旦产生纠纷，卖家要采取积极的态度去解决纠纷，尽量降低纠纷对自己造成的负面影响。解决纠纷卖家需要做好以下几项工作。

（1）沟通及时

纠纷具有较强的时效性，卖家如果不能及时做出回应，那么就会逐渐形成对卖家不利的局面。当收到买家的疑问或不良体验的反映时，卖家定要第一时间回复，与买家进行友好协商，提前考虑好解决方案。这样可以让买家感觉自己受到重视，卖家有解决问题的意愿，从而使纠纷解决有一个好的基础。

（2）保持礼貌

卖家要牢记以和为贵，就事论事，不意气用事，礼貌对待买家。卖家不礼貌的态度会使买家恼怒，使买家不配合解决纠纷。

（3）态度专业

卖家与买家沟通要有专业的态度，英文表达要力求完整正确，应对买家所在国家有一定的了解，了解海外买家的消费习惯及相关政策、法律规定。

卖家和买家沟通时要注意买家的心理变化。当买家不满意时，卖家应尽量引导买家朝着能保留订单的方向走，也可以满足买家其他的合理需求；当出现退款时，卖家应尽量引导买家达成部分退款，避免全额退款、退货。卖家应努力做到“尽管货物不能让买家满意，态度也要让买家无可挑剔”。

（4）换位思考

卖家应多站在买家的角度考虑，出现问题要想办法解决，不能只考虑自己的利益。“己所不欲，勿施于人”，谁都不愿意无故承受损失。作为卖家，我们要在一定的承受范围内尽量让买家减少损失，这也会为自己赢得更多的机会。

（5）保留证据

卖家对交易过程中的有效信息都应尽量保留下来，如果出现了纠纷，那么这些有效信息都能够作为证据来帮助平台公平地解决问题。

【商业案例】零售品牌 My Jewellery 如何高效服务好不同渠道的客户

My Jewellery 是一家总部位于荷兰的全渠道零售商，成立于 2011 年。成立初期，该品牌通过 Facebook 销售自制的珠宝，品牌名也是由此得名。后来发展为线上、线下全渠道销售珠宝、泳装、服装和配饰的全渠道零售商，在荷兰有 20 家精品门店，线下门店还遍及比利时和德国。My Jewellery 在社交媒体 Facebook 上拥有 26. 5 万粉丝，在 Instagram 上拥有 48 万粉丝。同时，My Jewellery 的在线商店也处于快速成长阶段。

从创立初期开始，My Jewellery 就一直视客户关系为成功的关键，每一次与客户的互动沟通都被视为提升品牌形象和服务的机会。My Jewellery 的客户服务团队按照其销售渠道划分为线下、实时聊天、社交渠道。无论在任何一个渠道与消费者互动，My Jewellery 希望消费者都能获得一致的消费体验，确保在消费者眼中品牌的一致性。

为了获得全渠道一致的消费体验，My Jewellery 部署了 CM. com 的 Mobile Service Cloud 客服云来最大化各个渠道的客户体验。专为零售品牌客户服务部门设计的 Mobile Service Cloud 客服云允许 My Jewellery 通过一个客服收件箱与任何用户偏好的通信渠道沟通互动，无论用户是通过 WhatsApp、邮件、在线聊天亦或语音联系品牌，客服人员都可以在一个平台处理这些信息。同时 My Jewellery 也在评估通过部署聊天机器人用以完成自助服务、回答常见问题。

“我们成功的主要原因是我们非常重视我们的客户。我们在沟通中将自己定位为‘客户的朋友’。这意味着作为品牌我们需要出现在客户可能出现的各个平台上。因此，不仅是在线和社交，还包括 WhatsApp、Facebook Messenger 等。Mobile Service Cloud 使我们能够通过一个工具在任何地方出现，这使我们的工作变得非常高效”。——Marieke Van Helvoirt，My Jewellery 总经理使用 Mobile Service Cloud 客服云后，My Jewellery 平均在 18.2 秒内就能回复在线聊天信息；客户服务满意度指数平均达到 89%，意味着 89%的人对聊天的结果是满意的，每个月通过网站在线聊天完成 6547 次对话。

My Jewellery 一直关注着重要的业务指标，持续关注其可以改进的地方。例如，其中一个目标是处理投诉时，让客户满意地离开。为了优化这一点，需要一个 360 度的客户档案。为此，My Jewellery 将已有的 CDP 与 Mobile Service Cloud 客服云进行了对接，在与客户的对话中收集数据，使客户的档案尽可能保持不断更新和个性化。

My Jewellery 总经理表示："客户决定了公司发展的方向，客户在哪里品牌就会出现在那里。这意味着作为一家公司，My Jewellery 一直在考虑尝试新的平台，尝试通过平台的特定内容与客户沟通。Mobile Service Cloud 客服云使 My Jewellery 能够灵活地保持行业地位，并在每个可以想象的平台上与客户进行沟通。"

资料来源：雨果跨境　cm. com　2022-04-29　编辑：江同　经删减处理

案例思考：

如何为不同渠道的客户来提供高效服务？My Jewellery 是怎样改善客户关系的？

课后习题

一、单选题

1.（　　）是网店最直面顾客的岗位，能力的好坏影响网店的收益。

A. 运营　　B. 客服　　C. 美工　　D. 财务

2. 下列关于跨境电子商务客服人员需要具备的素质说法错误的是（　　）。

A. 了解海外客户网络购物的消费理念和文化

B. 有关知识产权和法律知识以本国为准

C. 熟悉跨境电子商务平台的运营规则

D. 具备"当地化/本地化"思维

3. 跨境电商客服的基本必备技能不包括（　　）。

A. 法语　　B. 计算机　　C. 翻译　　D. 商务技能

4.（　　）是企业在顾客未接触产品之前所开展的一系列刺激顾客购买欲望的服务工作。

A. 售前服务　　B. 售中服务　　C. 售后服务　　D. 顾客关系

5. 很多的销售商品在跨境电子商务交易中会被禁止销售，下列选项中是被禁销售的商品的是（　　）。

A. 茶叶　　B. 服装　　C. 书籍　　D. 烟草

6. 以下不属于老客户维护工具的是（　　）。

A. 短信　　B. 电话　　C. 微信　　D. 传真

7. 老客户维护做得好不好，以下哪个指标最重要？（　　）

A. 回头率　　B. 客单价　　C. 关联购买　　D. 好评

8. 跨境电商纠纷解决原则不包括（　　）。

A. 尊重并理解买家的情绪　　B. 保留证据

C. 注意沟通时间　　D. 全额退款

9. 下列关于跨境电子商务在线客户争议解决方案说法错误的是（　　）。

A. 让客户体会到卖家解决争议的诚意

B. 真正的了解订单争议的来龙去脉

C. 积极正面引导客户的负面情绪

D. 不问任何原因，直接全额退款

10. 跟客户在线谈判的中心内容是（　　）。

A. 付款方式　　B. 议价　　C. 包装方式　　D. 发货期

二、多选题

1. 跨境电子商务在线客服的工作职能包括（　　）。

A. 帮助客户了解产品信息

B. 解决客户在选择产品时遇到的问题

C. 与客户实时交流沟通

D. 解决一些客户就订单方面的纠纷

2. 在跨境电子商务中，卖家的售后服务很重要，售后服务的具体工作包括（　　）。

A. 客户咨询信息处理　　B. 物流信息及时反馈

C. 管理买家资料　　D. 客户维护与二次营销

3. 在客户服务中，客户关系管理的目的是（　　）。

A. 等待客户的访问及咨询

B. 增强客户关怀，保留老客户

C. 吸引新客户，扩大市场占有率

D. 提高客户满意度，培育客户忠诚

4. 跨境电子商务老客户流失的原因包括（　　）。

A. 产品质量不稳定　　B. 产品缺乏创新度

C. 客户遇到新“诱惑”　　D. 客户的自然流失

5. 成功解决纠纷的技巧有（　　）。

A. 产品保证

B. 及时有效的沟通

C. 重视买家的抱怨

D. 处理纠纷后应跟踪买家对处理意见的反馈

三、判断题

1. 跨境电商主要是企业对消费者的业务，为了提高利润降低成本可以不建立售后服务体系。（　　）

2. 客服需要熟悉电脑系统的操作，熟练使用办公自动化软件。（　　）

3. 售前客服的工作就是回答顾客的咨询。 ( )

4. 售后服务是企业对客户在购买产品时提供多种形式的服务的总称，其目的在于提高客户满意度，建立客户忠诚。 ( )

5. 客户关系管理的最终目标是吸引新客户、保留老客户以及将已有客户转为忠实客户。 ( )

6. 规范化回应内容属于客户服务的工作技巧。 ( )

7. 一般情况下，卖家应该经常与国外买家进行语音对话，尽量避免以书写方式沟通。 ( )

8. 跨境电商卖家需要了解买家所在国家当地的风俗习惯与禁忌，以便沟通时拉近距离，有针对性地对买家进行回复。 ( )

9. 质量问题属于因未收到货物而引发的纠纷。 ( )

10. 顾客不懂系围巾的方法，客服回答“没关系，亲多试几次就熟练了”，非常有助于提高客户体验。 ( )

四、简答题

1. 具体说明跨境电商的客服工作内容有哪些？
2. 在跨境电商的售后环节，如顾客未收到货物应该如何处理？
3. 跨境电商的客服工作思路是怎样的？
4. 为了防范客户流失，卖家应如何实施全面质量营销？
5. 客服对于买家已经下了订单但还未付款的情况应如何处理？

参考文献

1.速卖通大学.跨境电商——阿里巴巴速卖通宝典[M].北京:电子工业出版社, 2015.

2.阿里学院.阿里巴巴电子商务系列:外贸营销实务[M].北京:电子工业出版社, 2013.

3.陈火怀.外贸电子商务与实用英语全真教程[M].广州:广东经济出版社, 2010.

4.杨坚争,等.Electronic Commerce—A Perspective from China[M].2 版.上海:立信会计出版社, 2017.

5.邓志超,崔慧勇,莫川川.跨境电商基础与实务[M].北京:人民邮电出版社, 2017.

6.陈道志,卢伟.跨境电商实务[M].北京:人民邮电出版社, 2018.

7.翁晋阳,Mark,管鹏,等.再战跨境电商——颠覆性商业时代下的“野蛮探路者”[M].北京:人民邮电出版社,2015.

8.于强,齐敏.跨境电子商务理论与实务[M].北京:电子工业出版社,2021.

9.全球速培训中心:https://learning.aliexpress.com

10.雨果跨境:https://www.cifnews.com